광고홍보창업론

이시훈 · 진용주 공저

계명대학교 출판부

광고홍보창업론

초판1쇄 인쇄 2015년 2월 23일
초판1쇄 발행 2015년 2월 27일

지 은 이 이시훈, 진용주
펴 낸 이 신일희
펴 낸 곳 계명대학교출판부
출판등록 제347-1998-1호(1970. 9. 1.)
주 소 대구광역시 달서구 달구벌대로 1095
대표전화 053-580-6233
팩 스 053-580-6235

ISBN 978-89-7585-703-4 93320 정가 21,000원

• 이 도서의 국립중앙도서관 출판시도서목록(CIP)은 서지정보유통지원시스템 홈페이지(http://seoji.nl.go.kr)와 국가자료공동목록시스템(http://www.nl.go.kr/kolisnet)에서 이용하실 수 있습니다.(CIP제어번호: CIP2015005834)

본 과제(결과물)는 교육과학기술부의 재원으로 한국연구재단의 지원을 받아 수행된 산학협력 선도대학(LINC)육성사업의 연구결과입니다.

서문

전 세계적으로 청년실업에 대한 문제가 심각한 이슈로 제기되고 있다. 21세기 지식기반사회인 요즈음 대부분의 국가에서 청년실업은 중장년층 실업에 비해 2～3배 정도 높은 것이 일반적 현상으로 일자리 확보에 큰 위기를 맞고 있다. 한국은 외환위기 이후 노동시장의 여건이 전반적으로 악화되면서 실업문제, 특히 청년실업이 사회적 현안으로 대두되자 이를 해결하기 위한 국가 정책적 노력의 일환으로 "청년고용촉진 특별법"과 "청년고용촉진 특별법 시행령"에 따라 청년고용대책을 수립 시행하고 있다.

이러한 실업문제는 어느 한 분야의 노력만으로 해결될 수 없는 다양한 분야에서의 총합적이고 지속적인 노력이 요구된다. 재정의 조기집행이나 경기부양책 등의 정책적 수단들이 실업 해소나 일자리 창출과 무관하거나 혹은 더 이상 효과를 유도하지 못한다는 점에서 큰 문제로 다가선다. 정부는 청년실업해결을 위해 인턴, 해외취업 · 연수 등 다양한 대책을 내놓고 있지만 기대만큼 효과가 나타나지 않고 있다.

청년실업에 대한 대안으로서 창업은 창조적 아이디어를 기반으로 지속 가능한 새로운 직업을 발굴하고 이를 토대로 일자리를 창출하는 활동이라 할 수 있다. 1인 창조기업 혹은 창의적 아이디어를 통해 발굴된 직업이 노동시장에서 운영되는 형태를 포함하고 있다. 성공적인 창업을 하려면, 첫 번째로 새로운 아이디어가 필요하고, 두 번째로 자본이 필요하고, 세 번째로 위험요소를 극복하고 노력하려는 기업가정신이 필요하다. 이상의 세 가지를 창업의 3요소라 한다. 창업의 첫 번째 요소인 사업의 아이디어는 바로 창업의 목적과 필수 요건이다. 어떤 제품을 개발해서, 어떻게 제조할 것이며, 어떤 서비스로 보급할 것인가에 따라 창업의 동기가 결정된다. 두 번째로 자본(capital), 이는 창업에 필요한 인원, 사업장 확보, 경영에 필요한 자원, 기타 경비에 필요한 자금을 확보하는데 꼭 필요한 요소이다. 세 번째의 기업가 정신은 창업에서부터 지속가능한 경영까지 시장, 경쟁, 소비자변화에 따른 다양한 경영환경을 극복하면서 새로운 기회를 확보하고 변화해 나가는 모험정신을 말한다.

한편, 한국의 광고홍보 산업은 대기업들의 빠른 국내외적 시장 확산과 더불어 큰 성장과 변화를 거듭해왔다. 1970년대 후반 이후에 광고홍보 산업은 평균 20% 이상의 높은 성장률을 유지해 왔으며, IMF와 같은 외환위기를 맞으면서 위기를 맞기도 하였으나 여전히 꾸준한 성장을 지속함으로써 2013년에는 9조원을 돌파하였다. 특히 90년대 이후 디지털 뉴미디어의 등장으로 광고홍보 산업은 다시 급격한 변화의 시기를 맞이하고 있다. 광고 매체로서 화려한 영화를 누리던 4대 매체의 영향력이 감소하기 시작하면서 새로운 광고 커뮤니케이션 전략과 뉴미디어들이 등장하게 된 것이다. 실질적으로 텔레비전 광고시장은 2010~2015년까지 5년 동안 연평균 6.1%의 성장률을 보일 것으로 전망되며, 같은 기간 동안 신문 광고시장은 -0.8%, 잡지 광고시장은 -2.2%의 마이너스 성장세를 기록할 것으로 추정하고 있다. 반면, 옥외 광고 시장은 5.8%, 극장 광고시장은 7.6%, 인터넷 광고시장은 18.9% 정도 성장할 것으로 예측하고 있다. 여기에서 주목할 만한 사실은 온라인 광고(인터넷 광고)와 모바일 광고를 비롯한 스마트미디어 광고시장이 확장되고 있다는 점이다.

기술의 초고속발전에 의한 스마트미디어 시대에서 소비자는 달라지는 미디어의 형태만큼이나 새로운 미디어 소비 형태를 보이고 있다. 매장에 방문하지 않아도, 텔레비전 프로그램, EPG(Electronic Program Guide), 또는 텔레비전 리모컨을 이용해 광고물을 선택하여 브로슈어나 카탈로그 같은 추가 정보를 요청하거나 상품의 견본이나 할인권 같은 프로모션 활동에 참여할 수 있고, 직접 상품을 구매할 수도 있다. 따라서 스마트미디어 시대의 광고는 IPTV, 인터넷, DMB와 같은 뉴미디어를 통해 상호작용성과 개인맞춤형이라는 두 가지 특성을 구현할 수 있는 모든 매체를 대상으로 하는 광고이다.

특히, 스마트폰이 급속히 보급되면서 기존의 블로그에 편의성과 신속성을 가미한 트위터나 페이스북 같은 소셜 네트워크 서비스(SNS: Social Network Service)는 기업의 광고 활동이나 PR활동에도 적극적으로 활용되고 있다. 스마트미디어는 이용의 편리성, 접근의 용이성, 전파력이 강한 네트워크 확장성이라는 특징 때문에 개방과 참여 및 공유로 대변되는 현대의 젊은 소비자들에게 매우 중요한 미디어로서 영향력을 발휘하고 있다(리치 링, 2009; Boyd & Ellison, 2008).

광고홍보 시장의 변화는 크게 기술의 발달과 인터넷 보급의 확산이라는 두 가지 커다란 시대적 변화로부터 파생된 것이다. 기술의 발달과 인터넷의 등장은 다양한 소비 채널을 양산하였고, 정보의 취득형태, 매체에 대한 행동습관, 쇼핑의 구매패턴 등 소비자의 소비 형태의 다양화를 유도했다. 즉, 홈쇼핑, 케이블TV, 인공위성TV, 휴대전화, 무가지, 메신저, 내비게이터맵, 검색엔진, IPTV, 페이스북(Facebook), 트위터(Twitter)와 같은 소셜 네트워크 서비스(Social Network Service; 이하 SNS), 포털, UCC, 온라인커뮤니티, 블로그, 지상파 DMB 등 다양한 채널을 통해 정해진 시간이나 한정된 매체가 아닌 시간, 장소, 디바이스에 따라 다양한 형태로 미디어를 접하게 되었다.

미디어 환경의 변화와 다양한 기술의 융합은 기존에는 볼 수 없었던 새로운 광고의 형식들을 만들어내고 있으며 그것이 실제적으로 반영되고 있다. 매체의 디지털화, 데이터베이스화, 상호작용성 등의 기술적 변화로 이러한 환경에 맞춘 다양한 광고들이 등장하고 있는 것이다. 매체의 디지털화는 세분화되고 정교해진 표적광고와 소비자의 피드백, 정확한 광고 효과 측정을 가능케 하고 있다. 이러한 디지털 기술의 변화와 스마트 미디어 확산 그리고 사물 인터넷 기반의 환경이 광고홍보분야 창업의 성공기회를 제공하고 있다.

본서는 크게 3가지 부분으로 구성되어 있다. 첫 번째 부분에서는 창업을 하려는 초보자를 위하여 창업의 개념과 창업의 요소, 특히 광고홍보창업에 대한 현황과 기회, 창업 인프라와 창업가 정신, 세계적인 창업성공사례를 제시하였다. 두 번째 부분에서는 실제 창업에 필요한 사전 점검사항, 성공을 위해 준비해야 하는 핵심요소들, 창업 업종선정과 상권조사, 사업계획서 의의와 작성내용, 사업자등록 구비절차, 프렌차이즈 사업, 인터넷 창업, 사물 인터넷의 새로운 기회와 가능성을 설명하였다. 세 번째 부분에서는 창업유지와 확산을 위한 기업회계와 세무상식, 재무제표의 구성과 내용, 성공을 위한 마케팅 전략 등을 기술하였다.

본서는 기업가정신을 바탕으로 미래의 무한한 비즈니스 바다로 출범하고자 하는 창업가에게 항해를 위한 나침반으로서 도움이 되기를 바란다. 특히 급변하는 스마트시대와 사물인터넷(IoT: Internet on things)시대에서 새로운 블루오션의 기회가 기다리고 있다. 광고홍보분야의 창업을 통하여 새로운 커뮤니케이션 분야를 개척하고, 한계가 없는 무한도전을 통해 성공신화를 쓰고자 하는 커뮤니케이션 모험가들에게 미력이나마 도움이 되기를 기대하고 있다.

대구 달구벌대로 신당동 연구실에서

이시훈, 진용주

목차

Ⅰ. 알기 쉬운 창업 준비

Ⅱ. 실전 창업실무

I

알기 쉬운 창업 준비

제1장 창업이란 무엇인가?
1) 창업의 의의와 특성
2) 소기업 창업
3) 창업의 특성
4) 창업의 동기와 창업의 요소

제2장 광고홍보 창업의 특성
1) 광고홍보 창업 현황 및 가능성

제3장 창업인프라와 창업자
1) 최근 창업의 환경과 특징
2) 창업자의 자세와 기업가 정신

제4장 창업 성공사례
1) 세계 일류기업들의 창업 사례(애플, MS, 삼성, 두산 등)
2) 벤처기업들의 창업 성공사례(조선 BIZ 사례)

제1장
창업이란 무엇인가?

1) 창업의 의의와 특성

창업은 경제적으로 생산의 주체인 기업을 새롭게 설립하는 것이다. 이러한 창업의 목적은 기업이라는 조직을 통해 재화나 서비스(용역)를 생산하여 이윤을 실현하고자 하는 것이다.[1] 창업의 필수적인 요소로는 창업자와 자본 및 사업의 아이템 등을 들 수 있다. 사업의 아이템은 설립하는 기업이 구체적으로 어떠한 재화나 서비스를 생산할 것인가 하는 것으로 이에 대한 선정은 대부분 창업자의 신중한 검토와 결단으로 이루어지게 된다.

한편 중소기업창업지원법에서는 창업을 '새로이 중소기업을 설립하는 것'으로 정의하고 있다. 즉, 새로이 사업의 요소를 갖고 기업을 신설하는 경우와 기존의 기업으로 새로운 사업을 시작하는 것도 창업으로 보고 있는 것이다. 하지만 창업지원법상 타인의 사업을 승계하여 사업과 동종 사업을 계속하는 경우와 법인전환 및 조직 변경 후 변경전의 사업과 동종 사업을 계속하는 경우 등은 창업으로 보지 않는다(중소기업창업론, 김철교 외, 탑북스, 2010, pp.64~65).[2]

창업이란 "사업 등을 처음으로 이루어 시작하는 것" 또는 "사업의 기초를 세우는 것" 으로 설명하기도 한다. 창업은 사업을 하기 위한 시작으로서 사업의 기초이자 출발점이라고 할 수 있다. 즉, 창업이란 창업자가 특정한 창업 아이디어를 가지고 자금을 동원하여 특정한 고객의 욕구를 만족시키기 위하여 제품이나 서비스를 만드는 사업을 시작하는 것이라고 정의할 수 있다. 사업은 창업과 유사한 개념이지만 사업은 "어떤 일을 목적과 계획을 가지고 지속적으로 경영하는 것"으로 정의할 수 있다. 경영이라는 것은 "창업된 또

---

1 이재훈, 박봉인 공저, 중소기업 경영론, 경세원, 1998, p. 77.
2 김철교외, 중소기업창업론, 탑북스, 2010, pp. 64~65.

는 시작된 사업의 운영의 성과를 높이기 위한 일련의 과정과 의도하고 계획된 행동"이라고 정의할 수 있다.

또한 창직(創職)은 창업과는 차별화되는 개념이며, 창직이 보다 상위의 포괄적 개념이라 할 수 있다. 즉, 창직은 새로운 아이디어를 통해 기존 직업의 직무를 재설계(직무의 전문화, 세부화, 재구조화, 통합화 등)하여, 새로운 직업을 발굴하고 이를 통해 일자리를 창출하는 일련의 활동이다. 통상적으로는 먼저 특정한 일에 대한 요구가 발생하고 이에 따라 직업이 발생하나, 창직은 일에 대한 잠재된 요구를 분석하여 창출 가능한 직업을 발굴하는 것이다. 창직은 개인뿐만 아니라 기관 등 인력이 투입되는 모든 부분에서 나타날 수 있는 것으로 노동수용을 광범위하게 확장시킬 수 있다. 이러한 창업과 창직을 통해 여러 산업에서 새로운 기업과 직업이 발굴되고 이들 기업과 직업에 대한 잠재된 수요가 확산될 경우, 지속적으로 일자리를 창출할 수 있다. 결국 창업이나 창직의 핵심 목표는 창의적 기업과 직업을 통하여 새로운 일자리를 만드는 것이다. 여기에서 창업은 기업을 만드는 요인, 즉 개인이나 집단이 이윤창출을 목표로 소정의 절차를 거쳐 합법적으로 필요한 조직을 설립하는 것이다.

창업이란 기업을 만드는 것을 말한다. 기업을 만드는 요인, 즉 개인이나 집단이 이윤창출을 목표로 소정의 절차를 거쳐 합법적으로 설립하는 것을 창업이라 한다. 창업을 하려면, 첫 번째로 새로운 아이디어가 필요하고, 두 번째로 자본이 필요하고, 세 번째로 위험요소를 극복하고 노력하려는 기업가정신이 필요하다. 이상의 세 가지를 창업의 3요소라 한다.

창업의 첫 번째 요소인 사업의 아이디어는 바로 창업의 목적과 필수 요건이다. 어떤 제품을 개발해서, 어떻게 제조할 것이며, 어떤 서비스로 보급할 것인가에 따라 창업의 동기가 결정된다. 두 번째로 자본(capital), 이는 창업에 필요한 인원, 사업장 확보, 경영에 필요한 자원, 기타 경비에 필요한 자금을 확보하는데 꼭 필요한 요소이다.[3] 세 번째의 기업가 정신은 창업에서부터 지속가능한 경영까지 시장, 경쟁, 소비자변화에 따른 다양한 경영환경을 극복하면서 새로운 기회를 확보하고 변화해 나가는 모험정신을 말한다.

창업을 하는 목적은 개인의 이윤추구와 자기만족추구, 그리고 사회 구성원의 일원으로서의 사회기여에 있다고 할 수 있다. 이러한 창업은 자신이 가지고 있는 모든 능력(기술, 영업력, 자금, 경영능력 등)들 동원하여 이루어진다. 그러나 사전에 치밀한 사업성 분석

3 이덕훈, 창업학의 이해, 비앤엠북스, 2012, p. 115.

이나 면밀한 사업계획 없이 제3자의 의견에 따라 창업을 함으로써 많은 자금과 에너지 및 시간을 낭비하고 절망에 빠지는 경우가 많다. 창업에 대한 정의와 구성하는 내용에 대해서는 논자들 간에 여러 가지 견해가 많아 그 어떤 통일된 것도 없으며, 학자나 각국에 따라 매우 다양하게 나타나고 있다.

우리나라 중소기업 창업지원법 제2조에는 '창업이라 함은 새로이 중소기업을 설립하는 것'을 말하며, 동법 시행령 제2조에서는 다음과 같은 경우에는 창업에 해당되지 아니한다고 규정하고 있다.

첫째, 타인으로부터 사업을 승계하여 동종의 사업을 계속하는 경우, 예를 들면 상속이나 양도에 의해 사업체를 취득하여 같은 사업을 계속하는 경우, 폐업한 다른 사람의 공장을 인수하여 동일한 사업을 계속하는 경우, 기존 공장을 임차하여 기존의 사업과 같은 사업을 영위하는 경우 등을 들 수 있다.

둘째, 개인회사에서 법인으로 전환, 조직변경 후 동종 사업을 계속하는 경우, 예를 들면 개인 사업자가 법인(주식회사)으로 전환하거나 또는 법인형태를 변경하여 같은 사업을 계속하는 경우, 합명회사 · 합자회사 · 유한회사 · 주식회사 상호 간 법인 형태를 변경하여 종종사업을 계속하는 경우, 기업을 합병하여 같은 사업을 영위하는 경우 등을 들 수 있다.

셋째, 폐업 후 사업을 개시하여 동종 사업을 개시하는 경우, 예를 들면 사업의 일시적인 휴업이나 정리 후에 사업을 재개하는 경우, 공장을 이전하기 위해 이전 전의 장소의 사업을 폐업하고 새로운 장소에서 사업을 재개하는 경우 등을 들 수 있다.

그러나 이 같은 창업의 정의는 다만 정부가 창업에 대한 지원혜택, 예를 들면 각종 세금의 감면, 창업자금 지원 및 육성책 등을 부여하기 위한 창업지원법상의 정의에 불과하며, 실제로 창업의 범위는 훨씬 광범위하게 설명할 수 있다. 즉 '창업이란 사업의 기초를 세우는 것으로써, 기업가의 능력을 갖춘 개인이나 집단이 사업 아이디어를 가지고 사업 목표를 세우고 적절한 사업기회에 자본, 인원, 설비 및 원자재 등 경영자원을 확보하여 재화의 생산 또는 용역을 제공하는 기업을 설립하는 것'이라고 할 수 있다. 다시 말하면 재화(물건) 또는 용역(서비스)을 생산, 판매하는 하나의 시스템을 구축하는 모든 작업을 의미한다.

2) 소기업small business 창업

(1) 소기업이란

창업의 형태는 다양하게 나타날 수 있고, 또 유형에 따라 여러 가지로 구분할 수 있다. 창업의 형태를 규모별로 구분하면, 소기업, 중기업, 대기업 창업으로 나눌 수 있다. 소기업의 범위에 대한 기준은 국가에 따라 또 연구자에 따라 일정하지 않다. 우리나라의 경우, 중소기업기본법 · 시행령에 '소기업'이라 함은 제조업, 광업, 건설업, 운송업은 상시근로자 수 50인 미만인 기업, 나머지 업종은 10인 미만의 기업이라고 규정하고 있다.

한편 소기업 가운데 생업적인 색채가 농후하고 가족노동에 많이 의존하는 규모가 더욱 영세한 소기업을 '소상공인'이라고 한다. 소상공인이란 상시종업원 5인(제조업, 건설업, 운송업, 광업은 10인)미만의 소규모 사업체를 말한다.

소상공인의 범위를 보면 다음과 같다.

- 도소매업 : 슈퍼마켓, 음식료품 업소, 양곡상, 정육점, 어물전, 청과상, 화장품점, 의류점, 신발소매점, 꽃집, 문방구점, 책방, 음반 및 테이프소매점 등
- 음식숙박업 : 음식점, 노래방, 제과점, 다방, 호프집, 숙박업소 등
- 개인서비스업 : 세탁소, 이용실, 미용실, 목욕탕, PC방, 비디오대여점 등
- 자동차수리업 : 카센터, 자동차 정비업소 등
- 사업서비스업 : 컴퓨터 관련업, 광고업 등
- 제조업 : 소규모 제조업체 등

〈표 1-1〉 소기업 범위

구분	소기업	소상공인
법적근거	소기업지원특별조치법	소기업 및 소상공인 지원특별조치법
제조업, 건설업, 운송업, 광업	50인 미만	10인 미만
도소매, 음식, 숙박 기타 서비스업	10인 미만	5인 미만
업체 수	2,929천개(96.5%)	2,676천개(87.8%)

자료: 중소기업청, 중소기업현황(2008년 말 기준)

〈표 1-1〉에서 보는 바와 같이 2008년 기준으로 우리나라 전체 사업체 수 가운데 소기업이 차지하는 비중을 보면 2,939천 사업체, 96.5%이다. 특히 규모가 더욱 영세하고 생계형 소기업 형태인 소상공인이 전체 사업체의 87.8%를 차지하고 있어 우리나라 사업체의 거의 대부분이 소기업에 속한다고 볼 수 있다.

(2) 소기업 창업의 특징

산업자본주의(Industrial Capitalism)시대에는 대기업과 소기업을 비교하여 볼 때, 소기업이 갖고 있는 중대한 약점 때문에 경제발전 또는 산업화와 더불어 소기업은 점차 소멸한다고 주장한 학자들이 있었다. 그러나 21세기 지식산업사회는 오히려 이 같은 소기업이 더욱 증가할 것으로 예측하고 있다.

마샬(A. Marshall)은 대기업과 소기업의 관계를 생물학적으로 비유하여 소기업의 존재론을 경제이론으로 성립시켰다. 즉, 숲의 성장과정에 비유하여 소기업의 생성, 대기업으로의 성장 및 소멸과정을 설명하였다. 그는 「숲의 이론」에서 "숲이란 자연현상에서 큰 나무와 작은 나무가 동시에 생존해 있다. 작은 나무라 해서 죽지 않는다. 다만 햇빛이 적어서 신진대사의 기능이 큰 나무에 비해서 적다는 것뿐이다. 따라서 숲이란 것이 큰 나무만 존재하는 것 같지만 사실 큰 나무가 병들어 죽으면 그 아래에 있던 작은 나무가 큰 나무를 대신하게 되기 때문이다"라고 말하고 있다.[4]

마치 큰 나무와 작은 나무, 그리고 여러 가지 잡초, 풀들이 함께 공존해만 산이 숨을 고르게 살아 있을 수 있듯이, 소기업은 중기업, 대기업과 더불어 계속 존속하고, 또 소기업에 적합한 새로운 사업 분야가 끊임없이 발생할 것으로 예상된다.

소기업은 그 수가 매우 많고 업종과 업태도 대단히 다양하며, 또한 생업적인 색채가 강한 경영영태를 유지하고 있다. 이 같은 소기업은 한편으로는 소멸되지만 다른 한편으로는 현대적 생업으로서 끊임없이 창업됨으로써 그 수가 계속 증가되고 있다. 소기업 창업의 특징을 살펴보면 다음과 같다.[5]

4 조희영·박상범, 중소기업경영론, p. 46.
5 조관행, 중소기업이야기, pp. 133~134.

① 소기업은 변화가 매우 심하고 경쟁이 치열하다. 즉, 소기업은 누구든지 비교적 손쉽게 창업할 수 있고 진입장벽이 높지 않으므로 새로 창업하는 신규 사업체도 많고, 문을 닫는 도산 사업체도 또한 많다. 그러나 소멸률보다 출생률이 더 높기 때문에 그 수는 계속 증가하고 있다. 특히 최근 직업시장의 환경 변화에 따라 새로운 소기업의 출생과 소멸이 매우 활발하게 이루어지고 있다.

② 소기업은 대부분 경영과 가계가 분리되어 있지 않아 생업적인 성격이 강하다. 소기업에 있어서는 창업자 자신이 노동에 종사하는 경우가 많고, 가족 종업원에 대한 의존도가 높다. 그리하여 소기업의 소득은 주로 창업주와 그 가족의 생계를 유지하는 수단이 된다.

③ 소기업의 창업주는 기업의 확대성장보다는 생활의 유지와 안정, 그리고 보람의 추구 등 스스로의 생활을 충실화하려는 욕구가 강하다. 즉 자기와 자신의 가족을 중심으로 하는 생활 충족에의 욕구가 비교적 높다.

④ 소기업은 규모가 작고 개인 기업이 많아 기업의 발전이나 쇠퇴가 창업주 개인에 많이 의존하고 있어 경영의 불안정성이 높을 수 있다. 예를 들면 창업주가 후계자를 준비하지 못하면 사업이 중단되며 창업주의 건강도 사업을 크게 좌우하게 된다.

⑤ 소기업인 지역사회에 밀착되어 있다. 즉, 소기업은 지역의 경영자원에 많이 의존하고 있는 동시에 지역사회를 형성하는 주요 구성요소이므로 소기업의 성공여부는 지역사회와 직결된다.

이 같은 소기업은 규모면에서 영세성을 벗어나지 못하고 있을 뿐만 아니라 경영관리의 전근대성, 재무구조의 취약성, 소기업 간의 과당경쟁, 기술수준의 낙후 등으로 환경변화에의 적응력이 매우 약하다. 또한 경기변화에 민감하고 창업주의 우발적인 사고 등에도 매우 취약성을 가지고 있다. 따라서 이러한 외부환경이나 여건의 급격한 변화에 대응할 수 있도록 평소에 체질을 더욱 강화해 나가야 한다.[6]

3) 창업의 특성

창업은 기업의 다른 활동들과 다음과 같은 차이점을 가지고 있다.

첫째, 창업은 전형적인 불확실성(uncertainty)하에서의 의사결정이라는 특성을 가지고 있다. 창업은 지금까지 경험하지 못한 새로운 사업을 시작하는 것이기 때문에 그 결과에 대한 예측이 어렵고 불확실할 수밖에 없다. 따라서 사전에 아무리 완벽하게 준비하였더라도 예상하지 못했던 변수가 항상 발생할 수 있다.

---

6 창업론, 조경동 외, 형설출판사, 2011, pp. 16~19.

둘째, 창업은 인적 및 물적 자원(자본)의 투입을 전제로 하고 있다. 그러나 이러한 인적 및 물적 자원의 투입에 대한 보상은 단기적으로 이루어지지 않고 장기적으로 서서히 이루어지며, 때로는 투입(input)에 대한 보상(output)여부조차도 불확실하기 때문에 창업에는 항상 위험(risk)이 뒤따르게 된다.

셋째, 창업은 진취적이고 창조적이며 모험적인 성격을 갖고 있다. 창업은 기업가적인 자질과 능력을 갖고 있는 자, 자기사업을 통하여 자아실현 및 성취요구를 실현하려는 자, 그리고 성장과 성과개선을 추구하는 기업들의 변신 수단으로 추진된다는 특성을 가지고 있다.

창업은 누구나 할 수 있다. 그러나 창업은 이 같은 특성을 갖고 있기 때문에 누구에게나 쉽게 접근되는 것은 아니다. 따라서 성공적인 창업을 하기 위해서는 창업에 대한 체계적인 이해와 연구 및 접근이 필요하다. 한편 창업과 경영은 다소 차이가 있다고 볼 수 있다. 창업은 일정한 준비과정을 거쳐 사업체를 창설하여 사업을 시작하기 전까지가 주요 대상이라고 한다면, 경영은 이미 만들어진 사업체를 어떻게 합리적으로 유지·성장·발전시켜 나갈 것인가에 초점을 맞추어 사업체의 운영, 즉 경영관리가 주요 대상이 된다.

흔히 우리 주변에서 혼동하는 일 가운데 하나가 창업만 성공적으로 하면, 앞으로 모든 것이 잘 될 것이라 착각하는 일이다. 물론 성공적인 창업도 매우 중요하지만, 창업 후에 이를 어떻게 성장·발전시켜 성공하느냐 하는 수성(守成)은 더욱 중요하다. 즉, 어떻게 하면 우수한 자질을 가진 아이를 출생할 수 있게 하느냐의 문제가 창업이라면, 그 아이를 어떻게 하면 훌륭한 사람으로 성장할 수 있게 하느냐의 문제는 수성, 즉 경영과 창업은 서로 다른 문제이다.

우수한 자질을 가진 사람이 태어나서 성공하고 훌륭한 인재가 되기 위해서는 어떤 과정을 거쳐야 될까? 따라서 창업 후의 문제, 즉 수성은 주로 경영의 문제이다. 예를 들면 마케팅은 어떻게 할 것인가? 어떤 제품이나 서비스를 생산할 것인가? 필요한 자금관리와 운영은 어떻게 할 것인가? 종업원은 어떻게 관리할 것인가? 어떤 전략을 수립하여 다른 경쟁자보다 우위를 점할 것인가? 등의 문제들이다. 이를 연구하는 학문이 바로 경영학이다.

그러므로 창업을 위해 반드시 경영학을 전공할 필요는 없으나, 창업 후 성공적인 경영을 위해서는 아주 기초적이고 간단한 경영관리 내용만이라도 알고 있으면, 실제 사업운영에 많은 도움이 될 것으로 보인다. 이미 창업을 하였거나 앞으로 창업을 생각하는 사람들은 모두 이점을 유의하여야 할 것이다.[7]

(1) 청년창업의 필요성

고등학교 3년 기간 동안 대학입학을 위한 수험공부에 지친 학생들이 대학에 입학해서 대학의 캠퍼스 낭만을 만끽하며 즐기는 기간이 불과 1년이라고 한다. 당장 2학년부터 대학학비와 용돈을 벌기 위한 아르바이트와 벌써부터 취업에 대한 압박감을 선배로부터 듣게 되면서 스펙(specification) 쌓기에 들어가게 된다. 아르바이트를 하면서 사회생활의 일부도 배우게 되지만, 돈 버는 것이 결코 만만치 않음을 몸으로 체험하게 된다. 아래에 있는 2가지 사례는 '아르바이트의 애환'에 대한 사례와 대학생들의 로망인 '입학이 곧 취업'인 특별한 대학교의 사례를 제시하였다.

사례 대학생 아르바이트의 애환

"과일야채 세척포장, 일급 5만5,000원, 당일지급, 초보가능"

시선이 한 곳에 멈췄다. 별다른 조건을 요하지 않을 뿐만 아니라, 적지 않은 급여를 당일에 지급한다니. 지난 8월 말, 개강을 앞두고 학교를 다니면서 할 알바(아르바이트)나 미리 구해둘까 싶어 알바 사이트를 뒤적이던 중이었다.
그걸 보고 머릿속으로 '이틀이면 11만 원, 나흘이면 22만 원' 하며 계산기를 두드렸다. 어떤 알바를 구하려 했는지 까맣게 잊어버리고 '방학이 다 가기 전에 단기알바로 돈이나 바짝 벌어볼까' 하는 생각이 들었다. 행여 그 짧은 시간 안에 누군가가 이런 '꿀알바' 자리를 빼앗아 갈까 싶어 황급히 게시글을 클릭했다.

알바를 구하는 곳은 한 대형마트에서 운영하는 농산물 가공 · 유통센터로, 추석 특수를 대비해 과일이나 야채를 선별하고 포장할 단기알바 인력을 구하고 있었다. 휴게시간과 점심시간을 빼고 대략 8시간을 일하는데, 대충 계산해도 시급이 약 7천 원이었다.
'최저'시급이라는 말이 무색하게 알바시장에서 '기준'시급이 되고 있는 5,210원과는 앞자리부터 달랐다. 해보지 않은 일이었지만 초보자가 가능하다는 것을 보니 어려울 것 같지 않았다. 담당자에게 곧바로 문자를 넣었다.

공장은 내가 사는 도시의 외곽에 있었다. 오전 8시 30분 근무 시작시간보다 30분 일찍 오라는 말에 8시도 되기 전에 공장에 도착했는데, 벌써 근무복을 입고 있는 사람들이 보였다. 대부분 중년 여성이었고, 가끔 나와 비슷한 나이의 여대생으로 보이는 이들도 있었다.
사람들을 따라 눈치껏 출석체크(?)를 하고 근무복을 받았다. 근무복은 반도체 공장에서 입는 방진복과 비슷했다. 머리와 귀까지 모두 가리는 모자에 등산화 같은 무거운 작업화까지 착용해야 했다.

---

7 창업론, 조경동 외, 형설출판사, 2011, pp. 20~22.

근무복을 갈아입기 위해 들어간 로커룸에서 나는 그야말로 '멘붕'이 됐다. 옷을 갈아입는 수많은 사람들 사이를 지나다니며 몇 개의 로커를 열어봤지만 모두 물건이 들어 있었다. 근무시간이 멀었는데도 먼저 작업복을 입고 기다리고 있던 사람들은 이런 사정을 미리 알고 로커를 차지한 듯했다.

나와 같은 처지였던 어떤 언니는 빈 로커 찾기를 포기한 듯 어느새 로커룸 한쪽에서 옷을 갈아입고 있었다. 나도 그 옆에서 주섬주섬 작업복을 입었다. 민망하기 그지 없었다. 옷은 그렇다 치더라도 가방을 보관할 곳이 없었다. 하는 수 없이 그냥 바닥 한쪽에 가방을 놓았다. 다행히 별다른 귀중품을 가져오진 않았지만, 괜히 불안한 건 어쩔 수 없었다.

"학생 이거(가방) 밀어놔. 여기 자리 있거든요."
반말과 존댓말이 섞인 오묘한 외침. 바닥에 가방을 놓자마자 옆쪽에서 한 아주머니의 목소리가 들려왔다. 나에게 이야기를 하는 것인가 싶어 돌아보니, 맞았다. 바닥도 겨우 한 뼘 차이로 임자가 있는 자리와 그렇지 않은 자리가 나누어졌다. 일은 시작도 하지 않았는데 벌써부터 정신이 없었다. 하지만 로커룸보다 더 치열한 곳은 공장 안이었다.

공장 안의 공기는 추위를 느낄 정도로 서늘했고, 끊임없이 돌아가는 컨베이어 벨트가 요란한 소음을 내고 있었다. 분위기에 위축되었지만 현장 관리자의 말을 따라 눈치껏 컨베이어 벨트 앞에 섰다. 오렌지로 시작된 일은 자몽에서 사과로, 끊임없이 이어졌다. 앞쪽 라인에서는 수입산 포도를 포장하고 있었고, 뒤쪽 라인에서는 추석 선물용 배를 상자에 담고 있었다.

컨베이어 벨트 앞에 서서 과일 상자를 내려 상하거나 무른 과일을 골라내고 비닐봉투에 담아 다시 컨베이어 벨트에 올리는 일을 반복했다. 어느 것이 버려야 할 과일이고 어느 것이 팔아도 될 과일인지 애매했다. 먹는 입장에서 생각하자니 조금 무른 것쯤이야 괜찮을 것 같은데, 사는 입장에서 생각하니 작은 흠도 걸렸다. 특히나 사과가 까다로웠다. 작고 울퉁불퉁한 사과라도 누군가는 이것을 추석 상차림에 사용할 수 있다는 생각에 더 고민이 됐다. 내가 다른 사람보다 더 많은 과일을 골라내나 싶어 주변을 계속 살폈다. 일을 하는 데 있어 '눈치'가 생명이었다.

의자도 없는 곳에서 8시간, 공장 안은 한 겨울이었다.
계속 서서 일을 하다 보니 허리와 무릎이 많이 아팠다. 컨베이어 벨트와 그 앞에 있는 포장대는 의자가 있으면 편할 높이였는데, 아무래도 과일 상자를 계속 옮겨야 하다 보니 의자를 놓지 않은 것 같았다. 컨베이어 벨트 앞에서 몇 시간을 서서 버텨야 했다. 또 다른 문제는 추위였다. 공장 안은 냉기가 돌았고 과일 자체도 무척 차가웠다. 특히나 작은 사과를 포장할 때는 손끝이 얼얼했다. 배급된 장갑은 얇은 일회용 고무장갑이라 냉기를 그대로 전달했다. 다른 사람들이 목장갑을 따로 챙겨와 고무장갑 속에 낀 이유가 있었다. 처음에 마스크를 낄 때는 답답했는데 나중에는 마스크가 얼굴로 오는 냉기를 막아 차라리 다행이라는 생각까지 들었다.

계속 자리를 지키며 과일 포장만 하는 것은 아니었다. 다른 라인의 일손이 부족할 경우에는 일을 하다가도 예고 없이 불려나갔다. 특히나 나는 컨베이어 벨트 제일 앞쪽에서 일했기 때문에 곧잘 심부름을 해야 했다. 과일 상자를 옮기거나, 다른 컨베이어 벨트에서 나오는 빈 상자를 수거했다. 이와 동시에 포도 포장을 도와주고, 포도를 담은 상자를 쌓기까지 했다. 한번은 작업에 사용할 포도 상자를 컨베이어 벨트에 올려달라고 해서 올려주었더니, 다른 관리자가 와서 포도는 작업이 이미 끝났으니 전부 다시 내리라고 한 적도 있었다. 포도라인에 있는 언니에게 "일을 어떻게 해야 하는 건지 설명을 해줘야 하는 거 아니에요?" 하고 묻자 옆에 있던 아주머니는 "공장은 원래 그래" 하고 혼잣말처럼 대답했다.

하지만 이 정도는 아무것도 아니었다. 점심을 먹고 나서 포도를 포장하는 일이 마무리되자 그 인원이 모두 사과 포장으로 몰렸다. 한정된 포장대에 비해 사람이 많으니 그 포장대를 차지하기 위한 쟁탈전이 벌어졌다. 모두들 관리자의 눈에 노는 것처럼 보이길 싫어했다. 나 또한 새로운 포장대를 찾아야만 했다. 내가 있었던 포장대는 이미 다른 사람이 채우고 있었기 때문이다. 사람이 없는 포장대에 자리를 잡았지만, 곧 원래 자리 주인이 돌아와 비켜주는 것을 몇 차례 반복했다. 하는 수 없이 포장대와 포장대 사이 사과 상자를 올려두는 선반 위에서 포장을 시작했다. 포장대보다 훨씬 높이가 낮아 사과를 하나씩 집을 때마다 몸을 굽혀야 했다. 허리가 무척이나 아팠다.

숨 쉴 틈 없는 공장, 그 속에 삶이 있다.
그동안 호텔 레스토랑 알바, 콘서트 진행요원 알바, 음식점 서빙 알바 등 다양한 종류의 '육체파 노동'을 해보았지만 이만큼 힘든 적은 없었다. 몸도 몸이지만 분위기에 적응하지 못해 겪는 어려움도 만만치 않았다. 지시만 있고 설명은 없는 '원래 그런' 공장의 관행을 쉽게 받아들이지 못했기 때문이다. 일을 할 때도 그렇지만 포장 부자재를 가져갈 때조차 경쟁하는 분위기도 낯설기만 했다.

다시는 못할 것 같은 일이었다. 그렇지만 내게 두 번 다시 오고 싶지 않은 이 공간이 누군가에겐 매일 마주하는 삶의 터전이었다. 어쩌면 삶의 터전이었기에 그리도 치열했는지 모른다. 기계 소리가 가득한 공장 안에도 '사람'이 있었다. 억척스레 일에 열중하던 아주머니들한테서도 마스크와 모자를 벗고 맨얼굴을 드러내면 친근함이 느껴졌다. 그들은 쉬는 시간이면 한데 모여 "요즘 들어 부쩍 소화가 안 되네" 하면서 소소한 고민을 늘어놓았다.

사과를 포장할 때 무뚝뚝했던 아주머니는 내가 자신의 딸과 같은 중학교를 나왔다는 사실을 알게 되자 한참 수다를 떨기도 했다. 성적 좋은 딸 자랑, 수험생인데도 여자 친구를 사귀는 아들 고민까지. 일을 할 때는 볼 수 없었던 생생한 표정이 얼굴에 서렸다. 또 나처럼 처음 일하러 왔다는 한 아주머니는 낮은 선반에서 포장을 하는 나를 걱정해, 자기 포장대를 반 나눠쓰자고 하기도 했다. 포장을 하며 "사과가 참 맛없게 생겼네" 하고 소녀처럼 웃던 아주머니는 공장 안에서 나를 챙겨준 유일한 사람이었다.

모자란 포장 부자재를 함께 나눠썼고, 나중에 다른 아주머니에게 포장대를 빼앗겨 자리를 옮긴 후에도 나를 챙겼다. '처음'이라는 것에서 묘한 동질감을 느꼈던 것일까. 내가 포장을 하고 있을 때 아주머니는 말없이 포장 부자재를 놓고 갔다. 공장 안은 추웠고, 분위기는 냉랭

했지만 사람은 참 따뜻했다. 공장은 추석 때까지 쉼 없이 가동된다고 했다. 일하는 사람들은 추석 때까지 휴일이 없다. 대부분은 매일 밤 11시 정도까지 잔업을 한다고 했다. 추석 선물로 포장해야 할 사과가 예정보다 늦게 들어왔기 때문이다. 원래 오후 5시 30분에 끝나기로 되어 있던 나의 알바 시간도 이틀째부터는 밤 12시까지 잔업을 하는 것으로 바뀌었다.

결국 3일간 하기로 했던 알바를 하루 만에 그만두었다. 다음 날 온몸이 뻐근해 하루 종일 누워 있을 수밖에 없었다. 그런 나를 보며 부모님은 "돈 버는 게 어디 쉬운 줄 아냐"고 한마디씩 했다. 이 일은 내가 생각했던 것처럼 '꿀알바'가 절대 아니었다. 팔다리 곳곳에 멍이 남았다. 그렇지만 상처만 남은 것은 아니다. 한 알의 사과에 치열한 삶의 현장이 녹아 있고, 따뜻한 사람들의 손길이 묻어 있다는 것을 알게 되었기 때문이다. 그래서일까, 이번 추석상에 사과만큼은 내가 직접 올려봐야겠다는 생각이 든다. 공장에서 만났던 아주머니들의 손길을 다시 한 번 마주하게 될지 모르니 말이다(오마이뉴스 대학통신원 김예지 기자의 글 인용).

사례 입학이 곧 취업

"입학이 곧 취업…'취업 걱정 없는 학과'어디?"

12월 3일 2015학년도 수학능력시험 성적이 발표됨에 따라 본격적인 입시 경쟁이 시작된 가운데 졸업 후 취업이 보장되는 '채용조건형 계약학과'에 대한 입시생들의 관심이 높아지고 있다. 경기불황과 취업난이 심화되면서 입시생들 사이에서 간판보다 실속을 추구하는 경향이 커지면서 여러 대학들이 채용을 전제로 하는 '채용조건형 계약학과'(이하 계약학과) 육성에 나섰다.

3일 교육부에 따르면 계약학과를 운영 중인 4년제 대학은 15곳으로 학과로 따지면 대학원을 포함할 경우 30개 학과가 넘는다. 대표적인 계약학과로는 성균관대 반도체시스템공학과가 있다. 지난 2006년 신설된 이 학과는 입학생 전원이 4년 전액 장학금을 받는다. 졸업 후 최소 채용절차만 통과하면 삼성전자 · 삼성디스플레이에 입사할 수 있다. 또 대학원 연계 진학 시 석사까지 전액장학금 및 학업장려금을 지원한다. 성균관대 반도체시스템공학과 관계자에 따르면 학과 졸업생 255명 중 87%가 삼성전자 · 삼성디스플레이에 취업하거나 대학원에 연계 진학했다. 나머지 13%에는 의대 · 치대 등 진로 변경, 박사 학위를 위한 진학, IT분야 창업 등의 경우가 포함됐다.

한양대를 대표하는 7개학과(다이아몬드 7학과) 중 미래자동차학과와 소프트웨어전공도 각각 현대자동차와 삼성전자로 취업이 보장되는 계약학과다. 이 학과는 기업과 대학이 각각 50%씩 전액 장학금을 지원한다.

경북대학교 전자공학부 모바일공학전공은 삼성전자와 채용 및 학자금 지원 계약을 맺은 학과다. 입학과 동시에 삼성전자로의 채용이 보장되며, 4년간 등록금 전액을 지원한다.

동국대 경주캠퍼스 다솔회계학과는 지난해 세무법인 다솔과 계약학과 협약서를 체결했다. 이 학과는 매년 2명의 학생을 선발해 4년 전액 장학금을 지원하며, 다솔회계법인 취업을 보장한다.

전주대학교는 지난해 한국콘텐츠진흥원과 지원해 인터랙티브 미디어학과를 개설했다. 이 학과는 한국콘텐츠진흥원에서 예산을 지원하며 선발된 학생들은 등록금 지원은 물론 졸업과 동시에 취업을 보장 받는다.

기업이 아닌 국방부와 계약을 맺은 학과도 있다. 2011년 신설된 고려대 안암캠퍼스의 사이버국방학과가 대표적인 경우다. 이 학과의 학생들은 4년간 등록금 전액을 지원 받으며, 졸업 후 전원 장교로 임관돼 사이버사령부에서 근무하게 된다.

이외에도 국방부 계약학과에는 세종대 국방시스템공학과, 세종대 항공시스템공학과, 아주대 국방디지털융합학과, 중앙대 산업보안학과, 충남대 해군학전공, 한양대 에리카 캠퍼스 국방정보공학, 단국대 해병대군사학과 등이 있다(머니투데이 이슈팀 이영민 기자 기사인용 : 2014.12.03.).

(2) 직업의 의미와 바람직한 직업관(Holland의 직업선택 이론)

유형 분류	특징	적정 창업 아이템
현실적 유형 (realistic type)	과거나 미래보다는 현재에 중점을 두는 스타일로 사물·기계에 대한 조작 활동을 선호	기계장치 관련사업, 꽃·과일·채소 등 농산물 재배 및 판매업, 스포츠 관련사업
연구적 유형 (investigarive type)	추상적·논리적 사고를 선호하며 창의력을 발휘할 수 있는 환경조성이 중요	컴퓨터 관련 사업, 컨설팅 등 사업서비스업, 의료서비스업
예술적 유형 (artistic type)	감성이 풍부하고 표현력이 뛰어난 유형. 예술적 감각을 드러낼 수 있는 아이템이 효과적	예술분야, 출판사, 카페, 레스토랑, 요리관련 사업, 홍보대행업
사회적 유형 (social type)	사람들 사이의 관계를 중시하고 공동체 문화에 대한 친화력이 높음	교육서비스업, 베이비시터 등 인력파견사업, 상담회사
진취적 유형 (enterprising type)	성취욕이 높으며 체계적 논리적인 사고보다는 권위적인 쉬움, 대인관계에 적극적	각종 소매점, 영업 및 마케팅 관련 사업, 방문판매업
관행적 유형 (conventional type)	이미 짜여진 구조대로 활동하려는 경향이 강함. 정리하고 분류하는데 일가견이 있음	데이터베이스 관련 사업

(3) 21세기 산업과 직업

① 직업은 계속 분화하여 다양화되고 있다.

② 지식, 정보화의 진전은 새로운 기업환경과 산업구조를 만들고 있다.

③ 사이버공간을 통한 기업 활동이 증대하고 있다.

④ 삶의 질을 높이는 산업비중이 증가한다.

⑤ 지식기반산업과 첨단산업의 발전은 산업의 비중을 변화시킬 것이다.

⑥ 새로운 상품과 서비스의 등장은 직업을 탄생시키기도 하고 소멸시키기도 한다.

⑦ 평생직장은 사라지고 평생 직업이 남는다.

⑧ 기계화 자동화의 진전은 여러 복잡한 직무내용을 단순화시키고 이에 따라 직업도 기계화·자동화가 불가능하거나 사람이 기계 보다 효율성이 높은 일에 집중 될 것이다.

새로 출현한 직업들

분류	신생 직업
경영·회계·세무 관련직	국제회의 전문 프로그래머, 리셉션 코디네이터, 기술 가치 평가사, 기술 거래사, 소셜 마케팅 전문가, 브랜드 매니저 등
금융·보험 관련직	교차 판매사, 스와프 딜러, 채권 법무 관리사, 준법감시인, FX(외환) 트레이더, 보험 평가사 등
교육 및 자연과학·사회과학 연구 관련직	교육 상담사, 전문 상담 교사, 이중 언어 강사, 노인 건강 체육 지도자, 아동요리 지도자, 장례 지도사, 학생 전문 관리자, 숲 해설가, 운동생리학 연구원, 교통사고 분석사, 임상연구 데이터 매니저 등
보건·의료 관련직	감각 통합 치료사, 건강 심리 전문가, 검안사, 노인 전문 작업 치료사, 동물매개치료 도우미, 범죄 심리 전문가, 식이 요법 지도사, 심리 운동 치료사, 음악 치료사, 장기이식 코디네이터, 중독 심리 전문가, 의료 관광 코디네이터, 건강 가정사, 의료 통역 코디네이터, 연극 치료사, 웃음 치료사, 독서 치료사, 미술 치료사, 원예 치료사 등
사회복지 및 종교 관련직	다문화 가정 전담 교사, 라이프코치, 사이버 상담원, 학부모 상담사, 템플스테이 교육자 등
문화·예술·디자인 관련직	3D디렉터, 게임 캐스터, 공공 디자이너, 색채 코디네이터, 아트 컨설턴트, 아트 딜러, 영상예술 전략 전문가, 저작권 PD, 캘리그래퍼, 테마파크 코디네이터, 페인팅 아티스트, e북 콘텐츠 기획자, 스토리 기획자, 멀티미디어소스 디자이너 등
영업 및 판매 관련직	공정무역 전문가, 그린 에너지 기술 영업원, 유통 판매 컨설턴트 등

분류	신생 직업
미용·숙박·여행·오락·스포츠 관련직	애견 코디네이터, 애견 수의 간호사, 애견 교사, 투어 플래너, 동물 관리사, 수의 테크니션, 동물 행동 컨설턴트, 동물 안내 해설사 등
음식 서비스 관련직	믹솔리지스트(칵테일 전문가), 바리스타, 사케 소믈리에, 전통주 소믈리에, 티 소믈리에, 실버 조리사, 식품 코디네이터, 외식산업 경영 컨설턴트 등
정보통신 관련직	모바일 컨설턴트, SNS 홍보 담당자 등

자료: 한국직업능력개발원 '직업전망 지표조사' 결과

4) 창업의 동기와 창업의 요소

(1) 창업의 동기

산을 오르는 알피니스트 보고 "당신은 왜 산에 오르는가?"라고 질문을 했더니, "산이 거기 있으니까, 산에 오른다"라고 답을 했다. 성공한 기업가에게 "당신은 왜 기업가의 길을 택했는가?"라고 물으면, 어떤 대답을 할까? 왜 많은 사람들은 성공적인 창업이 어려운데도 불구하고 끊임없이 창업을 하려고 할까?

창업의 가장 기본적인 동기는 개인이든 기업이든 이윤추구, 즉 부(富)의 증대에 있다. 그러나 이러한 부의 증대 이외에도 다음과 같은 다양한 부차적인 동기를 들 수 있다.

① 보다 많은 돈(수입)을 벌어 윤택한 삶을 누리기 위한 욕구
② 자아성취에 대한 욕구
③ 사업을 함으로써 얻는 인정과 명예
④ 새로운 세계를 접하거나 다양한 사람들과 교류하고자 하는 욕구
⑤ 인류와 사회를 위해 공헌하겠다는 희망
⑥ 일 그 자체에 대한 욕구

한편 Keasey와 Watson은 창업의 주요 동기를 다음과 같이 설명하고 있다.[8]

① 불만족스러운 직장에서 떠나고 싶은 욕구
② 자신의 기업을 독자적으로 경영해 보고 싶은 욕구
③ 자신의 특수한 기술이나 재능을 발휘하고 싶은 욕망

8 창업론, 조경동 외, 형설출판사, 2011, pp. 22~23.

사례 **허즈버그(Herzberg)의 동기 - 위생이론과 창업**

다음은 두 사람의 창업동기이다.

어떤 사람에게 "당신은 왜 창업을 하였습니까?"라고 질문했더니, "가장 간단하고 솔질하게 말해서, 돈 많이 벌어서 잘 먹고 잘 살기 위해서 이지요"라고 대답하였다. 그런데 또 다른 사람에게 "당신은 왜 창업을 하였습니까?"라고 물었더니, "나는 세상에 다른 어떤 일 보다도 창업을 해서 사업을 하는 일 그 자체가 좋기 때문에 창업을 하게 되었지요"라고 대답하였다.
만약 여러분에게 "당신은 왜 창업을 하려고 하는가?"라는 질문을 한다면 어떤 대답을 할 것인가, 또 전자의 대답과 후자의 대답의 차이는 무엇이며, 어떤 대답이 이상적인 창업의 동기일까?
이러한 두 사람의 창업동기를 허즈버그(Herzberg)의 동기-위생이론(motivation-hygiene theory)을 통하여 간접적으로 살펴보면 다음과 같다.

허즈버그는 인간의 욕구를 불만족요인(위생요인)과 만족요인(동기유발요인)의 2원적 욕구 구조로 설명하고 있다.
먼저 불유쾌한 것 또는 고통을 피하려는 욕구를 들 수 있는데, 그는 이러한 불유쾌하고 고통으로부터 피하려는 욕구들을 '불만족요인(위생요인)'이라고 칭하였다. 이러한 불만족요인들에는 임금, 정책과 관리, 감독, 대인관계, 작업조건, 지위나 신분 등과 같은 '일(직무)이외'의 요인들이 해당된다. 따라서 이 같은 불만족을 초래하는 요인들을 제거해 주는 것이 필요하다. 그러나 그 효과는 불만을 줄여 주는 소극적 효과에 그칠 뿐이지 결코 만족을 느끼게 해 주지는 못하며, 또한 일에 미치는 영향도 단기적일 뿐이라고 주장하였다.

이와 반면에 또 다른 하나의 욕구는 업무수행을 하고자 하며 동시에 개인의 성장을 갈구하는 욕구를 들 수 있는데, 그러한 욕구를 그는 '만족요인(동기유발요인)'이라고 칭하였다. 이러한 만족을 주는 요인들에는 일에 대한 성취감, 인정, 도전적이고 보람 있는 직무, 직무상의 책임과 성장 등과 같은 '일 그 자체'와 관련된 요인들이 해당된다. 그러므로 진정으로 인간에게 만족을 주기 위해서는 불만족요인의 충족과 함께 이 같은 만족요인의 확대가 이루어질 때, 비로소 인간은 자기실현 욕구와 성취감에 자극을 주고 적극적인 만족을 가져다 준다고 말하고 있다.

따라서 종업원들의 사기증대와 생산성 향상으로 조직의 목표달성을 촉진시키기 위해서는 불만족요인을 감소시키면서 만족요인을 확대하는 것이 요구된다. 다시 말하면 '임금(돈)'과 같은 불만족요인을 충족시키는 것도 중요하지만, 동시에 '일 그 자체'를 통해서 만족을 가질 수 있도록 하는 것이 더욱 중요하다고 할 수 있다.
귀하가 창업을 하려는 동기는 무엇인가?

(2) 현실적인 창업동기

창업 동기는 앞에서 기술한 다양한 창업동기에 따라 상이하겠지만 실제 현실적인 창업 동기를 보면 보다 절박한 이유에서 비롯되는 경우가 많다. 예를 들면, 다니던 직장을 갑자기 그만두게 되었다든가, 취업이 안 된다든가 또는 생활을 위한 막다른 길에서 창업을 하는 경우 등 매우 다양하게 나타날 수 있다.

현재 우리나라 굴지의 전자회사에 다니는 김부장은 요즈음 퇴근 후 요리학원에 다니고 있다. 언젠가 될지 모르지만 갑자기 직장을 그만두게 되면 함께 음식점을 경영하고자 아내와 약속한 것이다. 부인도 아이들을 친정에 맡기고 조만간 동네 음식점에서 파트타임으로 일할 예정이다. 요리도 배우고 음식점경영도 곁눈질로 배운다는 생각이다. 김부장은 아직은 회사 내에서 이른바 엘리트 위치에 있으면 근무성적도 좋은 편이다. 그러나 김부장은 최근 명예퇴직으로 밀려나는 선배들을 보면 젊었을 때 잘 나가던 사람도 한순간 발을 잘못 디디면 조직사회에서는 끝장이라는 사실을 뼈저리게 깨달았다. 그는 "지금 준비하지 않으면 몇 년 뒤엔 늦는다"라고 말했다.

최근 우리나라의 경우, 샐러리맨들을 우울하게 하고 있는 구조조정과 조기 퇴직 바람 속에서 회사를 떠난 사람은 물론 남은 사람들도 불안하기는 마찬가지이다. 이들은 회사를 떠나간 선배와 동료들이 남긴 빈 책상을 보면서 지금부터 무엇인가를 준비하지 않으면 안 되겠다는 생각을 하고 있다.

그러나 문제는 지금부터라는데 있다. 최근의 구조조정으로 인한 조기퇴직 등은 앞으로 닥쳐올 본격적인 직업시장 변화의 전주곡에 불과하다고 많은 전문가들은 경고하고 있다. 전문가에 따라 시기에는 다소 차이는 있지만 고용대란이 닥쳐오고 있다는 데에는 이견이 없다. 기업 인사담당자들은 세계화의 흐름 속에 기업의 생존을 위해서는 지금까지 관행처럼 되어 온 평생직장의 개념이나 현재 고용구조를 개혁하는 방법밖에 없다고 지적하고 있다.

이러한 현상은 중장년층에만 해당되는 것을 결코 아니다. 대학을 졸업하는 20대나 30대 등 젊은 사람들에게도 해당된다. 취업난이 앞으로도 계속 지속되고, 겨우 입사한 회사에서도 리스트럭처링이라는 고용조정이 끊임없이 행해지고 있기 때문에 과거처럼 정년까지 안심하고 직장에서 근무할 수 있다는 '온실 속의 안락함'은 언제든지 깨어질 수 있기 때문이다.

기업들은 수년 전부터 인사체계와 임금체계에 대한 개편작업에 착수하였다. 종신고용과 연공서열식의 인사체계는 이미 무너지기 시작했으며, 임금체계 역시 성과주의와 능력

위주로 바뀌고 있다. 또 관리직을 영업직으로 전환하는 등 기존 인력을 재교육시켜 필요한 곳에 재배치하고 있다. 따라서 직장인들은 앞으로 직장에서 언제든지 해고될 수 있다는 의식을 가져야 하며, 달라지는 직업시장의 환경변화에 적극 대응하여야 할 것이다.

빌 게이츠는 최근 그의 저서인 「우리 앞의 길(The Road A head)」에서 21세기 정보화 사회의 역기능으로 "정보고속도로는 기업의 생산성을 도와주겠지만 많은 노동자들은 기업들의 군살빼기와 급격한 해고 때문에 고통 받게 될 것이다"라고 말하고 있다.[9]

최근에 나타나고 있는 창업의 특징을 살펴보면 다음과 같다.

① 고용체제변화로 평생직장에 대한 사고가 변화하고 있다.
② 창업연령이 점차 낮아지고 있다.
③ 소자본 기업창업이 크게 증가하고 있다.
④ 창업으로 인한 사회적 영향이 커지고 있다.
⑤ 창업유형이 다양화 내지 미래화 되고 있다.
⑥ 새로운 미래를 여는 기회로 생각하고 있다.

(3) 창업의 요소

창업이란 기업가 정신을 갖춘 개인이나 소집단이 사업기회를 포착하여 사업목표를 설정하고 이에 따른 자본·인력·설비를 확보하여 사업을 시작하는 것을 말한다. 기업을 창업하는 데에는 여러 가지 요소들이 필요하겠지만 창업자·자본·사업아이템을 창업의 기본요소로 들 수 있으며, 이 같은 창업의 3대 요소가 서로 상호작용하여 기업이 탄생되는 것이다.

창업의 3요소를 살펴보면 다음과 같다.

① 창업자 : 기업가(Entrepreneur) 및 창업팀(Founders), 즉 누가(Who) 할 것인가. 창업자는 창업의 주체로서 창업자 개인의 적성, 능력에 따라 사업성패를 좌우하는 가장 핵심이 되는 요소로서, 창업자는 성취욕구, 경영능력, 환경 변화에 대한 적응력, 강한 추진력, 정신 및 육체적인 건강을 갖추어야 한다.

9 창업론, 조경동 외, 형설출판사, 2011, pp. 24~25.

② 자본 : 자원(Resource Requirements), 즉 어떻게(How) 필요한 자본을 조달할 수 있는가. 자본은 사업에 필요한 시설과 설비, 원재료, 기술 등을 확보하는데 필요한 자원이다.
③ 사업아이템 : 기회(Opportunity Recognition)와 아이템(Idea), 즉 무엇을(What), 그리고 왜(Why) 이 사업을 생각하고 있는가. 사업아이템은 어떤 업종이나 아이템으로 사업을 할 것인가에 대한 문제이다. 예를 들면 음식점의 경우, 어떤 분야(한식, 일식, 중국식 등), 어떤 메뉴(한식일 경우 어떤 메뉴)를 중심으로 할 것인가에 대한 문제이다.

창업의 기본요소를 인적·물적·제품요소로 구분하여 살펴보면 다음과 같다.

① 인적요소 : 창업자는 생산, 판매, 일반관리 등의 창업계획을 추진하며, 모든 재정적 부담과 위험을 책임진다. 종업원들은 창업자를 도와 제품이나 서비스를 생산하고 판매하며 계약에 의해 창업자나 기업을 대신하여 일정한 업무를 수행하고 보상을 주기적으로 받게 된다.
② 물적요소 : 사업아이템을 구체적으로 상품화하는 데 필요한 자본, 기술, 기계와 설비, 재료나 부품, 건물 등을 말한다. 물적 요소 중 가장 중요한 것은 자본으로 생산에 필요한 자재나 부품, 기계나 생산설비, 공장 등은 자본의 투자에 의해 취득이 가능하기 때문이다. 또 인적 요소의 양과 질도 결국은 자본에 의해 좌우되는 것이기 때문에 안정적인 창업자본의 조달과 운용은 인적 자원 못지않게 중요하다.
③ 제품요소 : 사업의 구체적인 아이템으로 사업내용을 말한다. 이 같은 사업 아이템은 창업자의 상상력과 창조성, 참여자들의 기발한 아이디어와 분석된 정보로 뒷받침된 조언 등 인적 요소에 의해 결정된다.

한편 소매업이나 음식업과 같이 창업 장소가 사업의 성패에 큰 영향을 미치는 업종의 경우에는 다음과 같은 5가지 요소를 창업요소로 들 수 있다.[10]

① 창업자
② 자본
③ 판매상품 및 판매서비스
④ 창업 장소
⑤ 고객

10 창업론, 조경동 외, 형설출판사, 2011, pp. 27~28.

창업을 하기 위한 필요요소는 일반적으로 앞에서 언급한 바 있는 창업자, 즉 인적자원과 사업의 아이템 또는 아이디어와 자본 등으로 구분하여 볼 수 있다. 이러한 창업요소들이 적절히 결합하여 기업이 설립되는 과정을 창업절차라고 하며, 창업절차를 통하여 성공적인 기업으로 발전할 수 있는 기본 토대를 마련하게 되는 것이다. 따라서 창업의 요소를 어떻게 갖추고 적절히 결합하여 창업절차를 실행하느냐 하는 것은 기업의 성패에 지대한 영향을 미치는 사항으로 창업을 하고자 하는 자에게는 반드시 많은 준비가 필요한 과정이며, 정책적 지원도 필요한 사항이다.

1) 인적 자원

기업의 핵심요소 중에 인적 자원은 창업의 주체가 되는 창업자를 포함하여 기업조직의 기능을 담당하게 될 인적 요소를 말한다. 때로는 창업주 1인만이 창업의 인적 자원이 되기도 하는데 광범위하게는 기업외부의 인적 자원도 포함하여 어떠한 형태든 기업은 많은 인적 자원을 통하여 설립된다. 즉, 창업을 하는데 있어서 창업의 준비절차를 수행하고 주도적 역할을 하게 되는 창업자가 있어야 함은 당연할 것이고, 때에 따라서는 창업자를 도와 사업을 진행하는데 있어서 일정한 기능을 수행하게 될 종업원을 필요하게 된다.

최근의 기업조직은 다양한 형태의 기업환경에 유연히 대처할 수 있는 능력을 요구하고 있어서, 때로는 창업의 과정에 있어서도 창업자가 여러 명이 될 수도 있고, 파트너십을 갖는 형태의 창업도 가능하다. 또한 창업과정을 돕는 전문가의 아웃소싱을 통하여 창업절차를 수행하는 등 다양한 형태의 인적 자원 활용능력이 창업과정으로부터 사업을 수행하는 기업의 존속기간 동안 지속적으로 필요한 것이다. 한편, 창업에 있어서 인적 자원의 핵심인 창업자에게는 다음과 같은 능력과 자질이 요구된다.[11]

> ① 미래의 환경변화에 대한 통찰력과 판단력을 발휘하여 장기적인 목표를 세우고 장기적 관점에 입각한 경영행동으로 목표를 달성해야 한다.
> ② 새로운 사업의 수행에 대한 창의력이 있어야 하며 이를 계속해서 수행하는 추진력이 있어야 한다.
> ③ 경영자는 항상 환경변화에 도전하여 새로운 기회를 적극 모색하여야 하며 자신의 모든 것을 투자하고 희생시킬 수 있는 기업가 정신을 갖추어야 한다.
> ④ 일을 통하여 자기실현을 성취하겠다는 성취욕구가 강하고, 타인에게 고용되거나 종속되고 싶지 않은 독립심이 있어야 한다.

11 홍성도, 벤처비즈니스의 이해, 학문사, 1998, pp. 74~75.

⑤ 경영자는 자기 자신에게 요구되고 있는 능력과 자질을 충분히 인식하고 스스로 능력개발을 도모해야 한다.
⑥ 새로운 시대에 맞는 새로운 경영감각과 사회적으로 신뢰받을 만한 인격이 요구된다.
⑦ 개인의 영리추구에 그치지 않고 경영전반에 대한 윤리의식과 사회적 책임을 인식하여야 한다.

(4) 창업아이템

창업아이템이란 창업을 통해 무엇을 할 것인가에 대한 구체적 사업의 내용을 말하는 것으로 사업의 아이디어이기도 하다. 이러한 사업의 아이디어는 기업의 존재이유와 목적이 되는 것이다. 사업의 아이템, 즉 아이디어 형태는 그 내용과 성격에 따라 다음과 같은 유형으로 구분하여 볼 수 있다.[12]

① 기존에 존재하던 제품이나 용역을 생산하여 기존시장 및 새로운 시장에서 판매하는 경우이다. 이러한 유형의 창업아이디어는 이미 형성되어 있는 시장의 과거자료로부터 수요를 예측할 수 있기 때문에 다른 창업아이디어 유형보다 일반적으로 덜 위험하다. 그러나 기존 기업들과 경쟁하여 이미 형성되어 있는 시장을 어떻게 공략할 것인지와 새로운 시장을 어떻게 개척하느냐가 성공의 관건이 된다.
② 이제까지 존재하지 않던 제품이나 용역을 신규로 생산하여 새로운 시장에서 판매하는 경우이다. 이와 같이 신제품 창업아이디어는 수요에 대해 확신할 수 있는 경험이 없기 때문에 그만큼 더 위험하게 된다. 반면에 신기술이나 창조적인 아이디어를 토대로 하기 때문에 성공한다면 보다 큰 보상을 얻을 수 있다는 장점이 있다.
③ 기존의 생산업자로부터 특정 제품이나 용역을 공급받아 독점적인 판매권을 획득하여 판매만을 전문으로 하는 경우이다. 이와 같은 판매업은 앞의 두 경우와 같은 제조업과 비교할 때, 위험측면에서 상대적으로 안전하다는 장점을 갖고 있다. 그러나 안전한 만큼 그에 따른 이익은 적다.

(5) 창업자본

창업자는 사업의 아이디어를 갖고 이를 실행에 옮기기 위하여 일정한 금전 또는 물적 요소를 필요로 하는데, 이를 자본이라 한다. 이러한 자본은 창업자가 기업을 설립하는데 필요한 인력, 설비, 기술 등 경영자원을 동원하는데 이용되는 원천이 되는 것이다.

---

12 이석규, 창업 및 사업성 검토, 다산출판사, 1998, pp. 28~29.

자본은 창업자의 출자에 의하여 이루어지는 자기자본과 타인으로부터 차입하여 기업의 자금을 조달하는 타인자본이 있다. 최근에는 다양한 자금조달의 수단이 있으므로 창업시에 여러 가지 자금조달의 수단에 대하여도 충분한 검토가 필요하다.

특히 창업보육센타 등 벤처 인큐베이터의 이용이라든가 벤처캐피탈 및 엔젤클럽 등으로부터 사업의 아이디어를 인정받아 기업을 설립하는 것도 하나의 방법인 것이다.[13] 다른 한편으로 창업을 희망하는 사람이나 창업초기기업들에게 창업에 필요한 정보를 종합적으로 제공하고자 중소기업청 창업지원과에서 운영하고 있는 누리집인 '창업넷'을 활용하는 것도 권장된다. 이 창업넷에서는 창업준비, 창업절차, 기업설립, 창업관련 인허가사항, 의무신고사항, 창업관련세제지원, 정보지원시책 등을 종합적으로 수록하여 창업희망자와 초기창업기업들에게 필요한 정보를 손쉽게 찾아 볼 수 있도록 구성하여 제공하고 있다.[14]

13 중소기업창업론, 김철교 외, 탑북스, 2010, pp. 64~67.

14 http://blog.naver.com/opasnet/60203926880

제2장
광고홍보 창업의 특성

1) 광고홍보 창업 현황 및 가능성

(1) 스펙 열풍 속 모바일 광고회사 창업

모바일 광고회사를 창업한 젊은 대학생들이 있어 화제다. 모바일 광고회사 쉘위애드는 구성원 모두가 젊은 대학생들이다. 또래 친구들은 스펙 쌓기에 여념이 없을 때 어떻게 이런 결정을 내리게 됐을까.

"선배들을 보며 제 꿈도 인생도 어느 정도 정형화 될 것 같다는 생각이 들었어요. 어릴 땐 너무도 하고 싶은 게 많은 아이였는데 말이지요. 우리는 우리의 서비스를 통해 수익 창출은 물론 친구들과 후배들의 마음에 젊음은 역시 도전이라는 마인드를 다시금 일깨워 주고 싶습니다. 우리는 꼭 성공적인 결과를 나을 겁니다"라고 쉘위애드 김상수 대표는 전했다.

이들은 모바일 광고플랫폼 서비스를 제공한다. 모바일 광고플랫폼 서비스는 광고주와 앱(app.) 개발자들을 광고회사 자체 SDK(소프트개발키트)를 제공하여 연결해주는 것을 말한다. 이를 통해 앱 개발자는 자신의 어플리케이션에 광고주의 광고를 노출해주고 그 수익을 배분 받게 된다. 모바일 광고시장은 글로벌 기업인 구글 과 애플 MS 등과 더불어 국내 기업들이 시장을 장악하기 위해 치열한 경쟁 중이다. 이런 상황 속에서 쉘위애드는 젊은 창업자들과 소상공인을 중심으로 마케팅 전략을 펼칠 예정이다.

"온라인 의류 쇼핑몰이 대표적인 예인데 주변에 젊은 나이에 자기 사업을 하고 있는 분들이 많아요. 그래서 더 어린 친구들도 자신의 재능을 살려 사업을 시작하지만 정작 사업을 시작해놓고 광고, 홍보는 어떻게 해야 하는지 모르는 경우가 대부분이였어요. 사실 어떤 학문을 배워서 사업을 한다기보다는 아이템이 있어서 하는 경우가 대부분이니까요"

아이템은 좋은데 홍보가 제대로 이루어지지 않아 사업에 실패하는 것을 김대표는 안타깝게 생각해 왔으며, 홍보가 제대로 이루어지지 못한 이유 중 하나로 기존 광고 매체의 비용과 광고 대행 수수료 등이 그들에게 부담으로 작용했을 것이라고 밝혔다. 그래서 이들은 합리적인 광고비용 책정이 가능하고 광고를 기획하고 제작하는 과정에서 오는 대행수수료가 들지 않는 모바일 광고서비스를 택했다고 전했다.

쉘위애드는 대기업에 비해 상대적으로 모바일웹페이지를 가지기 힘든 소상공인들을 위하여 애드페이지(ADpage) 라는 광고웹페이지를 제공한다. 주소, 전화등 기본적인 내용을 비롯해 홍보영상과 이벤트설명, 로고 등을 구성할 수 있는 통합 광고 팩(pack)을 제공하여 창업자들과 소상공인을 지원하겠다는 생각이다. 앱 개발자의 앱에 노출된 광고를 클릭 시 애드페이지로 연결되는 방식을 채용해서 고객들은 광고주와 쉽게 커뮤니케이션할 수 있다.

소상공인과 창업자들을 지원하는 쉘위애드의 서비스는 이것이 끝이 아니다. 기존의 광고형식은 스마트폰이 세로일 때에만 맞춰져 집행되는 것에 반해 쉘위애드의 배너는 스마트폰을 가로로 뉘었을 때도 광고배너가 잘리지 않고 화면크기에 맞게 조정된다. 이로써 광고주는 더 자세한 양의 메시지를 전달 할 수 있게 되었다. 이러한 생각도 역시 대기업은 대행사를 통해 광고를 모바일로 집행하는 데에 반해 소상공인들과 창업자는 자신의 사업 홍보와 프로모션을 위주로 한다는 데에서 나온 것이다.

앞으로의 시장상황에 따라 태블릿PC로도 그 영역을 확장할 생각을 하고 있다. 또한 쉘위애드 김상수 대표는 모바일 광고시장이 커지는 것은 자명한 일이지만 새로운 광고매체가 기존처럼 대기업들만의 매체가 아닌 사업자 모두의 매체로 활용되었으면 하는 생각도 밝혔다. 김상수 대표는 또 "지금 모두가 어렵잖아요. 이런 상황 속에서 경기에 활력을 불어넣는 것은 올바른 소비라고 생각해요, 거기에 큰 영향을 미치는 것이 광고라고 생각하구요. 소상공인들과 창업하는 사람들이 쉽게 광고를 할 수 있었으면 하는 것이 저희 회사가 추구하는 궁극적인 목표입니다"라고 덧붙였다.

모바일 광고플랫폼 서비스는 증강현실(AR)과 소셜네트워크(SNS), 위치기반(LBS) 등의 기술과 연동되어 다양한 광고서비스 사업으로의 확장이 용이하다. 쉘위애드는 이를 단계적으로 구현하기 위해 앱 개발자들을 두고 자체 앱을 개발 중에 있으며 벤처사업가들의 모임은 물론 개발자들의 오프라임모임에도 꾸준히 참가하여 그들과 교류하고 있다고 밝혔다. 또한 광고주가 원하는 기술적인 부분의 적극적인 수용과 개선을 위해 KAIST 스마트 환경 연구실의 자문을 받아 회사를 운영하고 있다고 설명했다.

김 대표는 학부시절 컴퓨터공학을 전공하고 대학원을 KAIST 경영대학원으로 진학했다. 그래서 앱 개발자들을 단순히 매체를 제공하는 공급원으로 생각하지 않는다고 했다. "요즘, 몇몇 업체가 윤리적인 경영을 하지 않는다는 얘기가 개발자커뮤니티에서 오고가고 있다는 얘기를 들었어요. 플랫폼 사업자가 광고주의 광고비를 매체를 제공하는 앱 개발자와 분배하는 과정에서 일방적으로 이익을 취하거나 수익을 공정하게 분배하지 않는다는 얘기를 들을 때마다 안타깝기만 합니다. 앱 개발자들이 사실 어린 친구들이 많아요. 그런 점을 이용하는 것 같아서 같은 서비스를 제공하는 입장에서 씁쓸하기도 하고요, 따지고 보면 다 제 친구들이거나 후배들과 다를 바 없으니까요"라고 덧붙였다.

쉘위애드는 모바일광고 시장 선점을 위해 기업들의 과도한 경쟁이 낳은 안타까운 현실이라 전했다. 모바일 광고시장이 성숙하고 올바르게 성장하기 위해서 쉘위애드가 개발자들의 처우를 개선하는데 앞장 설 것이라 밝혔다.[15]

사례 낚시성 기사 잡는 트위터

낚시성 기사를 잡는 트위터 계정 '클릭해봤더니(@AlreadyClicked)' 운영자 유재훈씨.

'낚시 기사에 속은 경험이 있다', '제목 때문에 내용이 궁금하지만 클릭하면 왠지 지는 느낌이다'. '별 것 아닌 뉴스에 시간 낭비하기 싫다'. 이런 사람이라면 크게 환영할 만한 트위터 계정이 나타났다. '클릭해봤더니(@AlreadyClicked)'는 리트윗을 이용해 독자들이 기사를 직접 읽지 않고도 내용을 알 수 있게 해주는, '대리 클릭' 계정이다.

지난 8월 7일 개설된 해당 계정은 트위터 이용자의 큰 관심을 받으며 만든지 한 달 만인 5일 현재 약 7,000명의 이용자가 '팔로잉'했다. 이 계정은 '클릭하지 마세요. 대신 요약해드립니다'라는 소개 글에 맞게, 자극적인 어휘나 의문문을 사용해 호기심을 일으키는 '제목 낚시(Clickbait)' 기사들을 미리 클릭해보고 내용을 요약해서 알려준다.

이렇듯 '낚시성 기사'를 잡는 계정을 만든 사람은 컴퓨터 공학 전공자 유재훈(30 · 웹개발자)씨다. 유씨는 같은 취지로 먼저 개설된 외국 계정(@SavedYouAClick)에서 착안해 이 계정을 만들었다며, "낚시 기사로 독자들 피로도가 쌓인 우리나라에도 필요하다고 봤다. (이를 통해) 언론사와 독자 모두 기사 가치에 대해 근본적으로 생각해보는 계기가 됐으면 했다"고 말했다.

유씨는 4일 서울 마포구 대흥동 한 카페에서 〈오마이뉴스〉 기자와 만나, "(계정에 대해) '참신하다. 재밌다'거나 '속 시원하다'는 피드백이 많았다"며 "검색어 낚시 기사에 대한 피로감이 컸던 것 같다. 클릭하지 않아도 내용을 알 수 있어서 좋다는 사람이 많았다"고 덧붙였다. 그는 초반에 (트윗을) 너무 자주 올려 '계정 일시정지'를 네 번 당하기도 했다고.

---

15 뉴스와이어, 2011년 07월 13일 기사 인용, http://www.shallwead.com

유씨는 "언론사들이 수익모델을 광고에 의존하다보니 낚시 기사를 쓸 수밖에 없는 것 같다. 그러나 이런 환경에서는 좋은 기사가 나올 수 없다"고 강조하면서, "좋은 기사에는 독자들이 유료로 돈을 내고 볼 필요도 있다. 기사를 무료로 다 소비하지 않도록 포털사이트가 먼저 양보를 해줘야 한다고 본다"고 말했다.

계정 등장 후 바뀐 언론사 SNS… "낚시 기사 만드는 언론, 긴장해야"
"일단 '충격', '경악', '이럴 수가' 등 자극적인 단어가 제목에 들어간 기사나 기사 안에 기자의 이름(바이라인)이 아니라 '온라인 뉴스팀'과 같이 익명이 들어간 기사를 주요 대상으로 읽어 본다"

유씨는 매일 직접 인터넷 포털사이트와 SNS 등에서 기사를 검색한 뒤 '낚시'로 판단되는 기사들을 트위터에 올린다. 그는 "일단 '충격', '경악', '이럴 수가' 등 자극적인 단어가 제목에 들어간 기사나 기사 안에 기자의 이름(바이라인)이 아니라 '온라인 뉴스팀'과 같이 익명이 들어간 기사를 주요 대상으로 읽어 본다"고 말했다.

계정이 만들어진 뒤 혹시 변화가 있었을까. 유씨는 "그런 것 같다. 한국아이닷컴(인터넷한국일보가 운영하는 뉴스사이트) 같은 경우 원래는 트위터에 기사제목과 링크만 넣더니, 제 계정이 소개된 기사를 인용보도한 뒤에는 기사에 대한 부연설명이 붙기 시작했다"며 "작지만 직접적인 변화가 있었던 거 같아 뿌듯했다"고 말했다.

이 계정에서 다시 영감을 받아 만들어진, "클릭 안 할 이유를 알려주는" '클릭안할건데(@DidntClick)' 계정도 만들어졌다. 강아지 동영상을 실은 뉴스에 대해 "귀엽게 생겼다만 뉴스거리가 되나", (TV 연예방송 리뷰 기사에) 광고네라고 달아 놓는 식이다.

자신이 쓴 기사가 '낚시 기사'로 뽑혔던 김준수 〈오마이뉴스〉 시민기자는 "제 기사가 낚시는 아니라는 생각에 '너무하다' 싶으면서도 재밌었다. 기발한 발상같다"며 "자극적인 제목만 달아놓고 알맹이 없는 기사를 쓰는 기자들에게 한방 먹이는 것 같다. 기사 '우라까이(베껴쓰기)'만 하는 '우라까이 하루키'들에게 자극이 됐으면 좋겠다"고 말했다.

기사에 직접 제목을 달고 편집하는 한 인터넷 매체의 편집기자는 "충분히 유의미하고 좋은 시도지만, 깊이 있는 분석 없이 꼬투리를 잡거나 변죽을 울리지는 않을까 우려된다"며 "사실 살짝 얄밉기도 하다"고 웃었다.

유씨는 "단시간 내에 당장 바뀌긴 어렵더라도, (포털 사이트에서) 기사제목만 노출시키고 링크를 걸어줘 해당 언론사의 트래픽을 올려주는 식이든, 다양한 방법과 대책을 고민해봐야 한다"며 "(수익이 광고에서 나더라도) 결국 독자들이 클릭한 결과로 수익을 얻는 거 아니냐. 그러면 언론사 쪽에서도 독자들을 더 배려해야 한다고 본다"고 말했다.

낚시 기사는 지양하되, 트윗에 기사를 소개할 때도 제목과 링크만 거는 게 아니라 기사스토리를 친절히 설명해야 한다는 뜻이다. 그는 "〈국민일보〉나 〈경향〉·〈한겨레〉 트위터는 기사 내용을 풀어서 써준다. 결국 독자와 눈높이를 맞추려 노력하는 것"이라며 "〈오마이뉴스〉는 독자에 대한 배려가 다소 부족한 것 같다. SNS도 결국 소통을 위한 건데 좀 일방적·기계적인 느낌"이라고 말하기도 했다.

유씨는 그간 직장생활로 인해 소홀했던 '클릭해봤더니' 계정 운영을 추석 때 집중적으로 할 생각이다. 그는 “낚시 기사를 봤을 때는 대리클릭 해시태그(#뒤에 특정단어를 달아 검색할 수 있게 한 기능)를 달고 트위터에 올려 달라, 독자들이 많이 참여할수록 언론사들이 긴장할 것”이라며 “마침 추석이라 시간이 많으니 최대한 다 봐야겠다”고 덧붙였다.[16]

(2) 광고홍보전공 창업동아리

전주대 광고홍보전공 창업동아리 애드벤처(지도교수 이기훈, 김주란)는 중소기업청과 소상공인진흥원에서 주최한 2011년 신사업 육성지업 사업에 호남권에서 유일하게 선정되었다. 이번 사업은 지역밀착형 신사업 아이템의 발굴을 위한 창업동아리를 기획서 서류심사와 면접심사를 거쳐 전국에서 총 5개 대학 (건국대학교 등) 창업 동아리만 선정하였고 4월 28일 대전에 위치한 소상공인 진흥원에서 협약식을 가졌다.

신사업 육성지원 사업은 애드벤처 회장 조영준 학생(광고홍보전공 3년)과 사업총괄 김원기 학생(광고홍보전공 4년)을 주축으로 진행되며 사업비를 지원받게 된다. 창업동아리 애드벤처 지도교수인 김주란 교수는 “창업선도대학으로서 전주대학교가 약진하고 있는 만큼, 애드벤처의 중소기업청, 소상공인진흥원 주최의 신사업 육성지원 사업 선정은 창업선도대학으로서 시너지 효과를 낼 수 있는 결과이며, 창업동아리 학생들의 커리어 개발과 창업활동에 큰 도움이 되는 한편 지역사회의 신사업 아이템의 발굴에도 기여할 수 있을 것으로 기대된다.”고 말했다.

사례 광고홍보창업의 가능성 있는 대안 – 다이렉트 마케팅

다이렉트마케팅은 즉각적인 행동의 변화를 유도하기 위해 광고 미디어를 상호작용 방식으로 이용하는 것이다. 이때 변화된 행동은 향후에 참고하거나 사용할 수 있도록 추적, 기록, 분석 및 데이터베이스 저장이 가능해야 한다. 다이렉트마케팅의 정의에서 표현한 용어를 다시 설명하면 아래와 같다.

상호작용 / 기업과 잠재 고객 사이의 일대일 커뮤니케이션의 의미는 자연스런 대화로 커뮤니케이션이 시작되는 것이며, 이러한 쌍방향 상호작용은 다이렉트 마케팅에서 빼놓을 수 없는 핵심가치이다.

광고 미디어 활용 / 다이렉트마케팅은 특정 매체에서만 가능한 것이 아니다. 실제로 다이렉

16 오마이 뉴스, 유성애 기자 글 인용, http://www.ohmynews.com/NWS_Web/View/at_pg.aspx?CNTN_CD=A0002030661&CMPT_CD=P0001

트 마케터는 매체간의 긴밀한 시너지 효과를 거두기 위해 여러 가지 매체를 동시에 활용하는데, 이럴 경우 한 가지 매체만 사용할 때보다 훨씬 큰 효과를 얻을 수 있다.

이런 이유로 다이렉트마케팅에 동원할 수 있는 매체의 종류는 갈수록 늘어나는 추세다.

직접 메일을 발송하는 것만 다이렉트 마케팅이라고 착각해서는 안 된다. 잡지, 신문, TV 방송, 인포머셜(informercial), 라디오, 교통광고, 전화 등 매체는 무궁무진하다. 뿐만 아니라 인터넷의 배너 광고나 이메일도 당연히 다이렉트마케팅의 일환으로 각광을 받고 있다.

데이터베이스 / 추적·기록·분석·가측성(measurability)은 다이렉트마케팅의 대표적인 특징이다. 다이렉트마케팅 활동은 어떤 형태라도 측정이 가능하며 예외란 극히 드물다. 다이렉트 마케팅 프로그램은 소비·반응·투자 수익율(Return on investment)을 추적하는 다양한 방법과 더불어 우리가 배워야 할 역사의 일부가 되었다. 전자메일이나 웹을 사용하는 인터넷 마케팅도 지면 광고, 텔레마케팅, 다이렉트메일, 방송처럼 측정이 가능하다. 데이터베이스에 저장하여 추후에 활용. 잠재고객이나 기존 고객에 대한 구매 내역, 반응, 신용 정보 등의 자료를 데이터베이스에 모두 보관할 수 있다. 데이터베이스에 저장한 자료는 고객 검색, 분류, 통합이 가능하므로 쉽게 활용할 수 있으며 이를 토대로 향후에 사용할 프로그램을 더욱 효율적으로 개선할 수 있다. 데이터베이스 활용은 다이렉트마케팅에서 빼놓을 수 없는 중요한 구성요소이다.

반응을 유발하는 제안(offer)이 핵심

모든 다이렉트마케팅 프로그램의 기본 목적은 당장의 이익이나 향후 이익을 산출하는 측정가능한 반응을 얻어내는 것이다. 측정가능한 반응을 생성하려면 반응을 유발하는 제안(offer)이 있어야 한다. 고객이나 기업체에 직접 상품 또는 서비스를 판매하려는 모든 제안은 측정 가능해야만 한다. 판매자를 위한 잠재고객의 창출이든, 상품에 대한 정보 욕구를 불러일으키는 것이든, 최종 유통점에 대한 모객수를 늘이는 것이든, 대상자들에게 명분을 제공하는 것이든 모든 것은 측정 가능해야 한다.[17]

기존 매스미디어 위주의 이미지 광고에 대한 의문이 높아지고 있다. 다매체 다채널 시대를 맞아 지상파 TV, 신문, 잡지 등 전통적인 매체의 영향력이 급격히 저하되면서 광고효과도 감소하고 있기 때문이다. 이에 따라 이미지 위주의 광고를 탈피해 정보와 광고가 결합된 인포머셜에 주목하는 것은 물론이고, 효과를 실시간으로 측정할 수 있는 다이렉트마케팅으로 점차 눈을 돌릴 것으로 예상된다. 즉 '직접반응광고'에 집중할 것으로 보인다.

다이렉트마케팅의 꽃 '인포머셜'

국내에서도 케이블TV의 등장으로 직접반응광고를 활용한 다이렉트마케팅이 활성화되면서 인포머셜(informercial)에 대한 관심이 높아지고 있다. 인포머셜은 정보(information)와 광고(commercial)의 합성어이다. 정보의 제공과 주문을 동시에 목적으로 하기 때문에 넓은 의미의 직접반응광고(direct response advertising)에 포함된다. 인포머셜은 최소 2분 이상의 장시간으로 제작된 광고이다. 인포머셜 광고를 통해 판매되는 제품은 TV를 매개로 했기 때문에 'As Seen On TV'라는 고유의 마크를 부착해 차별화하고 있는데, 장기 경기침체의 여파로 '빅 비즈니스' 성장, 대형업체들도 더 이상 무시하지 못할 정도의 위상을 획득했다. 역대 인포머셜 제품 중 가장 크게 히트한 제품은 발 각질 제거기 PedEgg로 무려 3,500만 개가 판매되었다. 이어 판초형 담요 Snuggie는 2,000만 장 이상의 판매 기록하며 '스너기 현상'의 컬트 팬까지 거느리는 히트제품으로 등극했다.

미국 다이렉트마케팅협회는 인포머셜 시장이 2014년 1,740억 달러규모로 성장할 것으로 전망하고 있다. 따라서 다매체·다채널이라는 매체환경과 소비자들의 라이프스타일 변화 등으로 우리나라도 인포머셜 광고를 중심으로 한 다이렉트마케팅이 기업의주요 전략으로 활용될 것이 자명하다.

정보와 광고가 결합된 직접반응광고 '인포머셜'

정보와 광고가 결합된 인포머셜, 즉 직접반응광고는 1977년 처음 시도되었다. 미국 플로리다 지방 라디오 방송국(WWQT)의 사장인 버드 팩슨(Bud Paxson)이 광고주가 광고료 대신에 자동 깡통따개를 현물로 방송국에 두고 가자, 방송 중에 물품을 판매한 것이다.

버드 팩슨 사장은 라디오 방송을 진행하던 디스크자키에게 방송 중 깡통따개를 9.95 달러에 소개해 달라고 부탁했다.

디스크자키는 자신의 토크 쇼 중에 "여러분, 여기 멋진 깡통따개가 있으니 구입하려면 연락을 주십시오"라는 멘트를 했고, 깡통따개는 몇 분 만에 112개가 모두 판매되었다. 이를 계기로 라디오를 비롯한 방송 매체를 통해 소비자에게 직접 제품을 판매하는 인포머셜이 시작되었으며, TV홈쇼핑 등으로 비약적인 발전을 거듭하고 있다.

인포머셜을 활용한 기존 브랜드 경쟁력 제고 시점

1. 다른 경쟁브랜드와 차별성을 필요로 할 때
2. 제품에 대한 더 충분한 정보 제공을 필요로 할 때
3. 소비자 태도변용 혹은 구매 심리 변화를 유도하는 논쟁거리 제공의 필요시
4. 소비자와 브랜드 관계를 강화할 필요가 있을 때
5. 새로운 경쟁 제품의 등장에 따른 손실을 줄이려 할 때
6. 시장을 선도하는 브랜드처럼 보이려 할 때
7. 소비자들에게 제품사용법 교육이 필요할 때
8. 제품을 직접 소비자에게 판매하고자 할 때
9. 문제가 있는 시장상황을 극복하려 할 때
10. 성수기에 맞춰 즉각적으로 마케팅 이벤트를 펼치고자 할 때

사례 젤리버스 – 소비자의 마음을 연구합니다[18]

젤리버스는 그래서 국내보다 해외에서 더 유명하다. 전체 매출 중 해외 매출의 비중이 무려 85% 이상이다. 히트작 '픽스플레이'는 애플과 구글에서 '2012 베스트 앱'으로 선정되기도 했다. 김세중 대표는 몰디브의 성공에 대해 "젤리버스의 이전 앱을 사용해본 고객들이 믿고

17 인포머셜 Report, 美, 광고 산업 주도하는 다이렉트마케팅, 2014년 9월25일 제26호.

선택해준 덕분에 좋은 결과를 이끌어낼 수 있었던 것 같다"며 겸손해했다.

하루 수백 명이 넘는 손님이 드나들던 홍대의 잘나가는 클럽 사장이 순식간에 돈을 잃고 신용불량자로 전락했다. 빚을 갚기 위해 고층빌딩 외벽에 대롱대롱 매달려 창문을 닦는다면 어떤 생각이 들까. 여기 그런 인생의 갈림길에서 포기하지 않고 다시 일어선 청년 CEO가 있다. 지난해 앱스토어에서 '몰디브'라는 애플리케이션(이하 앱)을 출시해 세계적으로 선풍적인 인기를 끈 젤리버스의 김세중(33) 대표다.

김세중 대표는 타고난 사업가다. 소비자의 마음을 읽고 감동을 주는 데 탁월하다. 그의 탁월함은 클럽 경영에서 먼저 빛을 봤다. "2001년 대학생 때 홍대 클럽을 인수해 1년 6개월 정도 경영했어요. 그때 저희 클럽을 찾는 여자 손님이 하루에도 몇 백 명에 달했죠. 저는 여자 손님들의 이름을 한 사람도 빼놓지 않고 모두 외웠어요. 그 손님이 다시 왔을 때 '○○씨' 하고 불러주기 위해서였죠. 어떤 때는 몰래 사진을 찍기도 했어요. 그러곤 사진 아래 이름을 적어서 달달 외웠어요. 손님들 반응은 끝내줬죠. 처음엔 제게 '아저씨'라고 하던 20대 초반 여자 손님들이, 제가 이름을 불러준 이후 '오빠'라고 하더라고요. 심지어 '저 언제 또 올까요?'라고 묻기까지 했어요. 단골이 생기기 시작한 거죠."

클럽 경영으로 재미를 본 그는 이후 보석사업에 손을 댔다. 미얀마의 광산 채굴권을 확보해 보석을 판매하는 일이었다. 그러나 사업은 크게 실패했고, 그는 졸지에 신용불량자 신세가 됐다. "아는 형이 보석사업을 제안했고 저는 큰돈을 벌 수 있는 기회라고 생각했어요. 5억 정도를 투자했습니다. 사업성도 제대로 검토해보지 않고 무모한 도전을 한 겁니다. 미얀마의 정치적 상황이 불안정한 데다 공동창업자 중 한 명이 투자금을 횡령하는 사건까지 벌어지면서 사업은 실패했죠. 정말 힘들었습니다. 극단적인 생각까지 했으니까요."
그러나 그는 포기하지 않고 자신에게 또 한 번 기회를 줬다. 빚을 갚기 위해 닥치는 대로 아르바이트를 했고, 산업기능요원으로 NHN과 넥슨에서 일하며 기술도 익혔다.

"고소공포증인 제가 건물 유리창 닦는 일까지 하려고 했으니 말 다한 거죠. 그때 번 돈은 거의 빚을 갚는 데 썼어요. 그리고 2008년 1월 신용불량자에서 벗어났습니다." 2009년 12월 그는 젤리버스를 설립한다. 그해 겨울 김 대표가 포착해낸 것은 소비자들이 '추억을 간직하고 싶어 한다는 것'이었다. 스마트폰의 주요 기능이 추억을 담을 수 있게 하는 것이라면, 이와 관련해 사업을 하면 소비자들의 선택을 받을 수 있겠다는 판단이 섰다. 그래서 나온 결론은 사진을 잘 아는 전문가가 쓰기에도 무리 없는 앱을 만들자는 것이었다.

"스마트폰을 사용하는 사람들을 가만 보니, 셋 중 하나더라고요. 첫 번째는 게임을 하는 사람, 두 번째는 모바일 메신저를 하는 사람, 세 번째가 사진을 찍거나 이미 찍은 사진을 보는 사람이었어요. 셋 중 가장 흥미로워 보이면서도 내가 잘할 수 있는 게 뭘까 고민하다 결정한 게 사진이었습니다."

사진전문가가 아니었기에 김 대표는 남들보다 두 배, 세 배의 노력을 쏟아 부어야 했다. "초창기 사진작가, 사진 솔루션 업체를 찾아다니며 마구잡이식으로 조언을 구했어요. 그 작업이 1년 정도 지속됐죠. 저는 사진을 찍을 때 '내 얼굴만 예쁘게 나오면 된다'고 생각하는 사람이었거든요(웃음). 사진에 대해 아무것도 몰랐죠. 그런데 이런 작업을 계속하는 동안 사진의 기본에 대해 배울 수 있었어요. 수평을 맞추는 것부터 빛은 어떻게 처리해야 하는지, 초점은 어떻게 맞추는지 등이요."

전문가를 만나는 것만큼이나 중요한 것이 사용자의 요구를 충실히 반영하는 것이었다.
"자체 집계 데이터를 활용하는 것, 유저들이 선호하는 기능을 더욱 업그레이드하고 선호도가 낮은 기능은 과감히 없애는 것 등이 주요 전략이었죠. 데이터 로그 기록이 보여주는 사용자 요구사항을 반영했어요. 사용자가 어떤 필터와 효과를 좋아하는지 파악해 꾸준히 업그레이드했습니다. 여성 고객을 위한 데이터 분석에도 치중했어요. 남성고객 중 '빅 마우스'가 많은 것과는 달리 여성 고객은 대개 큰 목소리를 내지 않더라고요. 저희는 그들의 목소리에 귀를 기울였어요."

이런 노력 끝에 김 대표는 포토앱 분야에서 타의 추종을 불허하는 성과를 거두었다. '픽스플레이' 'HDR FX' '셀카의 여신' 등 포토앱이 좋은 평가를 받은 데 이어 지난해 출시한 '몰디브'는 전 세계적인 히트작이 됐다. 사진 콜라주앱 '몰디브(Moldiv)'는 여러 장의 사진을 하나로 합치고 편집할 수 있는 포토에디터 앱. 앱스토어에 업데이트된 이후 '사진 · 비디오' 카테고리에서 미국 · 캐나다 등 72개국 톱 3에 올랐고, 중국 · 영국 등 45개국에서는 1위를 차지했다. 급기야 〈워싱턴포스트〉는 이 앱을 '눈여겨볼 애플리케이션'으로 선정했고, 애플 본사에서는 직접 마케팅에 나섰다. 젤리버스는 그래서 국내보다 해외에서 더 유명하다. 전체 매출 중 해외 매출의 비중이 무려 85% 이상이다. 히트작 '픽스플레이'는 애플과 구글에서 '2012 베스트 앱'으로 선정되기도 했다. 그는 몰디브의 성공에 대해 "젤리버스의 이전 앱을 사용해 본 고객들이 믿고 선택해준 덕분에 좋은 결과를 이끌어낼 수 있었던 것 같다"며 겸손해했다.

김 대표가 새 사업을 시작하면서 가장 염두에 둔 것은 '돈보다 사람이 중요하다'는 것이다. 돈을 보고 사업을 하면 실패하지만 사람을 보고 시작하면 남는 게 있다는 판단에서였다. "저희 회사 직원들은 모두 제 손으로 직접 뽑은 가족과 같은 사람들입니다. 모두 젤리버스를 자기 회사라고 생각하고 주인의식을 발휘하죠. 이 사람들과 함께라면 무슨 일을 하든 잘될 거라는 확신이 있어요. 저도 그만큼 베풀고 있습니다. 저희 회사 복지는 정말 최고거든요."

김 대표는 현재 젤리버스에 투자하겠다는 대기업의 연락이 줄을 잇고 있지만 정중히 거절하고 있다고 말했다. 외부 도움 없이 젤리버스를 최대한 성장시키는 것이 현재의 목표다. "중 · 고등학교 때 저의 꿈은 '멋진 남자'였습니다. 사람들의 시선을 한 몸에 받는 인기남이요. 대학 시절 사업을 시작한 것도 사람들의 관심을 받는 것이 좋아서였습니다. 앞으로도 이건 변함없을 거예요. 하고 싶은 일을 계속할 거고, 무엇을 하든 최고가 될 자신이 있습니다. 오는 12월에는 음악과 동영상을 결합해 나만의 뮤직비디오를 만들 수 있게 해주는 신개념 앱을 내놓을 예정이에요. 세상이 깜짝 놀라겠죠?"

18 http://limwonki.com/449

(3) 미래의 광고홍보분야 창업대안-사물인터넷 분야

사물인터넷(Internet of Things)이란 사물에 센서나 데이터 취득이 가능한 구조의 인터넷을 연결한 기술로 빅 데이터를 중심으로 각광받기 시작하였다. 정보 기술 연구 및 자문회사 가트너에 따르면 2009년까지 사물인터넷 기술을 사용하는 사물의 개수는 9억 개였으나 2020년까지 이 수가 260억 개에 이를 것으로 예상된다. 또 시스코 시스템즈의 조사에 따르면 2013년부터 2022년까지 10년간 사물인터넷이 14조 4천 달러의 경제적 가치를 창출할 것으로 기대된다. 사물인터넷을 구축하기 위해서는 기술적인 환경 구축이 선행되어야 한다. 기술적인 설정은 크게 사물신원확인, 의사소통이 가능한 네트워크 구축, 사물에 감각 부여, 컨트롤 가능성으로 나누어 볼 수 있다.[19]

사물인터넷에 참여하는 각각의 개체는 다른 개체로 하여금 스스로를 식별할 수 있게 해주는 신원이 필요하다. 근거리에 위치한 사물의 신원을 나타내는 기술은 RFID기술이지만 보다 넓은 범위의 네트워크 상에서 개별 사물의 신원을 확인하기 위해서는 개별 사물에 IP주소를 부여해야 한다. 이에 따라 IP주소에 대한 수요는 증가하였고 기존에 존재했던 32비트인 IPv4 체계로는 증가하는 사물들의 주소를 모두 할당하는 데 어려움이 따른다는 한계가 나타났다. 이로 인해 128 비트인 IPv6 체계의 필요성이 대두되고 있다.

사물들은 스스로가 수합한 정보를 필요에 따라 다른 사물과 교환, 수합함으로써 새로운 정보를 창출할 수 있어야 한다. 사물끼리의 일관적인 정보전달 방법을 확립하기 위해 HTTP를 대체할 MQTT 프로토콜이 제시되었고 OASIS(Advancing open standards for the information society)에서는 MQTT를 사물인터넷의 표준 규약으로 사용하고 있다.

사물에 청각, 미각, 후각, 촉각, 시각 등을 부여해 주변 환경의 변화를 측정할 수 있도록 한다. 사물에 부여되는 감각은 오감에 한정되지 않고 RFID, 자이로스코프, 가이거 계수기 등을 통한 감각으로 확장될 수 있다. 예컨대 이불의 경우 감압센서와 습도센서를 통해 사용자가 수면 중 몇 번 뒤척였는지, 얼마만큼 땀을 흘렸는지 등을 측정할 수 있다. 임의적인 조작을 통해 사용자는 사물에게 행동을 지시할 수 있다.

---

19 위키백과, http://tip.daum.net/question/77216754/77216776?q=%EC%9C%84%ED%82%A4%EB%B0%B1%EA%B3%BC+%EC%82%AC%EB%AC%BC%EC%9D%B8%ED%84%B0%EB%84%B7

개인 부문

차량을 인터넷으로 연결하여 안전하고 편리한 운전을 돕는다. 심장박동, 운동량 등의 정보를 제공하여 개인의 건강을 증진시킨다. 주거환경을 통합 제어할 기술을 마련하여 생활 편의를 높히고 안전성을 제고한다. [5] 한국에서는 삼성이나 LG등에서 사물인터넷 기술을 사용한 스마트 홈을 출시하였다. [6] [7] 2014년 1월 6일, 구글은 아우디, GM, 구글, 혼다, 현대, 엔비디아를 중심으로 OAA(Open Automotive Alliance)를 구성해 안드로이드 운영체제를 기반으로 한 커넥티드 카를 만들기 위해 노력하고 있다.

산업 부문

공정을 분석하고 시설물을 모니터링하여 작업 효율과 안전을 제고한다. 생산, 가공, 유통부문에 사물인터넷 기술을 접목하여 생산성을 향상시키고 안전유통체계를 확보한다. 주변 생활제품에 사물인터넷을 토입하여 고부가 서비스 제품을 생산한다.

공공 부문

CCTV, 노약자 GPS 등의 사물인터넷 정보를 사용해 재난이나 재해를 예방한다. 대기 상태, 쓰레기양 등의 정보를 제공받아 환경오염을 최소화한다. 에너지 관련 정보를 제공받아 에너지 관리 효율성을 증대시킨다.[5] 미국, 중국, 유럽연합, 일본 등의 국가는 정보통신기술을 기반으로 교통, 공공행정 등의 다양한 도시 데이터 개방하여 도시 전체의 공공기물들과 주민들이 효율적으로 상호작용하는 스마트시티 건설을 추진하고 있다.[9] 스페인 바르셀로나 시에서는 빈 주차공간을 감지해 주차 정보를 공유하거나 쓰레기통의 포화 상태를 측정해 수거 트럭에 정보를 송신하는 등 사물인터넷 개념을 활용한 도시 관리 시스템을 구축하였다.

부작용 : 해킹 취약성

시만텍은 IoT기술이 보편화됨에 따라 발생할 수 있는 해킹 가능성에 대해 지적하였다. 다수의 IoT 기기의 기반인 리눅스 운영체제가 기기에서 올바른 보안을 갖추지 못 하거나 적절한 업데이트가 이루어지지 않을 경우 리눅스 웜에 의해 해킹당할 위험이 존재한다.[11] 실제로 IoT 환경에서 보안 취약점을 악용해 사생활을 침해한 사례도 있다. 미국에서 아기 모니터링 카메라인 SecurView를 생산, 판매하는 회사인 TRENDnet은 자사 제품에 올바른 보안 시스템을 구축하지 못한 채 이를 유통시켰다. 결과적으로 이 제품은 700여 가구의 가정 내부 영상을 해커들에게 유출시켰고 TRENDnet은 연방거래위원회로부터 제제를 받게 되었다.

한국의 현황

방송통신위원회

2009년 10월 '사물지능통신기반구축 기본계획' 발표

2010년 5월 10대 미래서비스에 사물인터넷을 선정

2011년 5월 사물지능통신 종합지원센터 개소

2011년 10월 7대 스마트 신산업 육성 전략에 사물인터넷을 포함

미래창조과학부
2014년 5월 8일 '사물인터넷 기본계획' 발표
2014년 5월 13일 사물인터넷 혁신센터 개소, 사물인터넷 글로벌 협의체 출범

사례 대학들의 변신 – 이색 학과

전통적인 대학교의 모습이 변해가고 있다. 사회가 보다 세분화되고 전문화된 능력을 요구하게 되면서 대학교도 그에 발맞춰 다양한 과를 운영하고 있다. 그에 따라 정말로 이런 학과가 있을까 생각지도 못한 신기한 과들이 생겨났다. 숭실대의 창업경영학과, 모바일콘텐츠공학과, 글로벌사이버대학교의 뇌교육융합학부, 경복대학교의 준오헤어디자인과, 약손명가미용과, 원광대의 얼굴경영학과 등 정말 다양하다. 각 대학교 이색학과의 탄생 배경, 전공 내용 그리고 취업 진로를 간단하게 살펴보자.

1. 현대인의 필수품, 스마트폰, 모바일 전문가 양성

숭실대학교 모바일콘텐츠공학과

Q. 학과의 탄생 배경은?
미래 컴퓨터의 발달과 함께 이를 휴대할 수 있게 해주는 모바일 산업은 국가 성장 동력의 핵심이 되었다 해도 과언이 아니다. 또한 모바일은 세계를 이어준다는 점에서도 그 중요성이 부각된다. 숭실대학교 모바일콘텐츠공학과는 전산원 소속의 전공 중 하나로 모바일 산업을 이끌 글로벌 인재를 양성하기 위해 설립된 학과이다. 모바일콘텐츠공학과의 학과장인 유치형 교수는 지금까지는 컴퓨터 IT 시장이 유선 중심이었지만 앞으로는 무선으로 무게 중심이 옮겨갈 것이라는 말로 '모바일'의 중요성을 강조했다.

Q. 무엇을 배우는가?
모바일콘텐츠공학과는 기초 과정으로 모바일 기기의 동작원리와 모바일 앱 및 웹 프로그램 개발 과정을 배운다. 전공 과정에서는 실제 앱 및 홈페이지 프로그래밍, 모바일 보안, 모바일 게임 작성법 등을 습득한다. 따라서 모바일컨텐츠학과의 커리큘럼을 이수하면 스마트폰과 홈페이지를 만드는 법, 앱 개발, 통신에 관련된 전반적인 사항 등을 배울 수 있다. 모바일컨텐츠학과는 정보처리산업기사, 네트워크관리사, 인터넷보안전문가 등 관련 자격증 취득에도 도움을 준다.

Q. 졸업 후 진로는?
애플리케이션 개발자, 모바일 비즈니스 모델 개발자, 벤처 창업, 모바일 게임 프로그램 개발, 스마트폰 제조업체 취업 등 모바일 콘텐츠 기술을 요구하는 다방면의 분야에 취업이 가능하다. 실제로 모바일콘텐츠공학과에서는 게임, 쇼핑몰, 스마트폰, 해킹 및 보안, 네트워크 분야에 관련하여 실습 위주의 프로젝트 제작반을 운영하고 있고, 취업 이외의

편입과 대학원 진학에도 높은 성공률을 보이고 있다.

Q. 학과의 경쟁력은 어떠한가?

유치형 교수는 "모바일콘텐츠공학과의 가장 큰 경쟁력은 아이디어 하나로 승부를 볼 수 있다는 것"이라고 말한다. 유선으로 게임 등을 개발할 때에는 비즈니스 측면에서 판매를 위한 홍보와 같은 인프라가 필요하다. 그러나 모바일은 이미 비즈니스 모델이 구축되어 있어 앱 스토어에만 올려도 쉽게 자동판매가 이루어질 수 있다. 따라서 아이디어만 있다면 바로 비즈니스 형태로 변환할 수 있다는 것이 큰 장점이라는 것. 또, 기본적인 지식이 없어도 쉽게 배울 수 있는 분야이기 때문에 타전공 학생들도 어렵지 않게 배울 수 있다. 현재 입학생의 대부분도 인문계 학생이라고 한다.

2. 병원을 코디한다? 병원코디네이터는 어떤 학과일까?

병원코디네이터학과

Q. 탄생배경은?

현재 병원들은 진료 중심에서 서비스 중심으로 나아가고 있다. 환자들의 의료서비스 욕구를 충족시키기 위해 환자 중심의 서비스 마인드 확립과 병원의 이미지 개선은 매우 중요한 요소로 자리 잡고 있다. 이에 따라 병원의 분위기를 밝게 연출하고 차별화된 서비스를 제공하는 병원코디네이터에 대한 수요도 늘고 있다. 서비스 교육 전문가인 황상민 씨는 "병원이 이제는 치료만을 목적으로 하기 보다는 치료, 미용, 서비스를 목적으로 하는 경우가 많고 환자들에게 좀 더 나은 병원서비스를 제공해야 병원 매출과도 직결 되는 경우가 많다"고 설명한다. 때문에 우리나라에서도 이렇게 병원코디네이터가 생겨나게 되었다고.

병원도 서비스업! 병원 서비스 매니저

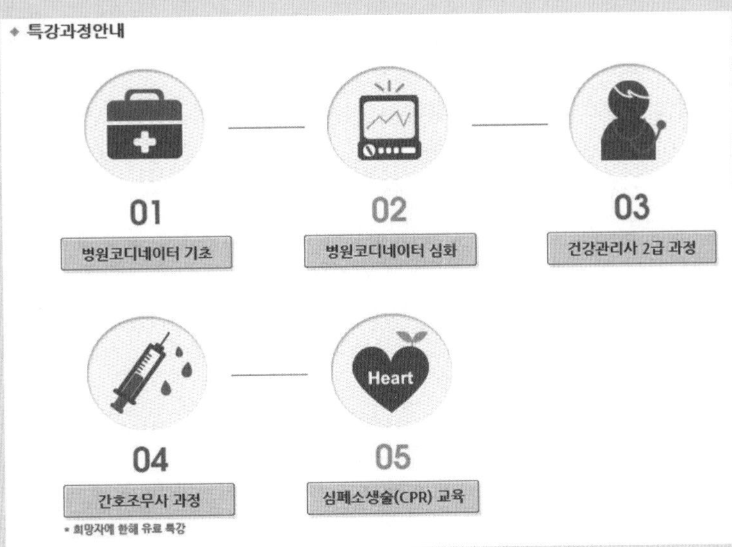

Q. 무엇을 배우는가?

병원 코디네이터가 되려면 고객을 만족을 시킬 수 있는 서비스 마인드, 상담 능력과 병원에서 필요로 하는 직무를 잘 이해하는 것이 가장 중요하다. 남예종 병원코디네이터 학과는 이러한 능력을 배양하기 위한 과목들을 배운다. 의료 서비스 기획 및 개선과 고객 응대서비스, 고객 상담 및 관리, 의료기관 재무관리, 마케팅, 이미지 관리 업무와 관련된 의료서비스를 제공하기 위해 전반적인 의료 기초 지식과 병원행정의 업무를 익힌다. 병원코디네이터, 의료관광코디네이터, 국제의료관광 코디네이터 등의 관련 자격증을 취득하는 데에도 도움을 줄 수 있다.

Q. 졸업 후 진로는 어떠한가?

대학 병원 및 종합 병원 내 상담 및 고객관리 지원부서, 의료관광에이전시, 의료컨설팅 업체, 의료관광센터, 건강검진센터, 요양병원, 의료관광서비스교육원 등에서 일할 수 있다. 병원 코디네이터도 리셉션 코디네이터, 상담 코디네이터, 기획 코디네이터, 서비스 코디네이터 등으로 세분화하여 일하기도 한다.

3. 인상학이라고 아니?

원광디지털대학교 얼굴경영학과

Q. 탄생배경은?

조직 관리에서 인재를 적재적소에 배치하는 것은 매우 중요하다. 얼굴 경영학은 인간 내면의 마음이 인체 외부로 나타나는 모습을 연구하는 학문이다. 얼굴을 연구함으로써 유전자와 적성을 읽어 조직 관리에 도움을 줄 수 있다. 원광디지털대학교의 얼굴경영학과는 인상학을 통해 개인으로 하여금 긍정적인 사회관계를 유지할 수 있게 해주고 나아가 사회와 국가 발전에 기여하는 것을 목표로 한다.

Q. 무엇을 배우는가?

얼굴경영학과의 학과장 주선희 교수는 얼굴경영학과는 인상학을 중심으로 얼굴경영, 마음경영, 인재경영 3가지의 수업이 진행된다고 전했다. 얼굴 경영에서는 좋은 얼굴이란 무엇이며 인상을 통해 기질과 품성을 읽는 법을 배운다. 마음 경영에서는 외형 이외의 내면을 가꾸고 자기 자신을 실현할 수 있는 법을 배운다. 마지막 인재 경영에서는 인재를 적재적소에 배치하는 조직 관리에 대해서 배운다. 즉, 얼굴경영학과에서는 행복과 성공을 가져오는 외적인 인상관리의 방법론을 배우는 한편, 내면의 심상을 관리하는 법 또한 배워 조직에 기여할 수 있도록 한다. 따라서 인상학, 심리학, 경영학 크게 3가지 학문으로 학과 수업이 이루어진다고 할 수 있다.

Q. 졸업 후 진로는?

졸업 후 기업체, 연구소 및 병원, 학교, 봉사 등 다양한 분야에서의 활동이 가능하다. 또한 얼굴경영컨설턴트, 인상학강사 등 인상관리 전문가가 될 수 있다. 이러한 직업은 블루오션의 전문직이기 때문에 기업체에서의 수요가 늘고 있다.

이 외에도 이색학과들은 많이 운영되고 있다. 경복대학교의 준오 헤어디자인과, 약손명가 미용과, 영남이공대학교의 박승철 헤어과, 진주보건대학교의 외식산업미스터피자전공, 고구려대학교의 망고식스 디저트카페과 등처럼 특정 브랜드와 연결된 학과도 있다. 보다 전문성이 돋보일 수 있는 학과에는 강원관광대학교 카지노과, 선문대학교의 순결가정문화학과, 을지대학교의 장례지도학과 등이 있다. 실제로 많은 대학교 내에는 차별화된 학과들이 많이 존재한다. 확실한 차별화로 자신의 전문성과 개성을 높일 수 있다는 것, 이색학과의 큰 장점이다.[20]

20 영삼성, 이의현 기자 글 인용, 학교 이색학과 총정리, 2014-08-20.

제3장
창업인프라와 창업자

1) 최근 창업의 환경과 특징

(1) 최근 창업환경

창업을 하려고 할 때에 먼저 살펴야 할 것 중의 하나가 바로 창업환경이라고 할 수 있다. 그것은 다음과 같은 이유에서 비롯된다.[21]

> ① 창업을 하게 되면, 그로 인해 사회적 책임이 발생하게 된다.
> ② 창업활동을 구성하는 사회가 점차 복잡화·다원화되고 있다.
> ③ 많은 이해집단과의 이해 조정문제가 중요해지고 있다.

이 외에도 창업환경은 바로 창업의 성패와도 직결될 수 있으며, 아이템 및 입지선정에도 많은 영향을 미친다고 할 수 있다. 예를 들어, 경기가 호황일 때와 불황일 때의 아이템 선정이 달라질 수 있다는 것이다. 또한 주5일 근무제의 영향으로 인해서 과거에도 도심권 상권이 발달했으나, 최근에는 주택가 상권이 상당히 발달하고 있다는 것이다. 이러한 창업환경의 변화를 관찰하고 이것을 창업 준비 혹은 업종전환에 반영해야 한다는 것이다. 아래에는 국내 창업환경에 대해 살펴보고자 한다.

1997년 11월에 한국이 경제적 위기로 인해 IMF로부터 구제 금융을 받은 이후 시작된 창업분야는 벤처창업의 시대, 인터넷창업의 시대를 거쳐 현재 프랜차이즈창업의 시대의 중심에 있다고 할 수 있다. 이렇게, 최근 몇 년 동안 창업의 분야는 많은 발전과 쇠퇴를 겪어 왔으며, 또 다른 시대를 준비하고 있는 것이다. 이것은 이미 창업을 하고 있거나 새

---

21 중소기업청, 2002. 4월.

로이 창업을 준비하는 예비창업자들에게 많은 것을 시사한다. 즉, 끊임없이 변화하고 있는 창업분야에서 실패하지 않고, 생존하기 위해서는 창업분야의 흐름을 정확하게 읽고 효과적으로 대처할 수 있어야 한다는 것을 의미한다.

첫째, 최근의 가장 큰 이슈는 바로 투잡스(two jobs)를 지향하는 사람들이 증가하고 있으며, 그에 따라 무점포 및 재택창업이 활성화될 것이라는 것이다. 특히 직장 남성들이 부업의 형태로 창업시장에 뛰어들 것이며, 주부들도 재택창업에 본격적으로 참여할 것이다.

둘째, 2002년 가을부터 국내의 기업 및 관공서에서 논의되고 실시되기 시작한 주 5일 근무제를 겨냥한 창업시장이 새롭게 부각될 것으로 전망된다. 특히 여가 및 레저분야, 스포츠분야, 생활지원 분야 등에서 다양한 아이템들이 틈새시장을 공략하게 될 것이다.

셋째, 각종 자판기창업의 성장도 예상된다. 자판기의 경우에는 장소만 잘 선택한다면 상당한 고소득을 기대할 수 있으며, 여러 곳에 동시에 설치할 수 있으면서도 별도의 사무실이나 고정적인 근무인력이 필요 없다는 장점이 있다.

넷째, 배달 및 테이크아웃형 창업 역시 직장인 부부, 젊은 남녀, 고령자들을 타켓으로 활성화되고 있으며, 테이크아웃 커피전문점 및 생과일전문점은 2002년에 가장 성장한 창업아이템이기도 하다. 최근에는 김치, 반찬뿐만 아니라 제사음식배달 등 생활서비스를 중심으로 확산되고 있는 실정이다.

다섯째, 2001년부터 시작된 인터넷 유로화가 2002년에 성공적으로 정착함에 따라 이제는 아이디어만 있으면 누구나 인터넷이라는 사이버공간에 회사를 만들고 컨텐츠를 제공하면서 유료화로 많은 수익을 올릴 수 있다는 것이 입증되었다. 불과 200~300만원의 투자로도 매월 수십만 원에서 수백만 원의 소득이 가능하다는 것이다.

여섯째, 전국 대부분의 대학에서 창업관련 과목을 개설하거나 심지어 창업관련 학과들이 신설되면서 대학생들의 창업이 날로 늘어나고 있는 추세이다. 이것은 경제적 상황으로 인해 취업이 힘든 것도 있지만, 자신의 창의력과 개성을 살리면서 직장생활에 구속받지 않으려는 대학생들이 많은 것에도 그 원인을 찾을 수 있을 것이다.

하지만, 이러한 긍정적인 전망에도 불구하고, 무분별한 창업으로 인해 실패하는 창업자들이 급속하게 증가할 것으로 예상되고 있다. 또한 외식분야의 연쇄적 도산 및 프랜차이즈의 급속한 증가에 따른 부작용 등은 매우 우려할 만한 수준에 있다는 것이다. 특히 떳다방 형태의 프랜차이즈 본사들이 등장하면서 전 재산을 날리고 도산하는 가맹점들이 많다는 것이다.

이에 따라, 정부 및 창업관련 기관에서도 획일적인 창업정책보다는 지역적으로 그리고 창업자별로 차별되고 특화된 창업지원이 요구된다고 할 것이다. 예비창업자 역시 "아무나 창업을 해서는 안 된다"는 것을 알아야 할 것이다.

(2) 우려되는 창업환경 분위기

한국에서는 1997년부터 이른바 벤처열풍이 시작되었다. 정부에서도 실직자 문제의 해결방안 중의 하나로 벤처기업을 육성하기 시작하였는데, 그것은 한 개의 벤처기업이 창업되면 당연히 여러 명의 실직자들이 취업을 할 수 있다는 생각이 있었다는 것이다. 하지만, 최근의 상황은 어떠한가? 한 때 벤처신화라고 연일 언론에 보도되던 수많은 벤처기업들이 도산하거나 더 이상 수익을 내지 못하고 M&A되고 있으며, 벤처기업을 창업하였거나 벤처기업에 투자를 한 수많은 엔젤(angel)투자가들의 한숨소리만 여기저기에서 들릴 뿐이다.

최근에는 프랜차이즈 창업이 활성화되면서 모든 창업분야가 프랜차이즈 형태로 전환되고 있는 실정이다. 심지어는 억지로 프랜차이즈 시스템으로 만들어서 가맹점을 모집하고, 이를 통해 가맹비 수익을 확보하려는 투기꾼까지 등장하고 있는 것이 사실이다. 그러다 보니 외식업을 비롯한 다양한 종류의 프랜차이즈 본사를 통해 창업한 가맹점들이 기대했던 수익을 내지 못하고, 매달 엄청난 적자를 보면서 점포 권리금 및 보증금은 물론이고 월세마저도 걱정하는 창업자들이 매우 많은 것이 사실이다.

왜 이러한 일들이 발생하였을까? 그것은 두 가지로 설명할 수 있는데, 첫째는 많은 예비창업자들이 창업을 너무 쉽게 생각하였기 때문이라는 것이다. 돈만 있으면 취업보다는 창업이 쉽고, 특히 외식창업의 경우에 집에서 하는 음식솜씨에 조금 더 보태면 누구나 쉽게 도전할 수 있다는 생각에서 많은 사람들이 뛰어들었고, 요즈음 외시기업이 너무 많이 생겼다는 것을 누구나 공감하고 있다. 소자본 가맹점의 경우에도 "본사에서 알아서 다 해줄 것이다"는 생각을 갖고 시작했지만, 현실은 전혀 그렇지 못하다는 것이다.

둘째는 최근의 창업환경과 분위기가 예비창업자들을 무작정 창업으로 내몰았는지도 모른다는 것이다. 즉, 제대로 준비도 되지 않은 예비창업자들을 유행 따라 바람 따라 창업의 현장 속으로 뛰어들게 하였고, 그로 인해 지금 우리는 수많은 창업자들이 파산하거나 창업실패로 인해 낙담하는 모습을 다시 보고 있다는 것이다. 특히 창업에 자질이나 적성이 맞는지 그렇지 않은지를 고려하지 않고 창업을 하면 많은 돈을 벌 수 있다는 허상을 심어준 것이 아닌가 한번 정도는 반성해 볼 일이다.

실제로 최근 창업을 원하는 예비창업자 143명을 대상으로 창업자질 테스트를 실시한

결과, 예비창업자들의 62.9%가 창업에 자질(혹은 적성)이 부족한 것으로 조사되어 상당히 놀랐다. 특히 창업자로서 반드시 요구되는 결단력(decision), 인내력(perseverance), 개성 및 열의(personality, enthusiasm), 책임감(responsibility)에서 55% 이상의 예비창업자들이 부족한 것으로 조사되었다. 또한 창업자로서의 자질이 성별, 연령별, 학력별로도 상당한 차이가 있는 것으로 조사되어, 향후 창업정책을 수립할 때에 창업자로서의 자질을 반드시 고려해야 한다는 것을 제시하였다.

즉, 창업은 '아무나 하는 것'이 아니라 자질과 적성을 갖춘 사람만이 하는 것이고, 그래야 성공률을 높일 수 있다는 아주 평범한 진리를 프랜차이즈 본사, 창업정책을 수립하고 집행하는 정부당국, 그리고 창업관련 기관이나 단체에서는 모르고 있는 것 같아서 현재의 창업환경과 분위기를 매우 우려한다는 것이다. 지금의 창업환경과 분위기를 그대로 방치한다면, 향후에는 벤처대란에 이은 창업대란과 더불어 가계파산을 보게 될 것이다. 사실, 벤처창업의 결과를 표현하라면 다음의 등식이 상당히 적당할지도 모른다. 즉, 벤처창업을 하게 되면, 전 재산을 날려서 가계가 파산되고 이에 따라 신용불량자 신세로 전락하게 된다는 것이다. 또한 최악의 경우에는 이혼 등으로 가정도 파탄이 날 수 있다는 것이다. 창업 후 대박이라는 성공만을 꿈꾸기에는 현신을 너무 냉혹하고 창업성공이라는 것은 너무 힘들다는 것이다.[22]

미국과 유럽 등에서는 20대는 물론 10대들까지 창업전선에 가세하고 있다. 지금 세계는 창업 열풍에 휩싸여 있고 E세대(entrepreneurs generation)라는 신조어까지 생겼다. 졸업 후 안정된 직장에 취직하기 보다는 창업에 우선순위를 두는 세대라는 뜻이다. 왜 이렇게 세계는 창업열기로 뜨거운 것일까? 그 이유는 다음과 같이 정리할 수 있다.

첫째, 기업가의 위상 증대이다.

기업가들의 위상이 정치권력보다 강화되는 추세이다. 냉전시대에는 정치논리가 강했지만 지금은 경제가 국가의 안전을 좌우하는 시대이다. 세계 각국 정상회담의 주제도 언제나 통상을 비롯해 경제문제가 머리에 자리 잡으며, 세계적으로 성공한 기업가는 우방의 정상보다도 더 극진한 대접을 받는 현실이다. 이런 가운데 야망을 가진 젊은이들이 창업을 통해 세계적인 기업가로 성장하려는 포부를 갖는 것은 당연한 일인지도 모른다.

---

22 창업길라잡이 제3판, 김영문외, 2011, pp. 9~12.

둘째, 단기성장가능사업의 확대이다.

단기간에 성장할 수 있는 분야들이 속속 등장하고 있다. 석유화학이나 섬유, 기계 등 과거의 전통산업으로는 창업 후 단기간에 세계를 석권하기 어려웠다. 어떤 회사가 세계적인 기업으로 성장하려면 적어도 창업자의 평생이 소요됐거나 2세, 3세가 승계한 경우가 많았다. 그러나 정보통신, 특히 인터넷과 같이 아이디어나 서비스 제공방식에 의해 승부가 결정되는 사업들은 초단기간에 세계 시장을 석권할 수 있다. 창업 4년 만에 세계 MP3 플레이어 시장을 석권한, 레인콤, Yahoo 같은 회사가 그 대표적인 예이다.

셋째, 신화적 창업사례의 증가이다.

신화적 창업사례가 창업열기를 부추기고 있다. 세계 산업의 흐름이 장치산업 위주에서 지식정보산업으로 이행하면서 단기간에 성공한 신화적인 사례들이 속속 등장하고 있다. 마이크로소프트의 빌 게이츠를 비롯해 전 세계에 포진해 있는 정보통신 분야의 강자들이 창업을 꿈꾸는 후배들을 성공무대로 유인하고 있다.

넷째, 소규모 창업기회의 확대이다

현대는 소규모 투자로 승부할 수 있는 시대이다. 아무리 창업이 매력적이라 해도 자본금이 많이 든다면 오늘날과 같은 창업열기를 가져오지 못했을 것이다. 성공가능성이 있은 아이디어라면 쉽게 투자가를 만날 수 있는 환경이 점점 발달되고 있는 것이다.

다섯째, 정보통신환경의 발달이다.

인터넷이 발달하면서 전 세계를 대상으로 하는 비즈니스 환경이 조성됐다. 지금 세계는 국경이 없는 세계가 진행되고 있다. 위성과 인터넷의 발달로 비즈니스에 시차가 없어져 전 세계를 대상으로 개인이 사업을 전개할 수 있는 환경이 만들어지고 있다. 좋은 아이템이라면 인터넷을 통해 전 세계를 상대로 영업을 할 수도 있으며, 잠을 자는 동안에도 쉴 사이 없이 주문을 받을 수 있다.

여섯째, 창업에 대한 국가적 지원의 확대이다.

창업에 대한 국가적 지원이 확대되고 있다. 오늘날 국민경제에 영향을 끼치는 것은 꼭 규모가 큰 기업만은 아니다. 아이디어를 바탕으로 하는 중소기업이 오히려 국가적 부가가치를 창출하는 데 큰 힘을 발휘할 수 있으며 고용확대에도 큰 도움이 될 수 있다. 미국 등 많은 국가들은 젊은이들의 창업을 적극 지원하는 추세이다.

이와 같이 창업은 전 세계적으로 가장 관심이 많은 분야이다. 지금 우리나라도 고용불안과 취업난으로 창업하는 사람들이 늘고 있지만, 이런 세계적 창업열기를 이해하고 장려하지 않으며 더 큰 어려움에 직면할지도 모른다. 직원이 몇 만 명이나 되는 국영기업보다 그 인원의 절반에도 못 미치는 벤처기업이 더 큰 부가가치와 영향력을 갖는 세상이 되었기 때문이다.[23]

세계 1등 기업의 패러다임 10가지

1. 지식을 창조적으로 순환·통합하라.
2. 컨셉트를 생명처럼 여겨라.
3. 직원 재능을 발휘할 무대를 제공하라.
4. 상대가치보다 절대가치를 우선하라.
5. 대립·모순을 변증법적으로 통합하라.
6. 지식을 잘라내지 않고 구조조정하라.
7. 기업가적인 중간관리자를 육성하라.
8. 개인의 주체적 참여를 이끌어내라.
9. 직접 체험하며 고객 생각을 공유하라.
10. 일상에서 아이디어를 찾아라.[24]

2) 창업자의 자세와 기업가 정신

(1) 창업가와 기업가 정신

빌 게이츠, 스티브 잡스, 마크 주크버그, 정주영, 이병철의 공통점은 무엇일까? 창업이 사업을 새로이 시작하는 것이라면 사업을 움직이는 주체가 있어야 한다. 창업 또는 사업이라는 객체를 움직이는 주체가 바로 창업가 또는 기업가이다.

기업연구에 이어서 창업과 폐업을 주도하는 기업 활동의 주요 Player인 기업가 연구가 기업연구에서는 매우 중요하다. 또한 이들의 역할과 활동은 포괄적으로 기업가 정신(entrepreneurship)이라고 일컬어진다. 현대의 시장경제 체제는 창의력과 추진력을 겸비한 창업 기업가에 의하여 주도되고 있으며 그 바탕에는 창의적 기업가 정신이 핵심을 이루고 있다. Entrepreneur라는 용어가 처음 사용된 것은 "공급은 수요를 창조한다"는 세이의 법칙(Say's Law)으로 더욱 잘 알려져 있는 세이(J. B. Say)가 처음으로 사용하였다.

---

23 중소기업의 창업과 경영, 김종재 외, 박영사, 2011, pp. 147~149.
24 한국경제신문, 2005. 1. 22.

Entrepreneur는 "경제적 자원을 생산성이 낮은 영역에서 생산성이 높은 영역으로 이전시키는 사람"으로 소개하고 있다(정승화, 1999). 오늘날 Entrepreneur는 그 의미가 혼용되어 사용되고 있는데 일반적으로 기업가, 창업가 또는 창업 기업가를 지칭하는 용어로 광범위하게 사용되고 있다.

창업가 또는 기업가로 불리는 Entrepreneur가 무엇인가에 대하여 예전에는 생계를 위하여(earning a living) 장사를 하는 것 정도로 여겨졌으나 오늘날에는 Entrepreneur는 Entrepreneur자신과 투자자(investors)를 위하여 부를 창출할 수 있는 사업을 시작하는 사람 또는 기업을 세우려는 의지가 있는 사람을 일컫는다.

기업가 정신은 진보적이고 창조적인 사고를 총칭하는 말이다. 기업가 정신은 무에서 유의 가치를 창조하는 행위라고 정의하기도 한다. 자본주의는 17~18세기 중상주의시대 이래로 모험심과 창의력을 겸비한 창업가들을 중심으로 발전되어 왔으며, 36조 5천억 달러에 달하는 오늘날의 세계의 경제도 역시 모험심과 창의력으로 무장한 이들 창업가의 기업가 정신의 산물이라고 할 수 있다.

코우즈(Cause, 1937)는 기업가를 관리자로 언급하고 있으며 기업 내에서 이익을 극대화하기 위한 의사결정권자로 인식하고 있다. 기업가의 서비스는 시장에서 구매될 수 있으며 기회비용(transaction costs)이 발생할 뿐이라고 했다.

즉, 기업가 정신에 관하여도 기업가의 서비스는 시장에서 구매될 수 있으며 단지 기회비용을 가지는 정도로 보고 있다.

슘페터는(Joseph A. Schumpeter)는 기업발전과 경제발전의 원동력을 내부로부터 기존의 방식을 쇄신하는 창조적인 파괴(creative destruction)의 과정으로 보았으며, 기업가가 그러한 창조적인 파괴의 과정에서 핵심적인 역할을 주도적으로 수행한다고 하였다. 즉, 기업가는 i) 신제품의 개발, ii) 새로운 생산 방식의 도입, iii) 신시장의 개척, iv) 새로운 공급자의 확보, 그리고 v) 독점과 같은 창조적인 새로운 산업조직이나 경쟁체제의 구축을 통하여 기존의 경제적 균형을 깨고 새로운 경쟁과 부의 창출을 주도적으로 한다고 하였다.

1933년 이전까지는 기업가는 독립적으로 기업을 운영하는 사람으로 인식되었다(One who undertakes an enterprise: especially a contractor). 그러나 슘페터 이후에는 기업가(entrepreneur)는 혁신가(innovator)와 동일한 의미로 사용되기 시작했는데 새로운 것을 하거나 기존 것을 새로운 방식으로 하는 것이라고 정의하였다. 스트라우스(Strauss, 1944)는 기업을 기업가로 보기도 했다(The firm itself is the entrepreneur). 고우(Gough, 1969)는 기업가를 “대체로 상상의 허구(largely a figment of the imagination)라고도 했다.

기업가 정신은 어느 시대에나 존재하였고 사회에 기여하게끔 하기 위해서는 사회적 보상체계가 기업가를 그렇게 유도하여야 한다고 하는 의견도 있다. 슘페터는 기업가를 성과를 창조하는 주체로 보았지만, 봄물(Baumol, 1990)은 사회여건의 종속체로 보았다.

가트너(William B. Gartner)는 델파이(Delphi)법으로 학자와 기업가 등 전문가의 설문을 통하여 기업가 정신이 뜻하는 바를 파악하려 하였다. 그의 연구에 의하면 기업가 정신은 창조적 기업가, 혁신, 조직적 창조, 가치창출, 이윤추구, 성장성, 독특성, 창업가와 경영자 등의 결합으로 요약될 수 있다. 창업은 여러 불확실성 아래에서의 의사결정이라는 점과 인적 · 물적 자원의 투입에 따른 많은 위험이 동반된다는 점에서 모험적 기업가 정신이 요구되는 특징을 가진다. 창업은 창업기업가, 사회기회의 인식, 필요 자원의 동원 그리고 실질적인 창업의 추진이라는 필수 요소들의 결합에 의하여 실행된다고 할 수 있다.

사업과 기업 그리고 주식회사 제도는 이윤을 획득하기 위해 물질, 에너지 그리고 정보를 하나의 상태에서 또 다른 상태로 전환하는 개인 혹은 다수가 조직화된 그룹이라고 「부의 기원」(The Origin of Wealth)에서는 정의하고 있다. 한편 기업이란 한 개인 혹은 단체가 공동으로 관리하는 단일 혹은 다수의 기업을 말한다. 진화시스템에서 상호작용자는 기업이 아니라 사업이며, 사업이 환경과 상호 작용하면서 환경의 선택 압력에 서로 다른 성공을 보여 주는 단위이다. 사업은 상호작용의 거점을 제공한다. 따라서 경제적 진화에서 상호작용자는 기업이 규정하는 사업단위라고 할 수 있다.

기업가 정신이 무엇인지에 관하여는 돌린저(Dollinger, 1990)는 기업가 정신이 무엇인지에 관하여 논의하는 것은 무의미하고 추상적이지만 기업가는 다음과 같은 세 가지의 공통된 특성으로 요약될 수 있다고 한다. 첫째는 창의성(creativity)과 혁신성(innovation), 둘째는 자원을 조달(resource gathering)하고 경제적 조직의 결성(founding of an economic organization), 셋째는 위험(risk)과 불확실성(uncertainty)가운데서 이윤을 창출(the chance for gain or increase)하거나 증가시킨다는 것이다. 즉, 기업가는 Creation, Economic Organization, Risk and Uncertainty로 요약될 수 있다고 한다.

기업가는 기업의 성공과 실패에 큰 역할을 하며 기업가의 특성이나 능력과 사업의 실패와 연관관계를 연구한 선행연구들이 있다. 기업가의 리더십, 창업팀 구성, 기업가의 경험 및 사업에의 전문성과 열의 등이 사업의 성공과 실패에 무관하지 않음을 보여주고 있다(Duchesneau and Gartner, 1990: Lussier and Corman, 1995; Hlavacek and Thompson, 1978; Hill and Hlavacek, 1977).

카오(Kao, 1995)는 사업의 사업기회의 인지, 위험부담의 적절한 관리, 적절한 자원동원 기술을 통한 가치창출의 시도라고 했다. 만약 기업이 위험부담에 대한 적절한 관리를 하지 못한다면 기업은 위기에 빠질 것이다. 결국 기업을 위기에 빠뜨리는 것은 기업의 주요 의사결정을 하는 기업가일 것이며 기업의 실패는 곧 기업가의 실패로 이어질 것이다.

기업가의 경제활동의 중심에는 위험에 대한 태도가 결정적 역할을 할 것이라는 주장도 많다. 기업가 정신과 기업가의 역할은 시대가 바뀌어도 변함없이 중요하다. 산업혁명으로 세계가 급변하던 시절은 물론이거니와 인터넷과 통신의 발달로 새로운 산업의 출몰과 새로운 기업의 흥망이 급속하게 진행되는 지금도 기업가 정신과 기업가의 또 다른 기회 포착과 새로운 혁신은 계속될 수밖에 없고 또 계속되어야 할 것이다.

빌 게이츠(William H. Gates Ⅲ)는 고등학교 다닐 때부터 컴퓨터 프로그래밍에 오랜 시간 몰두하였고 1975년 그는 다니던 하버드 대학교를 그만두고 폴 앨런(Paul Allen)과 함께 마이크로소프트사(Microsoft)를 창업하였다. 빌 게이츠는 기업가인가? 그의 기업가 정신은 무엇인가? 컴퓨터에 열중한 것일까? 학교를 그만 둔 것일까? 작은 기업을 시작한 것일까? 윈도우(Window)를 성공적으로 개발한 것일까? IPO를 통하여 기업공개를 하여 많은 돈을 번 것일까? 수많은 인수합병(M&A)을 통하여 기업을 크게 키운 것일까? 사업의 성공 이후에 부인을 통하여 자선사업에 주력하는 것일까?[25]

(2) 창업가로서의 기업가

기업가(entrepreneur)이란 개념은 18세기 초 프랑스의 경제학자인 칸틸롱(R. Cantillon)에 의해 처음 사용되었다. 기업가란 기업설립의 요건이 되는 투자를 직접 이행하고 경영을 담당하며, 필요에 따라서는 지배기능도 담당함으로써 기업의 제반 위험부담을 스스로 담당해 나가는 위험부담자인 것이다. 이 같은 의미에서 볼 때 기업가는 곧 투자자인 자본가로서의 특성과 경영자로서의 특성을 아울러 가지는 기업경영의 책임자가 된다. 다시 말하면 기업가는 단순한 투자에 따른 이익배당이나 주가의 등귀에 의한 투기이익에 주된 관심을 두는 투자자나 투기주주가 아니고 기업의 창설과 운영 그 자체에서 어떤 성취감을 느껴 보려는 기업가 정신을 지닌 창업자이자 성취인이라 할 수 있다.

창업자로서의 기업가의 자질이나 능력은 기업의 성패에 중요한 요인이 되는데 창업자에게는 다음과 같은 자질이 요구된다.

---

25 창업론, 한국벤처창업학회, 명경사, 2012, pp. 4~11.

① 단순한 경영수단이 아닌 새로운 시대에 맞는 새로운 경영감각과 사회적으로 신뢰받을 만한 교양과 인격의 형성을 통한 경영자의 능력이 요구된다.
② 미래의 환경변화에 대한 통찰력과 판단력을 발휘하여 장기적인 목표를 세우고 장기적인 관점에 입각한 경영행동으로 목표를 달성해야 한다.
③ 새로운 사업의 수행에 대한 창의력이 있어야 하며 이를 계속하여 수행하는 추진력이 있어야 한다.
④ 환경변화에 도전하여 새로운 기회를 모색하고 이 기회를 실현하기 위해서는 생명과 재산까지도 희생시킬 수 있는 기업가 정신(entrepreneurship)을 갖추어야 한다.
⑤ 개인의 영리추구에 그치지 않고 경영전반에 대한 사회적 책임을 인식하여야 한다.
⑥ 일을 통하여 자기실현을 성취하겠다는 성취욕구가 강하고 타인에게 고용되고 싶지 않은 독립심이 있어야 한다.
⑦ 자기 자신에게 요구되고 있는 능력과 자질을 충분히 인식하고 스스로의 능력개발을 도모해야 한다.

한편 전통적으로 경제학자들은 기업가 정신에 기초한 기업가의 기능을 ① 위험부담과 불확실성의 처리, ② 혁신, ③ 기업의 조직과 관리의 세 가지 기능으로 나누고 강조하여 왔다. 또 나이트(F. H. Knight)는 기업가란 위험을 부담하고 불확실성을 다루는 사람들의 특수한 집단이라고 설명하고 있으며, 슘페트(J. A. Schumpeter)는 기업가는 생산과 분배의 요소를 새로이 결합하는 신제품개발의 기능, 다시 말하면 기술혁신의 기능을 수행할 수 있을 때에만 비로소 그가 참된 기업가가 될 수 있다고 말하고 있다.

(3) 창업자의 특성

창업자로서 기업가는 어떤 특성을 가지고 있는가? 창업자는 다음과 같은 사항에 대해 끊임없이 생각하고 행동하는 사람으로 강한 기업가 정신을 가지고 있어야 한다.

첫째, 어디에 실현가능성이 있는 기회가 있는가?
둘째, 기회를 어떻게 활용해야 하는가?
셋째, 어떠한 자원이 필요한가?
넷째, 그런 자원들을 어떻게 확보할 것인가?
다섯째, 어떤 조직구조가 가장 바람직한가?

(4) 기업가의 심리적 특성

기업가는 일반관리자들과는 다른 심리적 특성을 가지고 있는데. 일반적으로 기업가의 특성을 살펴보면 다음과 같다(이장우, 벤처경영, pp. 70~71).

> ① 위험감수(Risk Taking) : 최근의 많은 연구들은 위험감수 성향을 기업가의 독특한 개인 특성으로 제시하고 있다. 위험감수란 근본적으로 신규사업의 설립과 운영에 관련된 과정에 내재하여 있는 특성이므로 이러한 위험감수 성향 또는 과감한 행위는 기업가의 중요한 특징 가운데 하나이다.
> ② 성취욕구(Need for Achievement) : McCelan는 사람의 행동을 결정하는 근본적인 동기요인으로서 성취욕구(무엇인가를 달성하고자 함), 친교의 욕구(타인과 어울리고자 함), 그리고 권력의 욕구(타인을 통제하고자 함)를 제시하였다. 이 가운데 성취욕구는 기업가의 핵심적 심리특성으로 제시되고 있다. 즉 성취욕구가 높은 사람은 문제해결을 위해 주도적으로 나서 목표를 제시하며 그 목표의 달성을 위하여 열정적으로 노력하는 성향이 있다. 따라서 이 같은 강한 성취욕구 성향은 기업가의 개인특성에 잘 부합한다고 할 수 있다.
> ③ 내적 통제부위(Internal Locus of Control) : 내적 통제부위란 일상적으로 발생하는 일이 단순한 운(運)때문이 아니라 자기 스스로 통제할 수 있다고 믿는 성향을 의미한다. 즉, 운명론자가 아닌 운명을 개척할 수 있는 실천의자가 강한 성격을 의미한다. 이 같은 스스로 운명을 개척하려는 개인특성은 새로운 것에 도전하고 경영하는 데 따른 장애요인들을 극복하는 데 필요한 힘과 의욕을 가져다준다. 따라서 끊임없이 새로운 일을 창의적으로 실현하여야 하는 기업가의 특성에 적합하다고 할 수 있다.

한편 기업가는 실질적인 소유자로서 기업 활동에 직접 참여하는 자이기 때문에 전문경영자와 구별된다. 기업가와 경영자를 비교해 보면 〈표 3 -1〉과 같다.[26]

(5) 기업가의 성격과 능력

한편 사업의 성공을 위하여 기업가 개인이 성격적으로 갖추어야 할 능력과 특성을 살펴보면 다음과 같다.

> ① 강한의욕 : 사업과 일에 열정적으로 몰입하는 강한 의욕의 소유자를 말한다.
> ② 정신적 능력 : 사업의 당면문제를 체계적으로 분석하고 문제를 해결하는 능력, 즉 IQ와 지적능력, 창조적 사고력, 분석적 사고력 등을 의미한다.

26 홍성도, 벤처기업 창업경영론, 학문사, p. 42.

③ 인간관계 : 주로 정서적 안정성, 대인관계의 기술, 사교성, 타인에 대한 배려도, 감정이 입 능력 등을 의미한다.

④ 커뮤니케이션 능력 : 자신의 의사를 문서 또는 말로써 효과적으로 전달하는 능력을 말한다. 즉 성공적인 사업운영을 위해서는 고객, 종업원, 공급자, 채권자 등과 원활한 커뮤니케이션 능력이 필요하다.

⑤ 기술적 지식 : 고객이 원하는 제품과 서비스를 생산하여 제공하는 기술과 기법을 포함 한다. 예를 들면 제품제조 기술, 설비가동 기술, 판매기법, 재무분석 기법 등을 의미한다.

⑥ 의사결정 능력 : 사업운영과 관련하여 바람직한 의사결정을 시의적절하게 내리는 능력을 의미한다.

⑦ 개념적(Conceptual) : 개념적 능력은 복잡한 현상의 핵심을 간파하고 그것을 간결한 형태로 재구성함으로써 보다 효과적인 문제해결책을 제시할 수 있는 능력을 말한다. 기업가는 이러한 개념적 능력에 기초하여 아무도 간파하고 있지 못한 기회를 포착하고 효과적인 전략적 대안을 제시할 수 있다. 또한 회사 내부에 관한 문제에서도 전체 조직의 특성과 문제점을 파악하여 조직의 각 부문들이 사업성공을 향해 함께 힘을 모을 수 있는 방법을 강구할 수 있다.[27]

〈표 3-1〉 기업가와 경영자의 비교

구분	기업가	경영자
동기 및 감성지향성	• 성취지향성 • 자기중심, 강한 명예욕 소유 • 높은 자율성 • 애사심 • 자발적 모험수용 • 위험부담	• 통합, 생존, 성장지향 • 권력과 영향력 지향 • 조직지향(회사중심) • 조직과 부하개발에 관심 • 전문성의 충실 • 위험부담에 보수적
분석적 경향	• 직감적(자신의 직감을 믿음) • 장기적 안목 • 전체성(holistic)	• 분석적 • 단기적 안목 • 세부적 특수성
인간관계면	• 개인적 관계중시 • 인사 및 정치성 • 가족, 친족우대 • 권위적 • 감성적으로 참을성 부족	• 일반성 • 탈인간성 및 합리성 • 참여 및 분권위임 • 가족, 친족 무관 • 탈감정성, 인내심, 꾸준함

27 창업론, 조경동 외, 형설출판사, 2011, pp. 54~57.

구분	기업가	경영자
조직직분의 차이	• 소유주의 특권과 위험성 수용 • 확고한 자기자리 고수 • 일가친척의 지원 • 가족·인척 우선주의 • 약한 부하, 일인통치	• 적은 소유권과 열세한 특전 • 보장되지 않는 직분 • 단독행위 또는 가족, 인적 지원 • 가족, 인척무관 • 강한 상관

자료: E. H. Schein, Organizational Psychology, 3rd edition, englewood Cliffs, N.J., Prentice-Hall.

(6) 기업가 정신이란

창업에 있어 가장 중요한 요소 가운데 하나가 사업기회를 포착하여 추진하는 기업가적 활동을 지닌 창업자이다. 이러한 창업자는 단순히 사업을 새로 시작하는 사람이 아닌 기업가 정신을 가진 사람을 의미한다. 이러한 기업가 정신은 '현재 통제할 수 있는 자원에 구애받지 않고, 기회를 포착하고 추구하는 방식(The pursuit of opportunity without regard to resource currently controlled)'라고 정의될 수 있다. 벤처 비즈니스의 연구로 유명한 미국의 뱁슨대학(Bapson College)의 론스타드 교수는 그의 저서 「기업가 정신」에서 '기업가 정신이란 빨간 신호등 앞에서도 때로는 이를 무시, 돌진하는 것과 같다. 기업가 정신은 스스로 사업을 일으키는 것, 그리고 이를 자기 인생의 가장 즐거운 일로 여기는 것'라고 정의하고 있다.

오늘날은 소유와 경영이 분리되고 있으므로 과거와 같은 소유와 경영의 미분리 시대에서 볼 수 있었던 순순한 기업가의 특성은 다소 퇴색하고 있으나 소유자 정신(ownership)과 기업과 정신(entrepreneurship)은 구별되지 않으면 안 된다. 기업가 정신이란 무엇인가? 기업가 정신이란 사기업을 설립한 기업가가 한사람의 독립인으로서 엄격한 경쟁사회 속에서 혼자의 힘으로 불확실성에 도전하여 새로운 사업영역을 개척하여 성공적인 기업을 형성해 가는 개척자이며, 혁신자이고 선구자이며, 모험가로서의 정신을 말한다. 이는 미래 지향성을 가져 변화와 불확실성을 극복하여 새로운 헌신적인 사업기회를 개척하려는 불굴의 자세를 가지는 것이다.

기업가 정신을 좀 더 구체적으로 살펴보면 다음과 같다.[28]

28 김상용(2008), 박사학위논문, 기업가정신과 조직문화가 조직유효성에 미치는 영향, pp. 25~28.

① 혁신성(innovation) : 기업의 위협요소를 발전기회로 전환시키는 능력으로 기업을 둘러 싸고 있는 여러 가지 환경요소 중 특히 위협적인 요소들을 적극적으로 이용하여 오히려 발전의 기회로 삼는 혁신력이다.
② 위험감수(risk-taking) : 불확실성이 존재하는 사업의 의사결정에 있어 위험에도 불구하고 기회를 포착하여 과감한 투자를 행하는 도전력이다.
③ 진취성(proactiveness) : 시장기회를 빨리 포착하거나 시장에서 주도적 지위를 차지하기 위해 경쟁자에 대한 적극적인 경쟁의지와 우월한 성과를 산출하려는 의지와 도전하는 자세이다.[29]

29 창업론, 조경동 외, 형설출판사, 2011, pp. 58~60.

제4장
창업 성공사례

1) 세계 일류기업들의 창업성공사례

(1) 애플 성공사례

세상에서 성공하는 방법은 두 가지가 있다. '창조자'가 되어서 새로운 성공 법칙을 만들어내든가 아니면 창조자를 철저히 벤치마킹해서 기존 제품의 성능을 높이고 가격을 낮추는 '모방자'가 되는 것이다.[30]

애플은 「비즈니스위크」에 6년 연속 가장 혁신적인 기업 1위로 뽑힐 정도로 창조적인 기업이다. 애플 II 컴퓨터로 개인용 컴퓨터의 혁명을 이루었고, 아이팟으로 음악 산업을 뿌리부터 바꾸었으며, 아이폰을 통해서 휴대폰의 산업구조 자체를 변화시키고 있다. 그리고 이제는 아이패드로 또다시 새로운 시대를 열어가고 있다. 애플은 혁신자로서 성공 신화를 만들어가는 회사인 만큼 결국 창조적인 일과 제품을 통해서 성공을 꿈꾸는 사람

30 애플, 성공 신화의 비밀, 김정남 지음, 2011.

들에게 중요한 교훈을 선사해준다. 애플을 알게 된다는 것은 곧 창조를 배우게 된다는 것과 같은 의미라고 해도 과언이 아니다.

애플은 소비자들이란 직접 보기 전까지는 자신들이 진정으로 원하는 것이 무엇인지를 모른다는 사고방식을 가지고 있다. 그래서 시장조사도 하지 않고, 우선 개발자들이 좋아할 수 있는 제품을 만들고 나서 시장에 내놓는다. 사실 시장조사로는 창조적인 상품이 나올 수가 없다. 소비자들에게 무엇인가를 물어서 제품을 만든다는 것은 결국 이미 시장에 나와 있는 상품을 개량하는 정도에 그칠 뿐이기 때문이다.

시장조사를 하지 않는 애플은 항상 실패의 위험에 노출되어 있지만, 대신 성공하게 되면 경쟁자가 없는 새로운 시장에서 막대한 이익을 얻게 된다. 결국 창조자의 길을 걷는다는 것은 실패의 위험을 감수할 줄 알아야 함을 뜻한다.

애플은 실패의 위험을 최소화하기보다는 위험을 감수하고서라도 창조를 통해 더 큰 성공을 이뤄낸다는 경영방식을 가지고 있다. 실제로 많은 실패를 해왔고, 앞으로도 실패를 경험할 수밖에 없는 구조를 가지고 있다. 이런 경영방식 때문에 애플의 미래에 대해 어두운 전망을 내놓는 사람들도 많다. 지금까지는 성공했지만 미래에도 성공한다는 보장은 없기 때문이다.

그럼에도 불구하고 애플이 창조자의 위치에 서서 여전히 경이로운 실적을 보여줄 수 있는 이유는 실패를 통해서 더 강해지는 기업이기 때문이다. 애플에겐 실패는 성공을 위한 과정이고, 더 강해지기 위한 일종의 보약과도 같다. 애플 I 컴퓨터는 175대밖에 팔리지 않았지만, 이때 스티브 잡스는 컴퓨터 애호가들보다 일반 소비자들을 위한 제품을 만들어야 한다는 교훈을 얻은 덕분에 애플 II 컴퓨터를 만들어 큰 성공을 거둘 수 있었다. 상용컴퓨터 중 최초로 그래픽 기반 운영체제를 구축한 리사 역시 애플의 실패작이었지만 그때의 깨달음은 매킨토시 성공의 발판이 되었다. 스티브 잡스가 최고의 CEO로서 명성을 날릴 수 있는 것 역시 그가 애플에서 쫓겨난 후 실패를 경험했기 때문이다.

돌아온 황제, 애플의 르네상스를 열다

애플에 돌아온 스티브 잡스를 가장 당황시켰던 것 중 하나는 애플의 브랜드가 더 이상 특별하지 않다는 것이었다. 과거 애플의 브랜드는 시대를 앞선 선도자의 느낌이었지만 이제는 오히려 시대에 뒤쳐진 패배자가 되어 있었다. 애플의 브랜드 파워를 되살리는 것이 시급했다.

스티브 잡스는 우선 매킨토시 복제품 판매 계약을 취소시켰다. 전 CEO인 마이클 스핀

들러는 모토롤라, 유맥스, 파워 컴퓨팅에게 매킨토시를 복제해서 판매할 수 있는 권리를 주고 로열티를 받기로 했었다. 시장점유율을 높이기 위한 고육지책이었지만, 이런 정책은 회사의 재정에 치명타를 주었다. 사람들이 애플의 매킨토시를 구입하는 게 아니라 가격이 상대적으로 싼 복제품을 구입했기 때문이다. 특히 복제품 중에는 애플보다 성능이 뛰어나지만 가격이 싼 제품도 있었다. 이런 일은 애플에 큰 위협이 되었다. 스티브 잡스는 복제품 생산을 중단시키려 했지만, 매킨토시 복제품으로 큰돈을 벌던 파워컴퓨팅이 극렬하게 반대했고 결국 파워컴퓨팅의 주요 사업 부문을 1억 달러에 매입해야만 했다.

추락하는 브랜드 이미지를 되살리기 위한 또 다른 방법으로 대규모 캠페인이 필요하다는 생각을 한 스티브 잡스는 치아트 데이(Chiat/day)의 디렉터 리 클로와 접촉한다. 광고 캠페인의 주제는 'Think Different'였다. 광고는 토머스 에디슨, 아인슈타인, 존 레논, 무하마드 알리, 밥 딜런 등의 모습이 흑백영상으로 지나가면서 다르게 생각해서 결국 세상을 바꾸어 놓은 인물들을 찬미하는 자유시 'Here's to the Crazy ones'가 음성으로 소개되었다.

Think Different는 단순한 광고가 아니었다. 애플의 브랜드를 특별하게 만들어 주었을 뿐만 아니라 애플제품을 이용하는 사람들에 대한 찬미도 담고 있었다. 매킨토시의 점유율이 추락하자 일반 사람들은 매킨토시 이용자를 시대에 제대로 적응하지 못한 괴짜 정도로 치부하는 분위기였는데, Think Different는 매킨토시 사용자들이 비록 소수지만 그들이야말로 광고 속에 등장하는 존 레논이나 밥 딜런처럼 창조적으로 세상을 바꾸는 사람이라는 것을 강조했던 것이다. 소수자의 설움을 느꼈던 매킨토시 소유자들은 Think Different를 통해서 소수이지만 특별한 사람이라는 감정을 가지게 되었다. 이 광고는 직원들을 향한 스티브 잡스의 메시지이기도 했다. 애플 직원들을 향하여 다르게 생각해서 다시 한 번 세상을 바꿔 보자고 호소하는 것이었다.

구조조정으로 비용을 절감하고 외주생산으로 제조의 효율성을 구축하였으며 다르게 생각하기로 브랜드 이미지를 재구축한 애플을 부활시키기 위한 마지막 단계는, 결국 다르게 생각하기를 통해 위대한 제품을 만드는 것이기 때문이다.

아이폰이라는 이름의 혁명 아이폰은 필연적으로 이동통신사와 함께 일해야 한다. 애플의 중요한 사업원칙은 스스로 통제권을 가진다는 것이다. 하지만 휴대폰 업계는 이동통신사의 통제를 받는 것이 관행이었다. 다행히 미국의 이동통신업체인 AT&T는 시장점유율을 높이기 위해서 애플이 개발하던 아이폰이 꼭 필요하다는 생각을 가지게 되었다. 아이폰이라면 시장을 바꿀 수 있다는 생각에 AT&T는 애플이 제시하는 까다로운 조건들을 수용하였다. AT&T는 오직 네트워크만 책임지고, 휴대폰과 콘텐츠 부분에서는 애플이 전적으로 통제할 뿐만 아니라 통신 요금의 10%를 받게 된다는 획기적인 계약이었다. 대신 애플은 AT&T에게 5년 동안 독점판매권을 넘겨주었다. 1년간의 협상 끝에 2006년 7월 두 회사의 계약이 이루어진 후 아이폰 개발에도 가속도가 붙었다. AT&T는 아이폰의 통신망 테스트에 적극적인 도움을 주었다.

2007년 1월 9일 맥월드에서 스티브 잡스가 처음으로 아이폰을 공개하자 전 세계 언론의 스포트라이트를 받으며 곧장 화제의 중심이 되었다.

애플은 왜 개발에 강한가

잡스 아래 모두가 평등하다. 인텔 CEO을 역임하게 되는 앤디 그로브는 회의에서 결정되는 여러 안건들이 자유로운 토론의 결과가 아니라 직위가 높은 임원의 의사에 따라서 결정된다는 것을 알게 되었다. 회의 결과가 직장상사의 의견을 일방적으로 따르는 것이라면 회사는 결국 과거 방식만을 답습하게 되고 혁신은커녕 퇴보할 수밖에 없다. 그래서 앤디 그로브는 회사가 발전하기 위해서는 맥 빠진 회의가 아니라 참가자들이 직위와 권력에 상관없이 각자의 의견을 적극적으로 밝히고 때로는 일반직원과 임원 사이에 전쟁 같은 토론과 논쟁을 벌이는 '건설적인 대립'이 일어나야 한다고 판단했다.

그러기 위해서는 회사 내에 평등문화가 깊이 뿌리박혀야 한다는 생각을 가지게 되었다. 그래서 앤디 그로브는 인텔의 모든 직원은 평등하다는 점을 강조했다. 인텔의 직원은 그 사람이 임원이든 혹은 말단 직원이든 두 평 남짓한 공간에 똑같은 책상을 제공받는다. 주차장도 모두 평등하게 이용할 수 있도록 했는데, 이 때문에 회사의 CEO였던 앤디 그로브도 조금만 늦게 출근한 날에는 주차공간을 찾기 위해서 회사를 몇 번이나 돌아야 했다. 이렇게 앤디 그로브가 솔선수범하며 겨우 회사 내에 평등주의가 자리 잡히자 인텔에서는 직원들이 자신의 의견을 자유롭게 말하고 토론하는 문화가 자연스럽게 뿌리내리게 되었다.

애플 역시 인텔의 평등문화를 그대로 받아들였다. 스티브 잡스는 직원들의 연봉체계까지도 철저한 평등주의에 입각해서 전면적으로 손질했다. 우선 특별 퇴직금 같은 경영진에 대한 여러 특혜를 없앴다. 또한 직원들의 보너스를 폐지하고 평등주의를 기초로 직원들이 봉급과 주식을 받도록 했다. 주식을 나누어 준 것은 직원들의 동기를 자극하기 위해서였다.

주차장 역시 모두에게 평등한 공간이다. 스티브 잡스마저도 특별히 지정된 주차공간은 없다. 일화로 스티브 잡스가 장애인 주차공간에 자신의 자동차를 세워두는 경우가 종종 있었는데, 직원들은 가차 없이 스티브 잡스 차량에다가 애플의 슬로건이었던 Think

Different를 패러디한 'Park Different'를 붙여 두었다. 우리가 주목해야 할 것은 창업자이자 CEO로서 회사에서 절대 권력을 가진 독재자라는 스티브 잡스마저도 전용 주차공간이 없었다는 점이다. 스티브 잡스를 바로 응징하는 직원들의 모습을 보면 애플에 얼마나 평등 문화가 깊이 뿌리박혀 있는지 알 수 있다.

토론 문화야말로 그 회사가 얼마나 평등한 조직인지를 보여준다. 스티브 잡스 역시 자유롭게 직원들이 의견을 주고받는 것이 중요하다는 것을 잘 알고 있다. 그는 혁신이란 결국 일정한 프로세스나 체계를 갖추는 것이 아니라 직원들 간의 자유로운 의사소통에 있다고 믿는다.

애플의 디자인은 어떻게 다른가?

아낌없는 지원과 투자애플의 디자인 프로세스는 우선 실물 크기의 프로토타입을 직접 만들어 보고, 이를 수정하는 작업을 반복하는 것이다. 이렇게 프로토타입을 직접 만드는 관행은 1980년대 초반 매킨토시를 개발할 때부터 시작되었다. 매킨토시 역시 애플의 다른 제품처럼 개발 초기부터 디자인 작업이 병행되었다.

당시 매킨토시의 프로토타입은 석고 모형이었지만, 지금은 실제 디자인과 똑같은 제품을 만들어 본다는 차이점이 있다. 애플 시제품은 조금 비슷한 정도가 아니라 하나의 오차도 없이 똑같이 만든다. 이 때문에 애플은 시제품을 만드는 단계에서부터 많은 노력과 시간이 들어간다. 이 부분이야말로 다른 회사와 애플의 근본적인 차이다.

애플 디자이너들은 실패작을 만드는 데 두려움을 가지고 있지 않다. 오히려 자신들이 실패작을 만들어 낸 것을 기뻐한다. 틀렸다는 것은 곧 새로운 것을 발견했다는 것을 뜻하기 때문이다. 조너선 아이브는 애플 디자인팀의 장점은 틀린 것을 추구할 줄 아는 호기심과 탐구정신에 있다고 밝힐 정도다. 실패작을 만드는 과정에서 얻게 된 경험은 디자인팀 전체의 학습능력을 발전시키고, 더욱 뛰어난 디자이너로 성장시킨다. 당장의 실패가 나중에 발생하는 시행착오를 줄일 수 있다는 것을 애플은 잘 알고 있기 때문에 실패작을 연발해도 새로운 시제품을 다시 만드는 데 부끄러움이 없다. 애플에서 프로토타입을 제작할 때는 10:3:1의 법칙으로 작업한다. 우선 디자이너들이 마음껏 자유롭게 10개의 프로토타입을 만든다. 10개의 프로토타입은 콘셉트 자체가 완전히 다른 디자인으로 구성되어 있다. 완성된 프로토타입 중 3개를 선택한 후 몇 개월에 걸쳐서 선택된 프로토타입을 끊임없이 수정한다. 마지막에는 이 3개의 프로토타입 중 최종 디자인을 결정하게 된다.

디자인팀에는 브레인스토밍 회의와 제작회의 두 가지 종류의 회의가 있다. 브레인스토밍 회의는 그야말로 자신이 생각하는 이상적인 모든 것을 자유롭게 이야기할 수 있는 회의인 반면, 제작회의는 철저히 현실성을 바탕으로 진행되는 회의다. 아무리 훌륭한 디자인도 대량생산으로 이어지지 않으면 아무런 소용이 없다는 것을 애플 디자이너들은 잘 알고 있다. 그래서 항상 제조과정을 염두에 두고 디자인해야 하며, 디자인 콘셉트가 제품에 제대로 구현되어야 하는 만큼 디자이너들이 직접 제조과정에 참여한다.

애플은 무엇을 어떻게 파는가, 역발상이 빛나는 애플스토어

사람들이 애플의 힘을 평가할 때 가장 쉽게 간과하는 부분이 바로 애플스토어다. 애플은 소비자에게 직접 돈을 받고, 물건을 판다. 그래서 애플은 다른 어떤 기업보다도 소비자들과 어떻게 관계를 맺고, 어떻게 물건을 팔아야 하는지 잘 알고 있다. 그들의 이런 노하우가 애플스토어에 그대로 응축되어 있다. 미국처럼 땅덩어리가 큰 나라에서는 유통점의 영향력이 우리 생각 이상으로 크다. 특히 대형 유통점이 발달한 미국에서는 제품을 어느 위치에 배치하느냐에 따라서 판매량이 절대적인 영향을 받을 정도다.

아무리 좋은 물건이라도 상점의 구석자리에 전시되어 있다면 팔리기 힘들다. 당연히 좋은 위치를 차지하기 위한 회사 간의 경쟁이 치열할 수밖에 없다. 사실 애플이 직접 소매점을 운영할 생각을 한 것도 판매에 직접적인 영향을 주는 유통점에서 전혀 환영받지 못하는 절망적인 상황을 극복하고자 만들어진 고육지책이었다.

직영점 아이디어를 구체화하는 방법은 애플에서 제품을 만드는 방법과 똑같았다. 수많은 프로토타입을 만들어가면서 제품을 개발하듯이 본사 근처에 실험적으로 매장을 직접 만들었다. 몇 개월간의 노력 끝에 실험 매장이 거의 완성됐을 무렵 론 존슨은 뭔가 잘못되어 가고 있음을 깨달았다. 론 존슨은 애플스 토어가 물건 파는 곳이 아니라 미래의 디지털을 보여주어야 한다고 제안했고, 이런 의견을 듣자마자 스티브 잡스는 크게 화를 내며 당신이 지금 말하는 게 지금까지 해왔던 것을 모두 포기하고 다시 시작해야 한다는 것임을 알고 있느냐고 소리를 질렀다. 그리고는 단단히 화가 난 채 자신의 사무실로 돌아갔다. 하지만 스티브 잡스는 한 시간도 안 되어 다시 론 존슨을 찾아온다. 아까보다는 훨씬 부드러워진 말투로 론 존슨의 의견을 따라주었다. 론 존슨은 고객이 원하는 물건보다는 회사가 생각하는 제품별로 분류되어 있다는 문제를 깨닫고 있었다. 이는 고객 체험에 초점을 맞춘다는 전략에 위배되었다. 결국 스티브 잡스와 론 존슨은 처음부터 다시 애플스토어를 디자인했다.

애플스토어에 대한 고객 평가를 조사하던 중 론 존슨은 한 가지 중요한 아이디어를 떠올린다. 애플스토어에 초대된 다양한 부류의 고객들에게 지금까지 받았던 최고의 서비스가 무엇인지를 물어봤더니 18명 중 16명이 호텔이라고 말했다. 호텔은 고객에게 아무런 물건을 팔지 않고 오직 고객에게 경험을 서비스하는 곳이다. 고객의 삶을 풍요롭게 하자는 애플스토어의 전략은 호텔의 역할과도 여러 가지로 맞아 떨어졌다. 론 존슨은 다시 사람들에게 그렇다면 애플스토어에서 호텔과 같은 친절한 느낌을 받게 하려면 어떻게 해야 하는지 물었다. 그러자 고객들은 애플스토어 안에 바를 설치하라고 답해 주었다. 론 존슨은 이를 바탕으로 해서 지금까지 볼 수 없었던 새로운 개념의 '지니어스 바(genius bar)'를 선보이게 된다.

기존의 컴퓨터 업계에서 고객상담은 전화로만 이루어졌다. 고객상담을 받는 사람들은 대부분 컴퓨터에 대한 지식이 부족한 사람들이다. 그런 사람들은 컴퓨터의 이상증세를 제대로 설명하지도 못한다. 그런 컴퓨터 초보자가 전화로만 상담을 받는다는 것은 여간 힘든 일이 아니다. 특히 기존의 컴퓨터 업체들은 비용을 줄이고자 인도에 외주를 줄 정도로 고객상담에 별로 신경을 쓰지 않았다. 바로 그때 애플은 고객과 얼굴을 맞대고 친절하게 상담할 수 있는 공간을 생각해낸 것이다. 지니어스 바에서는 '지니어스'라고 불리는 컴퓨터 전문가에게 누구나 무료로 컴퓨터에 대한 상담을 받을 수 있다. 지니어스 바는 단순히 애프터서비스를 받는 공간이 아니라 컴퓨터 전반에 대한 다양한 조언을 들을 수 있다.

애플이 직영점을 연 시기는 인터넷을 통한 직거래가 대세였기 때문에 애플의 선택은 시대를 거스르는 것처럼 보였다. 직영점을 운영하던 컴퓨터 회사 게이트웨이는 매장사업을 그만두려는 시점이었기 때문에 더욱 애플을 부정적으로 봤다. 하지만 애플은 기존의 상식을 깨고 새로운 것을 창조해내는 집단임을 다시 한 번 증명했다. 2001년 오픈한 애플스토어의 매출은 3년 만에 10억 달러를 넘어섰고, 2006년에는 분기당 매출이 10억 달러를 돌파했다. 2008년에는 각 매장당 매출액이 2,800만 달러 정도를 기록했으며 제곱 미터당 수익은 4,700달러에 이르렀는데, 이는 미국의 모든 소매점 중 가장 장사를 잘하고 있음을 의미했다. 2009년 애플의 전체 매출은 299억 달러였는데, 당시 애플스토어 매출이 66억 달러였을 정도다.

애플은 어떻게 시장을 만드는가–생태계를 창조하라

세상은 생태계를 창조하는 기업과 이미 창조된 생태계에서 살아가는 기업, 두 개로 나눌 수 있다. 생태계를 창조하는 기업은 마치 창조주처럼 생태계를 통치하며 세금을 받을 수 있는 위치에 있기 때문에, 기업이라는 먹이 피라미드의 맨 꼭대기를 차지할 수 있다.

애플의 역사를 볼 때 놀라운 것은 혼자서 모든 것을 독식한다는 회사의 이미지와는 달리 생태계를 창조하기 위해 탁월한 길잡이 역할을 해왔다는 점이다. 애플 Ⅱ 컴퓨터 이전만 해도 소프트웨어 산업은 없었다고 해도 과언이 아니다. 소프트웨어만으로 돈을 벌 수 있었던 것은 세계 최초의 스프레드시트 프로그램인 비지칼크의 등장 덕분이었다. 비지칼크가 애플 Ⅱ로 처음 등장한 배경은 댄 필스트라에게 스티브 잡스가 할인가로 애플 Ⅱ 컴퓨터를 제공했기 때문이다. 그리고 스티브 워즈니악이 작성한 베이직으로 비지칼크의 데모를 만든 후 본격적인 개발을 시작한다. 이렇게 개발된 비지칼크는 '킬러 애플리케이션'이라는 명성을 얻으며 상업적으로도 큰 성공을 거두었다. 비지칼크 이후 애플 Ⅱ는 개인용 컴퓨터 시장의 확실한 주도권을 가지게 된다. 그리고 이때 애플은 소프트웨어가 하드웨어를 팔게 한다는 절대불변의 교훈을 얻게 된다.

이런 경험을 한 스티브 잡스가 매킨토시를 개발할 때 중점을 둔 부분은 소프트웨어 업체의 협력을 얻는 것이었다. 스티브 잡스의 적극적인 설득으로 매킨토시를 위한 소프트웨어 개발에 합의한 마이크로소프트는 애플의 도움으로 개발력을 증대시킬 수 있었다. 1985년 마이크로소프트가 가장 많이 돈을 번 플랫폼이 매킨토시였을 만큼 두 회사는 서로 윈윈하며 성장가도를 달릴 수 있었다. 포토샵으로 유명한 어도비와 전자출판의 강자 쿼크(Quark) 같은 유명 소프트웨어 업체도 애플과의 협력을 통해서 급성장을 이룬 회사들이다.

소프트웨어가 하드웨어를 팔게 하는 만큼 애플 역시 소프트웨어 개발에 힘을 쓴다. 하지만 세상 모든 사람을 충족시킬 정도의 소프트웨어를 직접 만드는 것에는 한계가 있다. 이를 해결하기 위해서는 생태계를 창조해서 소프트웨어 업체로부터 도움을 받아야만 한다.

애플이 생태계를 창조하여 성장시키는 모습은 아이폰의 앱스토어에 극대화된다. 애플이 공개한 개발도구를 이용하면 누구나 애플리케이션을 만들 수 있으며, 유통비용에 대한 부담 없이 전 세계인을 상대로 프로그램을 팔 수 있다는 성공 모델을 만들어낸 것이다. 앱스토어는 개발자들에게 꿈의 엘도라도가 되었다. 그래서 서부개척 시대처럼 개발자들의 골드러시 열풍이 일어났다. 그리고 실제로 수많은 부자들이 탄생했다. 앱스토어의 위대함은 이른바 연약한 포유류도 살아갈 수 있는 생태계를 만들었다는 것이다. 이미 공룡들만의 생태계가 된 PC 시장과는 다르게 앱스토어는 기발한 아이디어 하나로 연약한 포유류가 억대의 돈을 벌 수 있는 공간이 되었다.

애플은 아이팟과 뮤직스토어를 통해 음악 생태계를 구축했고, 아이폰과 앱스토어로 애플리케이션 생태계를 창조했다. 그리고 지금은 아이패드를 통해서 새로운 생태계를 만들기 위해 노력하고 있다. 신문과 잡지 등을 한곳에 모아 미디어 생태계를 구축하고 있는 것이다.

생태계 창조자는 생태계의 지배자가 되어서 생태계에서 발생하는 경제행위에 대해서 일종의 세금을 부과할 수 있기 때문에 생태계 안의 기업이 커질수록 자연히 생태계 창조자는 더욱 거대해지는 선순환이 발생한다. 그렇기 때문에 애플, 구글, 마이크로소프트는 단순히 공룡처럼 커지는 것이 아니라 바다처럼 어마어마한 규모로 커지게 된다. 생태계를 창조하는 기업은 제국이 될 수 있지만, 생태계가 없는 기업은 제국의 지배를 받는 소왕국에 불과할 뿐이다. 애플에게 경쟁을 외칠 수 있는 회사란 뮤직스토어나 앱스토어 같은 새로운 생태계를 창조할 수 있는 회사에게나 겨우 허락된 일이다.[31]

(2) 마이크로소프트사 성공사례

빌 게이츠의 경영철학

마이크로소프트사는 세계에서 가장 치열한 경쟁을 벌이는 컴퓨터업계에서 거의 중단없이 빠르게 성장한 회사 중의 하나이다. 1975년 폴 앨런과 함께 이 회사를 창립한 빌 게이츠의 지휘 아래, 마이크로소프트사는 2명이 운영하던 회사에서 이제는 10만 500명(2013년) 이상의 직원을 거느린 연간 245억 달러 이상(2013년)의 매출을 올리는 기업으로 성장했다.

마이크로소프트사의 성공 요인으로는 다음 다섯 가지를 꼽을 수 있다.

- 장기적인 관점
- 결과지향성
- 팀웍과 개인적인 추진력
- 제품과 고객에 대한 열정
- 고객과의 지속적인 피드백

마이크로소프트사는 매우 우수하고 창의적인 사람들을 고용하며, 일에 대한 흥미와 지속적 도전, 그리고 탁월한 업무 환경의 조화를 통해 이러한 인재들을 계속 회사에 남게

31 http://credu.bookzip.co.kr/Resource/Domestic/PDF/AC20257.pdf

만든다. 물론 독특한 스톡옵션 제도도 한몫을 하고 있다. 마이크로소프트사의 이직률은 8% 이하로 정보기술 업계에서 가장 낮은 수준이다.

마이크로소프트사에서는 위계질서에 얽매이기를 싫어하는 대학과 같은 편안한 분위기가 성과지향과 철저한 시간 준수 요구와 잘 어울려져 균형을 맞추고 있다. 직원들이 그만두는 이유도 스스로에게서 도전감을 찾을 수 없기 때문이라고 마이크로소프트사는 밝히고 있다. 그럼에도 불구하고 아직도 창업 초기 직원들의 상당수가 그대로 남아 있다.

마이크로소프트사에 근무하는 20대 후반 또는 30대 초반의 상당수 직원들이 스톡옵션을 통해 이미 백만장자가 되었다. 그들은 쉽게 퇴직할 수 있지만 그렇게 하지 않는다. 마이크로소프트사의 한 관리자는 이러한 현상에 대해 다음과 같이 말한다. "그들이 무슨 낙으로 살겠어요. 그들이 어디에서 이곳보다 더 큰 즐거움을 찾겠습니까?"

성공의 비밀

마이크로소프트사와 그곳의 최고경영자의 성공 요인을 매우 세심하게 분석해 보면 열 가지 비밀을 찾아낼 수 있다. 그러한 빌 게이츠식 기업경영의 비밀은 다음과 같다.

제시간에 제자리에 있어라.

사람들은 마이크로소프트사의 성공을 단지 운이 좋아 IBM사에 운영체제를 공급하는 계약을 따냈기 때문이라고 평가절하 한다. 그러나 거기에는 눈에 보이지 않는 행운 이상의 것이 있다. 빌 게이츠는 IBM사와의 거래의 중요성을 제대로 인식하고 있었다. 그는 이 일이 개인용 PC의 역사를 바꿔 놓을 수 있는 기회라는 사실을 알았으며, 또한 그 행운을 최대한도로 활용하기 위해 6개월 이상을 거의 쉬지 않고 일했다.

지식노동자의 시대에 기술적 노하우와 창의력은 새로운 기업 자산이 된다. 이러한 자산들을 사업적 통찰력과 경쟁력 원천에 결합시킬 수만 있다면, 그는 찾기 힘든 귀한 인재일 것이다. 빌 게이츠가 바로 그런 인물이다. 다만 그의 특별한 재능이 발휘될 수 있도록 어느 정도의 행운이 뒤따랐다는 점 또한 부인하기는 힘들다.

기술을 사랑하라.

마이크로소프트사가 지속적으로 성공할 수 있었던 매우 중요한 요인 중의 하나는 바로 빌 게이츠가 기술에 관한 해박한 지식을 갖고 있었다는 점이다. 그는 아직도 이 분야에 관한 중요한 의사 결정권을 갖고 있으며, 앞으로 전개될 기술의 발전 방향을 경쟁자들보다 더욱 명료하게 보여주고 있다. 그는 여기에서 그치지 않고 그 길을 리드해 나갈 준비를 하고 있다.

빌 게이츠는 컴퓨터를 매우 사랑했다 처음부터 빌 게이츠와 그의 파트너 폴 앨런은 PC가 모든 것을 바꿔 놓을 것이라고 생각했다. 그들은 PC 출현 이후의 세계에서 어떻게 될 것인가에 대해서 밤늦게까지 토론하면서 혁명이 일어날 것이라는 사실을 조금도 의심하지 않아다. "곧 일어날 것이다"는 문구는 갓 설리보딘 마이크로소프트사의 모토였고, 그들은 혁명이 일어날 때를 대비하여 소프트웨어를 만들고 있었다.

어디에도 얽매이지 마라.

빌 게이츠는 다소 냉혹한 경쟁자이다. 어떤 일을 하든 그는 승리를 위해 돌진한다. 그는 거래를 성사시키기 위해서 매우 저돌적으로 협상한다. 그는 어떤 일에도 구애받지 않으면서 경쟁자를 압도해야 한다고 거침없이 말한다. 빌 게이츠는 성공에 집착하는 다소 냉혹한 사람이다. 경영자로서 그는 성공과 관계된 것이라면 어떠한 일에도 구애받지 않는다. 그는 경쟁자를 눌러 이겨야 한다고 솔직하게 말한다.

똑똑한 사람들을 고용하라.

'높은 IQ'를 지닌 사람들 '은 우수한 인재들을 가리키는 마이크로소프트사의 용어이다. 빌 게이츠는 처음부터 마이크로소프트사는 최고의 지성을 필요로 한다고 주장해 왔다. 그는 기술적으로 어리석은 사람들에게 관대하지 않다. 이러한 점은 엘리트주의로 비춰져 비난을 받기도 하지만, 또 다른 한편으로 긍정적인 면도 있다. 즉 마이크로소프트사에 입사하면 최고의 인재들과 함께 일할 수 있다는 기대감을 주기 때문에 많은 우수한 학생들을 대학에서 곧바로 채용할 수 있다.

빌 게이츠는 컴퓨터 업계에서 가장 우수한 사람들을 찾아내어 채용하고 있다. 이것은 업계 내 최고의 자질을 지닌 사람들을 회사로 유인하기 위한 마이크로소프트사의 세심한 전력이다. 어떤 사람들은 빌 게이츠를 엘리트주의자라고 비난하지만, 그는 지적 자본을 진정으로 이해한 최초의 기업가 중 한 사람이다.

살아남기 위해 학습하라.

빌 게이츠는 상당수의 사업 경쟁에서, 참여한 경쟁자들이 그들 자신의 실수로 인해 사업을 그르친다고 말하곤 한다. 그 자신은 특히 다른 경쟁자들이 곧잘 빠지는 함정을 잘 피하고, 또한 다른 경쟁자들의 실수로 인해 생기는 기회를 매우 잘 활용한다.

빌 게이츠는 마이크로소프트사에 매우 학구적인 분위기를 조성해 놓았다. 그는 끊임없이 발전하는 '우수한 조직'의 표시가 학습이라고 생각한다. 학습은 또한 자만에 빠지는 것을 방지할 수 있는 최선의 방법이며, 실수를 범하지 않도록 보호해 주는 최고의 장치이다. 빌 게이츠는 신중하지 못한 경쟁자들의 실수를 이용하여 성공했다.

어떠한 칭찬의 말도 기대하지 마라.

빌 게이츠는 높은 지위에 있는 친구를 사귀는 게 중요하다는 것을 잘 알고 있다. 현재 미국 반독점 규제위원회와의 싸움이 진행되고 있음에도 불구하고 시애틀과 미국 전역의 다른 도시에서 최고경영자 포럼을 진행하여, 포천지 선정 500대 기업의 최고경영자로 선정되었다. 빌 게이츠가 경험을 통해 배운 것이 있다면 유명해지는 것과 악명을 떨치는 것이 서로 밀접하게 연관되어 있다는 사실이다. 적을 만들지 않고 세계에서 가장 부유한 사람이 될 수 있으리라고 기대해서는 안 된다. 컴퓨터 산업에서 빌 게이츠는 남들보다 훨씬 많은 적을 가지고 있다.

비전을 읽는 통찰력을 가져라.

빌 게이츠는 새로운 유형의 비즈니스 리더이다. 수년간 그는 컴퓨터 산업의 선각자임을 지속적으로 보여주었다. 데이터를 종합하는 독특한 방법을 사용하여 기술에 대해 깊이 이해하고 있는 그는, 미래의 동향을 예견함으로써 마이크로소프트사의 전략을 지휘하고 있다. 결과적으로 이러한 점은 사람들로 하여금 경외심을 갖게 했고 경쟁자들을 위협했다.
기술에 대한 심오한 이해와 데이터를 종합하는 독특한 방법을 토대로 그는 미래의 동향을 예견하고 마이크로소프트사의 전략을 지휘하는 특별한 능력을 보유하게 되었다.

기초부터 철저히 다져라.

마이크로소프트사가 성공한 주요 원인의 하나는 매우 많은 프로젝트를 동시에 수행하고 관리할 수 있는 능력이 있었기 때문이다. 빌 게이츠 자신이 여러 가지 일을 동시에 할 수 있는 사람으로, 같은 시간대에 서로 다른 몇 가지의 기술적 대화를 나눌 수 있다고 알려져 있다. 이처럼 뛰어난 능력은 마이크로소프트사의 사업 상식에도 반영되어 있다. 이는 마이크로소프트사가 계속해서 새로운 시장과 새로운 소프트웨어 응용프로그램을 개척할 수 있도록 하는 힘이 된다. 이를 토대로 앞으로 다가올 거대한 사업 기회를 놓치지 않게 될 것이다. 성공한 요인 중의 하나는 매우 많은 프로젝트를 동시에 관리할 수 있는 능력이 있었기 때문이다. 빌 게이츠 자신은 원래 멀티태스킹이 가능한 사람이며, 동시에 몇 가지 서로 다른 기술적 대화가 가능하다고 말한다. 그는 또한 자신의 판돈에 걸린 위험을 분산시키는 데에도 능숙하다.

바이트 크기의 사업을 구축하라.

마이크로소프트사는 주식시장에서 평가받는 것에 비해 상대적으로 작은 규모의 회사에 속한다. 내부적으로는 최적의 창업가적 팀 환경을 유지하기 위해 더 작은 단위로 분할되고 있다. 이러한 변화는 매우 빨라서 거의 매주 마다 새로운 사업부가 창출되는 것처럼 보인다. 그러면서도 빌 게이츠는 회사를 장악하기 위해 단순한 구조를 유지한다. 그는 의사소통의 라인이 길어졌다거나 다수 불분명해졌다고 느끼면 언제든지 주저없이 조직구조를 단순화시킨다.

결코 공에서 눈을 떼지 마라.

빌 게이츠는 20년 이상 그의 분야에서 정상을 고수하고 있다. 그 동안 그는 세계 최고의 갑부가 되었다. 더군다나 아직도 40대 초반이다. 그러나 막대한 부와 성공에도 불구하고 빌 게이츠는 전혀 긴장을 풀지 않았다. 그는 앞으로 다가올 새로운 큰 사업에서 자신이 제외될지도 모른다는 '잠재적인 공포'에 잠겨 있다고 마한다. 그는 IBM이나 애플사와 같은 거대한 컴퓨터 회사들이 저지른 실수를 되풀이 하지 않겠다고 다짐하고 있다.[32]

32 http://guard.chodang.ac.kr/wiz/user/media/sub_news_view.php?home_id=media&handle=5&menu_seq=10&menu_seq_open=&state=view&board_seq=468&page=1

(3) 월트 디즈니

꿈이 있는 사람은 삶을 현재의 모습으로만 보지 않고 앞으로 어떻게 될지 미래에 대해서도 생각한다. "그 친구는 사는 동안 하루도 빼놓지 않고 꿈을 가지고 있었고, 그 친구를 통해 많은 사람들이 꿈이란 어떻게 꾸는 것인지, 더 멋진 세상은 어떻게 상상해야 하는 것인지 알게 되었지. 그 친구 이름이 바로 월트 디즈니야." 짐 스토벌의 《최고의 유산 상속받기》에 나오는 이야기다.

세계 최대 규모 테마파크인 미국 플로리다의 디즈니월드는 월트 디즈니(1901~1966) 사후 5년 만인 1971년 문을 열었다. 개장식에서 한 직원이 미망인 릴리 디즈니 여사에게 말했다. "디즈니 씨가 이 장면을 보았다면 얼마나 좋아하셨을까요?" 디즈니 여사는 "그는 이 모습을 벌써 보았습니다. 그래서 이곳에 디즈니랜드가 건립된 것이지요"라고 답했다.

월트 디즈니, 그는 죽었지만 그의 마음속에 이미 디즈니월드가 하나의 그림으로 자리 잡고 있었기 때문에 이런 아름다운 공간이 이루어질 수 있었던 것이다. 이것이 월트 디즈니의 비전이다. 월트 디즈니는 디즈니월드를 구상하던 그 순간부터 이미 이 모든 광경을 보고 있었던 것이다. 남들은 이제야 그것을 보고 있지만, 비전을 품은 그는 늘 마음의 눈으로 생생히 그 그림을 보고 있었다는 이야기다. 리더로서 남이 보지 못하는 것을 미리 보았기 때문에 지금의 디즈니 왕국이 별다른 폭풍우를 만나지 않고 순항할 수 있는 근간을 이뤄낸 것이다.

어떠한 시련과 좌절에도 꿈을 간직하고, 마침내 꿈을 현실로 이룬 사람들에게 우리는 찬사와 박수를 보낸다. 남들은 보지 못하는 미래를 먼저 보고, 그 꿈을 좇아 실현하고, 꿈을 나누어 꿈으로 사람들을 하나되게 하는 리더. 이런 리더를 '비전형 리더(Visionary Leader)'라고 한다. 그 비전형 리더의 대표주자가 바로 월트 디즈니다.

디즈니 = 상상

'디즈니'가 뭐냐고 물으면 사람들은 과연 어떻게 대답할까? 십중팔구 '만화영화' 또는 '디즈니랜드'로 대변되는 놀이동산을 떠올릴 것이다. 상상력이 기업의 가장 큰 자산인 '월트 디즈니'사. 이것은 창립자 월트 디즈니의 기업정신이기도 하다. 80년 역사를 자랑하며 세계를 무대로 영화와 애니메이션, 출판 등 미디어와 유통산업의 공룡기업으로 성장한 '월트 디즈니'사의 출발은 그림 그리기를 좋아하던 한 젊은이의 작은 꿈에서 비롯됐다.

1901년 시카고에서 태어난 월트는 가난한 집안환경으로 인해 농장의 머슴으로 일하기도 했다. 그러나 그는 헛간 생활을 하며 그림을 그렸고, 그 생활을 매우 행복해했다. 초등학교 미술시간에 꽃을 그리라는 선생님의 지시를 받고 꽃송이 한가운데 사람의 얼굴을 하나 그려 넣을 정도로 월트는 상상력이 뛰어났다. 디즈니는 초년 시절 실패와 좌절을 유독 많이 겪었다. 뛰어난 상상력을 갖고 있었지만 세상으로부터 인정받지 못한 것이다. 캔자스 시에서 삽화나 만화를 그리는 만화가로 활동했으나 "당신은 창의적이거나 독창적인 아이디어가 전혀 없으니 신문 편집자로나 일하시오"라는 평을 듣기도 했다. 그러나 계속되는 실패에도 좌절하지 않았던 것은 그가 지닌 꿈과, 그것을 실현하고자 하는 의지가 너무도 강렬했기 때문이다.

초기에 제작했던 단편 만화영화들도 대부분 실패했다. 하지만 어떤 시련도 확신에 찬 그의 꿈을 꺾지는 못했다. 그는 주린 배를 채우려 거리를 헤맬 때나 사업에 실패해 실의의 나날을 보낼 때조차도 "실패했지만 실패를 통해 많은 것을 배웠으며, 젊은 시절에 고난을 겪는 것은 중요한 통과 의례"라고 당당히 말했다. 그의 인생에서 실패란 그를 올곧게, 강하게 만들어준 디딤돌이었던 것이다.

빵 부스러기 나눈 쥐가 미키마우스 모델

어린이들의 영원한 친구 미키마우스는 실패의 쓰라린 경험 속에서 탄생했다. 최초로 성공을 거둔 애니메이션 작품(〈오스왈도, 더 럭키 래빗〉)의 판권을 어이없게 강탈당한 후 낙심하던 디즈니는 지저분한 창고에서 궁핍한 생활을 하며 고민에 빠져 있었다. 그때 생쥐 한 마리가 허물어진 벽 틈에서 고개를 삐쭉 내밀었다. 생쥐에게 빵 부스러기를 조금 나눠줬더니 조심조심 그의 곁으로 다가 오는 것이었다. 오갈 데 없는 생쥐에게서 동병상련을 느낀 그는 생쥐에게 '몰티마'라는 이름을 지어주고 친구처럼 지냈다. 그것이 세상에서 가장 위대한 쥐, 어린이들의 친구 '미키'의 탄생을 알린 순간이었다.

디즈니는 1928년 당시 최고의 인기를 구가하던 찰리 채플린의 이미지를 몰티마에 얹어서 깜찍하고 지혜로운 '미키마우스'라는 캐릭터를 창조했다. 그는 "당신이 어떤 것을 꿈꿀 수 있다면 그것을 실현할 수도 있다"면서 "나의 모든 것이 바로 생쥐 한 마리에서 시작됐음을 기억하라"고 말했다.

디즈니는 실패를 두려워하지 않고 꿈을 향해 전진하는 열정을 주변 사람들에게도 전파시켰다. 휘하의 미술가들과 수백 명에 달하는 직원들에게 꿈의 날개를 마음껏 펼치도록 격려했다. 디즈니의 꿈에 매료된 직원들은 그의 꿈을 나눠 갖기 시작했다. 그가 직원들에게 나눠준 꿈은 열정이 되어 지금도 디즈니랜드에 살아 있다. 이것이 디즈니 리더십의 요체인 꿈의 힘이다. 디즈니가 평생 동안 노력한 것은 새롭고도 놀라운 방법으로 사람들에게 기쁨을 주는 일을 하거나 만드는 것이었다. 월트 디즈니는 돈을 버는 대신 행복을 파는 데 주력했다.

"디즈니 성공의 진정한 비밀을 알고 싶은가?"

그 비밀은 디즈니가 돈을 벌려고 노력한 적이 없다는 것이다. 우리가 파는 것은 행복이다. 만일 여기서 일하는 게 기분 나쁘다면 당장 이곳을 떠나라. 우리가 팔고 있는 것은 행복이니까"라고 강조한다. 월트 디즈니가 비저너리 리더로서, 더 나가서는 위대한 경영자로서 사업의 핵심을 정확히 꿰뚫고 있음을 알 수 있다. 수익을 생각하기 전에 고객에게 제공하는 가치를 먼저 생각하라는 것, 그리고 회사의 비전과 가치에 진정으로 동참해 헌신하는 사람들하고만 함께 일한다는 것이 바로 그것이다.

꿈, 믿음, 용기, 실천 중 제일은 '꿈'

어떤 부부가 디즈니에서 인턴사원을 하고 있는 아들의 초대로 디즈니월드를 방문했다. 함께 여유를 갖고 즐기던 아들이 잠깐 기다리라고 하더니 한 여성에게 다가갔다. 그러고는 온갖 수작을 부려 그녀를 웃기고 돌아와서 숨을 헐떡이며 설명을 늘어놓았다. "저 여자 분이 아까부터 인상을 쓰고 다녔거든요. 만약 계속 얼굴을 찡그려 봐요. 그러면 다른 사람들도 얼굴을 찡그릴 것 아닙니까? 여기는 '지구상에서 가장 행복한 곳'을 표방하고 있는데 그러면 안 되지요."

아들의 프로정신을 대견해하면서도 아버지가 한마디 거들었다. "월트 디즈니가 죽은 지가 언젠데 아직도 그 사람이 말한 비전 타령이냐?" "디즈니는 없지만 그의 비전은 여기에 살아 있습니다. 그것이 바로 디즈니 테마동산이 세계 초일류로 운영되는 이유입니다." 이것이 바로 비전의 힘이다. 울상인 손님의 기분을 바꾸라는 규정은 디즈니월드 어디에도 없다. 하지만 정식 직원이 아닌 인턴사원조차도 지구상에서 가장 행복한 꿈의 동산을 만드는 데 동참하겠다는 열정을 공유하도록 한 게 디즈니의 업적이다.

"나는 가끔 나를 조그만 꿀벌이라고 생각한단다. 여기저기 스튜디오에 다니면서 꿀을 모아 여러 사람들에게 나누어주고 자극을 준단다. 아마 그게 내가 하는 일인 듯싶구나."

"아저씨가 미키 마우스를 그리는 사람이냐?"는 호기심 많은 꼬마 손님의 질문에 대한 월트 디즈니의 답변대로 그는 꿈을 나르는 꿀벌의 역할에 충실했다. 그 위대한 꿀벌은 맨 먼저 꿈이라는 달콤한 꿀을 만들었고 누구도 맛보지 못했던 달콤함을 사람들에게 전파했다. 그리고 꿈이라는 이름의 꿀을 날라 디즈니사의 전 직원이 달콤한 꿀을 잘 만들고 사용하며 크게 키울 수 있도록 도왔다.

디즈니의 성공은 꿈, 믿음, 용기, 실천이라는 네 가지 핵심요소를 종업원들에게 전파하고 감동시키며 실천하게 함으로써 이뤄진 것이다. '믿음, 소망, 사랑 중 제일은 사랑'이라는 성경식의 표현을 빌리자면, 디즈니 리더십의 요체는 꿈, 믿음, 용기, 실천이고 그 중에 제일은 꿈이다.[33]

(4) 샘 월튼의 월마트

큰 새는 바람을 거슬러 난다

샘 월튼은 "종업원이 행복하면 고객도 행복하다. 직원이 고객을 잘 대하면 고객은 다시 찾아올 것이고, 바로 이것이 사업 수익의 진정한 원천이다"라고 말하면서 행복한 직원 만들기에 역점을 두었다. 그는 직원들이 고객을 대하는 방식은 경영자가 직원들을 대하는 방식과 똑같다는 것을 잘 알았다. 그는 성공적인 회사를 만들기 위해 직원들이 회장을 위해 일한다고 느끼는 대신, 경영자가 직원들을 위해 일한다고 느낄 수 있도록 최대한 노력했다.

1971년 어느 날 미국 동부에서 있었던 일이다. 당시 K마트라는 독점적 지위를 가진 할인점에 대항하기 위해 몇몇 중소 유통업체 사장들의 정기적 모임이 있었다. 이들은 우연한 계기로 10년 후 자기 회사의 매출규모를 예측해보자는 다소 엉뚱한 내기를 했다. 전년도 매출이 4천만 달러였던 A사 사장은 10년 후 자사 매출이 8천만 달러에 이를 것으로 예측했다. 전년 매출이 6천만 달러였던 B사 사장은 10년 후 1억 달러를, 전년 매출이 1억 달러였던 C사 사장은10년 후 1억 6천만 달러를 달성할 수 있을 것이라고 각각 예측했다. 그러나 전년도 4,400만 달러의 매출을 올린 D사 사장은 10년 후 전년 매출의 40배를 훌쩍 넘는 20억 달러를 올릴 것이라고 말했다. 그가 바로 오늘날 세계 최대 매출규모를 자랑하는 월마트의 창업회장 샘월튼(Sam Walton)이다. 기업은 그 기업을 맡고 있는 CEO가 꾸는 꿈의 크기만큼 자란다는 것을 보여준 좋은 사례라 할 수 있다.

1962년 설립된 월마트는 1991년 시어즈 로벅을 추월해 미 소매업계 1위 자리를 차지했으며, 1992년 샘 월튼 사망 당시에는 2천여 점포에 38만 명의 종업원을 고용하는 거대기업으로 성장했다. 월마트는 월튼회장 사후에도 성장을 계속해 3,500억 달러의 매출과 170

33 조영탁, 휴넷 발행인, ytcho@hunet.co.kr

여만 명의 직원을 고용한(2006년) 세계 최대 기업의 자리를 차지하고 있다. 월마트 매출은 미국 전체 GNP(2002년 기준)의 2.3%를 차지하고 있으며, 이를 국가별 GNP로 살펴볼 때 전 세계 국가 중 27위에 해당하는 GNP 규모에 이를 정도로 막대하다.

월마트는 백화점 중심의 소매유통 산업을 근본적으로 바꾼 것은 물론, 유통이 제조보다 우위에 서게 함으로써 전 세계 소비자들이 최저가에 제품을 소비할 수 있는 소비자 중심 사회를 견인한 공로를 인정받고 있다. 시장조사 기관인 글로벌 인사이트(Global Insight)사에 의하면 월마트의 저가 정책이 경제 효율성을 0.75% 향상시키고, 식료품비의 9.1%, 일반 공산품 가격의 4.2%, 전체적인 소비재 가격의 3.1% 하락을 가져온 것으로 밝혀졌다. 이는 개인 소비자가 연간 895달러를 절약할 수 있는 것을 의미하며, 미국 인구를 기준으로 지난 1년간 전체 소비자가 절약한 총 규모는 약 2,630억 달러에 달한다.

이와 같은 성과에 힘입어 샘 월튼 회장은 1998년 〈타임〉에 의해 20세기 가장 영향력 있는 인물 100명에 선정됐으며, 월마트는 경제전문지 〈포천〉에 의해 2003년, 2004년 연속 미국에서 가장 존경받는 기업에 선정됐다.

사회적 통념은 무시하라 대붕역풍비(大鵬逆風飛) 생어역수영(生魚逆水泳), 즉 '큰 새는 바람을 거슬러 날고, 살아있는 물고기는 물결을 거슬러 헤엄친다'는 고사성어가 있다. 샘 월튼은 남이 가지 않은 길, 남과 다른 길을 감으로써 새로운 블루오션을 창조했다. 샘 월튼은 1962년 K마트 등 빅(Big) 3가 대부분의 도시를 장악하고 있는 상황에서 인구 5천 명이 안 되는 아칸소주 로저스에 월마트 1호점을 오픈했다. 그는 "사회적 통념은 무시하라. 모든 사람들이 똑같은 방법으로 일하고 있다면 정반대 방향으로 가야 틈새를 찾아낼 기회가 생긴다. 수많은 사람들이 당신에게 길을 잘못 들었다며 말릴 것에 대비하라. 살아오면서 내가 가장 많이 들었던 말은 '인구 5만 명이 되지 않는 지역에선 할인점이 오래 버티지 못한다'라고 말리는 말이었다"고 말하곤 했다.

"보스는 단 한 사람, 고객뿐이다."

고객은 회장에서부터 하부의 구성원들까지 모두 해고할 수 있는 능력이 있다. 고객이 다른 곳에 돈을 쓰면 결국 우리는 일자리를 모두 잃을 수밖에 없다." 고객의 중요성을 누구보다도 잘 아는 샘 월튼 회장의 지론이다. 샘 월튼 회장은 회사가 절약하면 고객에게 이익이 돌아간다는 신념으로 비용절감에 온갖 노력을 기울였으며, 그 결과 소비자에게 절약이라는 서비스를 제공했다. 그는 '고객의 구매를 대행해주는 회사'라는 사명을 말뿐이 아닌, 구성원 모두가 실천하게 함으로써 세계 최고 기업을 일궜다.

그는 '모든 가구의 생활비를 낮춰주고, 이 세상 사람들 모두 돈을 절약하고 더 나은 생활수준을 누릴 수 있도록 하겠다'는 비전을 달성하기 위해 매일매일 최저가(every day low price)로 고객들을 맞이하는 데 최선의 노력을 기울였다. 샘 월튼은 전 직원에게 "우리가 1달러를 낭비하면 고객의 주머니에서 1달러를 도둑질하는 결과를 가져온다"고 말하면서 절약을 독려했다. 그가 성공할 수 있었던 것은 아이디어가 좋았기 때문만은 아니었다. 그 아이디어를 현실에 옮기기 위해 가공할 만한 노력을 쏟아 부었기 때문이다. 샘 월튼 회장은 "하룻밤 사이에 성공을 거뒀다는 사람들과 마찬가지로, 나는 여기에 오기까지 20년밖에 걸리지 않았다"고 말했다. 20년을 하룻밤처럼 흔들리지 않고 꾸준히, 그리고 성실하고 근면하게 일해 온 사람들에게 돌아가는 것이 바로 승리의 월계관이다.

샘 월튼은 단기간에 무엇을 이루고자 하는 대신, 평생에 걸쳐 최고의 유통조직을 건설하고 싶었다. 사업은 전적으로 '피플 비즈니스' 샘 월튼은 사업이 전적으로 피플 비즈니스(people business)임을 잘 알았다. 그는 고객과 직원에 대해 매우 '인간적'이었다. 임원들부터 시간제 근로자까지 모든 직원들에게 아낌없는 사랑을 베풀었다. 샘 월튼은 사람들을 북돋아주고 독려하는 특별한 재주를 가졌다. 그는 늘 "우리 일은 전적으로 인간사업이다. 우리는 모두가 잠재력을 최대한 실현할 때까지 서로 나누고, 보살피고, 동기를 부여하고, 감사하고, 봉사함으로써 서로를 북돋아야 한다"고 말했다. 또한 그는 "성공의 열쇠는 매장에 들어가서 직원들의 얘기를 들어보는 것이다. 모든 사람이 참여하도록 하는 것은 엄청나게 중요하다.

최고의 아이디어는 창고에서 일하는 직원과 점원들에게서 나온다.

일선에서 일하는 사람들만이 매장에서의 실상을 제대로 알고 있다. 조직 하부에까지 책임감을 부여하라. 그리고 그 안에서 아이디어가 솟아나도록 하라"고 강조하면서 현장의 목소리에 귀를 기울였다. 샘 월튼은 "종업원이 행복하면 고객도 행복하다. 직원이 고객을 잘 대하면 고객은 다시 찾아올 것이고, 바로 이것이 사업 수익의 진정한 원천이다"라고 말하면서 행복한 직원 만들기에 역점을 두었다. 그는 직원들이 고객을 대하는 방식은 경영자가 직원들을 대하는 방식과 똑같다는 것을 잘 알았다. 그는 성공적인 회사를 만들기 위해 직원들이 회장을 위해 일한다고 느끼는 대신, 경영자가 직원들을 위해 일한다고 느낄 수 있도록 최대한 노력했다. 샘 월튼은 직원들이 돈을 받고 점주를 위해 일하는 피동적인 신분이 아닌, 그들 역시 상점의 주인이라는 점을 인식시켜주기 위해 이익 분배 정책을 전면적으로 실시했다. 직원들은 그 정책에 자극을 받아 최선을 다해 일했다.

샘 월튼은 상하관계의 격식보다는 평등한 동료의식을 바탕으로 직원을 대했으며, 다른 사람의 정보를 경청하기를 즐겼다. 월마트에서는 직원(employee)이라는 용어 대신 동료(associate)라는 단어를 사용한다.

직원과 CEO가 하나가 된 기업이 잘 되지 않을 리가 없다.

창업 이후 승승장구를 계속해 마침내 67세가 되던 1985년, 월튼은 미국에서 가장 재산이 많은 사람의 위치에 오르게 된다. 1985년 10월 〈포브스(Forbes)〉지에 '미국에서 가장 돈이 많은 인물'에 대한 기사가 실렸다. 그리고 이내 각 방송 및 언론사의 리포터와 기자들이 바빠지기 시작했다. 물론 그를 취재하기 위해서였다. 그들은 '미국 최고의 부자는 어떻게 살고 있을까'를 상상하며 앞다퉈 달려갔다. 그러나 그들을 기다리고 있었던 것은 월마트 야구모자에 픽업 트럭을 몰고 다니는 시골 아저씨 한 사람뿐이었다. 그가 바로 세계 최고의 유통업체인 월마트를 만든 최대의 부호, 최대의 상인 샘 월튼이었다. 그의 사무실은 세계 최고 기업 창업주라고 하기엔 너무나 작았으며, 시간제 근로자들도 아무런 예고 없이 찾아갈 수 있도록 늘 열려 있었다. 직원들에게 우리는 한 가족이라고 떳떳하게 말할 수 있도록 솔선수범의 삶을 살았다. 리더십은 바로 이런 것이다.[34]

(5) 스파(SPA) 브랜드들의 창업성공사례[35]

스파 브랜드의 제왕은 단연 자라의 아만시오 오르테가(Amancio Ortega)다. 양품점 심부름꾼에서 세계 4위의 억만장자가 되기까지 그의 핵심 전략은 '패스트 패션(Fast Fashion)'이었다. 그는 자라와 같은 신생 브랜드가 트렌드를 예측하고 주도하는데 한계가 있다고 봤다. 대신에 소비자의 니즈에 맞는 상품을 '빠르게' 내놓는 것을 차별화 요소로 삼았다. 시간 단축을 위해 현재의 SPA 모델인 '기획·생산·유통·판매'의 통합적 관리는 반드시 필요했다. 시간문제에 집중한 그의 사업전략은 시장을 제대로 관통했고 이로써 아만시오 오르테가는 억만장자 반열에 올랐다.

에이치엔앰 또한 1990년대 후반부터 제품을 '싸고, 많이, 빠르게' 파는 방식으로 성장한 기업이다. 설립자인 얼링 페르손(Erling Persson)은 대량의 물건을 판매하는 미국 백화점에서 영감을 얻은 뒤 고국인 스웨덴에서 같은 방식으로 의류를 팔기로 한다. 자사공장 없이 전 세계의 700개의 공장과 계약을 맺고 저렴한 가격·신속한 납입기간에 사활을 건

34 조영탁, 휴넷 발행인, ytcho@hunet.co.kr

35 헤럴드경제 & heraldbiz.com, 2014.08.19., happyday@heraldcorp.com

것이다. 이 사업은 당시 스웨덴의 경제성장과 맞물리면서 성공 가도에 오르게 된다. 현재는 설립자의 아들인 스테판 페르손(Stefan Persson)이 회사 운영을 맡고 있다. 그는 에이치앤엠을 통해 스웨덴 제 1의 부호로서 재력은 물론, 소치올림픽에 출전한 스웨덴 국가대표팀의 유니폼까지 제작하는 명예를 얻었다.

'부담 없이 사는 옷'에 대한 열망은 일본의 유니클로(UNIQLO)를 낳았다. 유니클로의 창업주 야나이 다다시(やないただし)는 가격 거품을 빼기 위해 대학 생활협동조합이나 편의점에서 아이디어를 얻었다. 사업 초기부터 널찍한 개방형 공간에서 손님이 직접 원하는 물건을 찾아가도록 한 것이다. 유니클로는 1990년대에 들어서 적극적으로 스파 방식을 수용했지만, '정확한 수요예측'과 '품질관리'는 기존 스파 브랜드와 다른 점이었다. 제품을 싼 값에 공급하면서도 재고를 남기지 않아 이득을 보는 방식이다. 덕분에 창업주는 일본을 넘어 세계에서 이름을 날리는 억만장자가 됐다.

조 프레시(JOE FRESH)는 캐나다 최대의 슈퍼마켓 체인 로블로(Loblaw) 그룹이 클럽 모나코(CLUB MONACO)를 만든 디자이너 조 밈란(Joseph Mimran)과 합작해 만든 스파 브랜드다. 맨 처음 이 브랜드는 대형마트에서 숍인숍 형태로 시작했다. 식료품을 사러 온 소비자가, '생각보다 저렴한 가격'에 옷을 구입하게 되면서 성공하게 된 케이스다. 브랜드 소유주인 갈렌 웨스턴 주니어(Galen Weston.Jr)는 '로블로 매장에 오는 사람들의 3분의 1은 조 프레시에서 쇼핑을 한다'고 밝히며 조 프레시가 로블로 전체 매출에 신장에 기여하는 점을 흐뭇하게 여겼다.

포에버21(Forever21)은 아메리칸 드림을 실현시킨 스파 브랜드다. 1980년대 초 미국으로 이민한 장도원, 장진숙 부부는 포에버21로 3년 연속 미국 100대 부호에 이름을 올리고 있다. 이 외에도 망고(MANGO)의 이삭안딕(Isak Andic), 탑샵(TOPSHOP)의 필립그린(Philip Green), 갭(GAP)의 도날드 도리스 피셔 부부(Donald &Doris Fisher), 베네통(Benetton)의 베네통 사남매(Benetton Siblings)도 스파 브랜드가 낳은 억만장자들이다.

2) 벤처기업들의 창업성공사례

(1) 다양한 창업지원 기회

각 부처와 지방자치단체마다 청년 창업 정책을 쏟아내고 있다. 종류가 너무나 많아 옥석을 가리기 힘들 정도다. 창업자가 정보의 홍수 속에 길을 잃어버릴 수 있다는 우려마저 나온다.

중소기업청의 창업넷(www.changupnet.go.kr), 미래창조과학부의 창조경제타운(www.creativekorea.or.kr) 등에서 창업 정보와 정부 · 민간 지원정책을 확인할 수 있다.

학교 동아리, 창업경진대회 먼저…창업선도대학은 지원 수준 매우 높아

예비 청년 창업가가 가장 쉽게 지원받을 수 있는 곳은 '대학'이다. 창업 동아리나 학회에서 창업실무를 배우면서 동업자를 만날 수 있다. 기획자, 디자이너, 개발자는 단과대가 달라 동아리, 학회가 아니면 한 자리에 모이기 힘들다. 일부 대학교에서는 동아리가 회사로 발전하는 경우도 있다. 중소기업청은 올해 시제품 개발 등 일정 능력을 갖춘 약 800개(일반대학 400개, 창업선도대학 400개) 동아리에 대해 200~400만원 지원금을 준다.

창업 팀이 꾸려졌다면 대학내 창업지원센터의 문을 두드릴 수 있다. 창업지원센터가 설치된 대학에서는 창업팀에게 기초적인 창업 컨설팅, 지원금, 사무실 등을 제공하고 있다. 이 같은 혜택은 일정한 기준과 능력을 갖춰야 하는 경우가 대부분이므로 학교에 문의해야 한다. 창업경진대회를 통해 지원팀을 선발하는 경우도 있다. 일부 대학에는 창업 이론, 실전 수업도 열린다. 교수, 커리큘럼에 따라 수업 평가가 극명히 갈리므로 미리 알아보고 신청해야 한다.

창업선도대학에서는 대학생 예비창업팀 또는 1년 이내 창업기업(올해는 약 600팀 선정)이 시제품을 만들어낼 수 있도록 최대 7,000만원의 사업 지원금(총 사업비의 70% 한도)을 지원한다. 기술 · 경영 멘토, 창업 공간, 기자재 등도 제공한다. 타대생도 지원 가능하나 창업선도대학에서는 자대생을 우대하는 경향이 있다. 중기청은 2017년까지 창업선도대학을 40개로 늘릴 계획이다.

학사제도를 통한 간접 지원도 이뤄진다. 교육부는 지난 3월 창업 휴학, 창업 대체학점 인정제 등 '창업 친화적 학사제도'를 확대 운영하겠다고 밝혔다. 창업휴학은 일반휴학과 별개로 취급되며 최대 2년(4학기)까지 허용된다. 다만 대학에 따라 휴학 대상자가 회사 대표로 제한하거나 휴학을 위해 벤처기업인증이 필요한 경우가 있으므로 유의해야 한다. 정보기술(IT) · 기술벤처가 아니면 휴학하기도 힘들다. 숙박업, 음식점 등 서비스 · 소매 업종은 휴학 지원 대상이 아니다.

시 · 도 지자체마다 청년창업 지원사업 '활발'

17개 시 · 도 지자체의 청년창업 지원사업은 정부 사업보다 받기 쉽다. 경쟁자가 시 · 도 내로 한정됐고 선발 인원도 상대적으로 많다. 정부는 IT · 기술 창업에 지원을 집중하고 있으나 일부 지자체는 유통, 소상공업 창업도 지원하고 있다. 다만 지원금은 정부 사업보다 적고 지원 대상이 지역내 거주민이거나 회사인 경우가 많다. 지원금과 함께 창업 공간, 교육, 컨설팅 등이 제공된다.

지자체의 대표적인 청년창업 지원사업으로는 서울시 '청년창업 1000 프로젝트'를 꼽을 수 있다. 지난해 6월 예비창업자나 창업 후 1년 미만 기업 중 약 1,300개 팀을 선발해 1년 동안 최대 지원금 1,200만원, 창업 교육, 사무 공간 등을 제공했다. 지식 · 기술산업은 물론 유통업, 통신판매업 등도 지원 대상이다. 올해는 사업계획 수립중이며 6월쯤 모집공고를 낼 계획이다.

지자체는 창업자에게 유리한 조건으로 융자해주고 있다.

부산광역시는 올해부터 '부산시 청년창업특례자금 융자'를 통해 약 100개 업체에 연이율 3.04%(변동금리)로 최대 5,000만원을 융자해준다. 충청북도는 연 2% 고정금리로 1기업당 5,000만원 한도에서 빌려준다. 융자기간은 5년(1년거치, 4년 균분상환)이다. 제주도는 청년창업 기업에게 3.25% 이자로 기업당 1억~100억원 한도 내에서 융자해준다. 대출기간은 거치기간 1~3년을 포함한 3~10년 사이다. 업종 및 규모별로 기간이 다르다.

광주광역시, 경상남도, 강원도는 지식 기술기반 창업 위주로 지원한다. 강원도는 제조업, 지식기술기반 창업기업에 각각 최고 4,000만원, 2,500만원을 지원하나 자비부담이 2,000만원, 1,500만원이다.

청년만을 위한 정책이 따로 없는 지자체도 있다. 지난해까지 청년창업 지원제도를 운영하던 경기도는 예산문제로 인해 올해부터 전 연령층을 대상으로 'G창업 프로젝트'를 모집했다. 인천광역시도 지난 1~2월 전 연령대 예비 내지 1년 미만 창업가를 대상으로 '사회기업가 육성사업', '스마트창작터', 'JST창업경진대회' 등 사업을 진행했다. 한편 중소기업청은 내년부터 '대한민국 창업리그' 대회를 신설한다. 전국 대학, 지자체 등에 산재한 청년창업 대회를 예선으로 하고 각 대회 1, 2, 3등 팀에 컨설팅, 시제품 개발비 등을 지원해 '대한민국 창업리그'라는 본선무대에서 경쟁시키겠다는 복안이다.

정부 청년창업 지원정책 핵심은 중기청, 미래부

정부의 청년창업 정책을 이끌고 있는 부처는 중소기업청과 미래창조과학부다. 중기청이 청년 창업에 대한 직접적인 교육 · 지원한다면 미래부는 해외창업 지원, 부처 간 창업 정책 연계에 집중하고 있다. 정부 지원사업은 진입 문턱이 높다. 지원금 규모가 평균 5,000만원으로 많다보니 전국에서 내노라 하는 창업 기업들이 모여 자웅을 겨룬다. 정부 지원사업은 실력을 인정받을 수 있는 좋은 기회다.

중기청의 '창업 맞춤형 사업'은 예비 창업자에게 5천만 원 이내 창업 준비자금과 전문 창업 교육 · 멘토링을 제공한다. 올해는 총 500억원 예산을 책정했다. 창업자가 기업 특성에 맞게 지원 기관과 프로그램을 선택해 40시간 이상 교육 및 멘토링을 받을 수 있는 사업이다.

'청년창업사관학교'와 '스마트 벤처창업학교'도 눈여겨봐야 한다. 스마트 벤처창업학교는 지난해부터 실시된 사업으로 IT · 소프트웨어 회사에 특화한 지원 정책이다. 스마트 벤처창업학교가 새로 생기면서 청년창업사관학교는 기술창업 기업 위주로 지원대상을 선발하고 있다. 두 사업 모두 최대 1억원 이내에서 사업화 자금을 지원하고 창업 공간, 전담 멘토, 제품개발 기술지원 등을 지원한다. 청년창업사관학교는 올해부터 청년 창업가의 세계시장 진출도 돕고 있다. 최근 실시한 '선도벤처 연계사업'은 청년 창업가로부터 반응이 좋다. 최대 9000만원 규모 정부 지원금을 딸 수 있는데다 선배 창업가에게 직접 멘토도 받을 수 있다. 일부 창업지원대회에선 창업 경험이 전무한 사람에게 멘토링을 맡기는 사례가 있는데 선도벤처 연계사업은 이를 걱정할 필요가 없다.

'글로벌 K-스타트업'은 한국인터넷진흥원이 주최하고 미래창조과학부 및 구글 등 민간 단체가 지원하는 청년 창업지원 정책이다. 올해 5회째 맞는 이 프로그램은 국내 소프트웨어분야 신생 벤처기업을 육성하기 위해 창업 공간, 국내외 전문가의 멘토링, 최대 1억원의 창업지원금, 해외 투자설명회 등을 지원하는 사업이다.

미래부가 주관하는 '소프트웨어(SW) 마에스트로'는 국내 우수 개발자의 산실이다. 전국에 내노라하는 개발자 중 100명을 우선 선발하고 3단계 인증 과정을 거쳐 최종 10명에게만 'SW 마에스트로' 자격을 준다. 최초 100인 이내에만 들어도 벤처 업계에서 개발능력을 인정받을 수 있을 정도로 치열한 과정이다.

금융위원회는 한국정책금융공사, 중소기업은행, 신용보증기금 및 기술보증기금 등과 함께 청년창업 기업에 융자한다. 기술형 기업 · 창업기업 대출, 신생벤처 투자 및 창업초기 기업 우대대출, 청년창업 특례보증, 예비창업자 창업보증 등 설립 후 3~7년 이내 신생벤처업체에겐 연 이율 0.3%~3% 이내, 최장 5년 이내 융자 혜택을 지원하고 있다. 지원 대상이 되려면 벤처기업 인증을 받거나 기보로부터 기술보증을 받는 등 절차가 까다로운 편이다. 신제윤 금융위원장은 최근 "청년 창업자를 위해 대출 조건을 완화하고 창업 후 융자를 받을 수 있는 기간도 3년보다 늘릴 것"이라고 말했다.

문화체육관광부는 문화 콘텐츠 창업 지원, 국토교통부는 공간 창업 지원

각 부처마다 개성을 살린 청년 창업정책을 지원하고 있다. 문화체육관광부는 게임, 영화, 디자인 등 문화 콘텐츠 창업을 집중 지원한다. 지난해부터 100억 원 이상의 예산을 들여 게임 · 만화 · 이야기산업 · 애니메이션 · 캐릭터 콘텐츠 인재를 적극 키워낸다는 방침이다. 이달에는 지난해부터 약 120억원 예산을 들인 '콘텐츠코리아랩' 첫 지점의 개소식을 연다. 콘텐츠코리아랩은 문화예술창작자의 창업을 돕는 기관이다.

국토교통부는 '공간 정보 창업'을 적극 지원한다. 공간 정보 창업이란 위치정보 서비스, 지도, 교통정보 등을 활용한 창업을 말한다. 국토부 관계자는 "주택 가격, 인구 등을 활용한 정보도 공간 정보에 포함된다"며 "공학기술이나 IT기술이 공간정보와 융합했을 때도 공간 정보 창업이 될 수 있다"고 밝혔다. 국토부는 지난 3월 공간정보 분야의 청년창업을 활성화하기 위해 공간정보산업진흥원 내에 창업지원센터를 설치했고 청년창업가에게 창업경진대회, 인큐베이팅 등 기회를 제공할 예정이다.

한국도로공사는 지난 4월 '고속도로 휴게소 청년 창업매장 운영을 위한 우수 아이템'을 공모했다. 우수 아이템으로 선정된 팀은 전국 11개 휴게소에서 37개 매장을 운영할 수 있는 기회가 생긴다. 창업자는 기존 휴게소 메뉴와 차별화되는 간식, 식사류를 팔거나 공예, 그림, 패션 소품 등을 제작하고 전시 · 판매해야 한다.

농림축산식품부는 후계농업경영인 육성 제도를 통해 청년 농업 창업을 장려한다. 정부는 올해부터 과거 3%였던 연이율을 2%로 낮추고 우수 후계농업 경영인에게는 1%의 파격적인 혜택을 제공한다. 최대 융자금액은 2억 원이며 융자기간은 10년(3년 거치, 7년 분할 상환)이다.

민간 지원, 적극 활용해야

아산나눔재단에서 실시하는 '정주영 창업경진대회'는 올해로 3회째를 맞는 민간 대표 창업경진대회다. 올해 총 상금은 4,400만원이고 1등 상금은 2,000만원이다. 지원금은 물론이고 대회 과정에서 이택경 프라이머 대표, 이동형 나우프로필 대표 등 전문가의 멘토링을 받을 수 있다는 장점이 있다.

창업보육을 돕는 인큐베이팅 센터도 적극 이용해야 한다. 여러 창업 기업들이 모여있어 정보 공유에 용이할 뿐 아니라 각종 창업 교육, 컨설팅도 받을 수 있다. 아산나눔재단의 '마루 180', SK플래닛의 '서울대학교 SK상생협력센터', 상암동의 '벤처 포트' 등은 신생 창업 기업에게 좋은 시설과 멘토링 등을 제공하지만 어느 정도 실력을 갖춘 기업만 입주

할 수 있다. 신생 벤처기업은 서울 역삼에 위치한 '스타트업 얼라이언스'나 은행권 청년창업재단이 설립한 '디캠프(D.Camp)'는 상대적으로 진입 장벽이 낮으므로 이를 이용하는 것이 좋다.

2010년부터 청년창업가 간 교류 및 교육에 이바지한 프라이머의 '엔턴십'은 청년 창업가들 사이에서 소문난 우량 프로그램이다. 창업 기업의 육성을 돕는 '스파크랩', 능력있는 기술창업 기업을 돕는 '퓨처플레이' 등 창업가속 지원기구(액셀러레이터)를 찾아가는 것도 좋다. 각종 벤처캐피탈에 직접 연락해 조언을 듣는 것이 좋다. 이외에도 일정 금액을 지불하고 창업 멘토링을 받을 수 있는 '패스트트랙코리아' 등 초기 창업가가 활용할 민간 지원책은 무궁무진하다.

벤처 투자자 정상엽 캡스톤 파트너스 팀장이 말하는 '좋은 청년 창업팀'이란

"대학생 창업은 힘들다. 아는 사람도 없고 아는 것도 없고 경험도 없어 살아남기 어렵다. 이를 극복하려는 태도가 중요하다. 경험과 연륜이 부족하지만 직접 고객과 부딪히고 필요한 사람 만나고 토론한 후 결과물을 가져오는 경우가 있다. 그런 경우에는 빛이 난다. 적극적으로 전문가를 만나 조언을 구하고 부족한 시제품이라도 만들어서 보여주려 노력해야 한다. 전문가, 주변 사람에게 냉정하게 검증받는 것도 중요한데 이는 용기가 필요한 일이다.

"대학생 창업은 고민과 실행력이 가장 중요하다. 누군가를 설득할 수 있는 능력이 갖춰지지 않았다면 고민을 실행에 옮겨 증명하는 것이 중요하다. 대학생의 사업계획서는 대부분 엉망이다. 투자 판단이 어려울 때는 시간을 두고 해당 팀이 어떤 노력을 하는지 지켜본다. 매 달 자신들이 계획한대로 긍정적인 변화를 보이는 팀이 있고 말만 해놓고 못 지키는 팀이 있다. 모바일 배달 어플리케이션 '배달의 민족'을 개발한 우아한 형제들은 창업 초기 쓰레기통을 뒤져가면서 찌라시를 모았다. 그 덕에 서비스의 가치를 증명했고 연 100억 매출을 넘겼다. 엄청난 실행력을 보여주고 성공한 좋은 예다."

"큰 목표와 작은 목표가 있을 때 작은 목표는 큰 목표로 가기 위한 단계다. 작은 목표를 성취할 수 있다면 큰 목표로도 갈 수 있다." 사업을 빨리 진행해야 하고 고객과 상호작용을 정말 많이 해야 한다. 사격을 할 때 1mm 차이가 목표물을 맞추냐 못 맞추냐 여부를 결정한다. 마찬가지로 최초 아이디어가 검증이 안 되면 돌이킬 수 없을 정도로 목표와 벗어나게 된다. 큰 성공을 위해 작은 실패를 빨리 경험해야 한다. 고객을 만나는 것도 같은 맥락이다. 실제 그 물건을 쓸 사람, 유통하는 사람과 만나서 아이디어를 시장에 맞게

재빨리 수정해야 한다.[36]

(2) 인재영입과 아이디어 공유가 중요

얼마 전 제대한 대학생 A씨(24세 · 정치외교학과)는 소셜네트워크서비스(SNS) 사업에 관심이 많지만 조언을 구할 곳이 마땅치 않아 고민이다. 주변 친구 · 선후배 모두 문과생이어서 개발자를 구하기 힘들고 다들 취업에만 목매고 있어 창업에는 관심이 없다.

아이디어 공유 · 다듬기와 팀 구성이 가장 중요하다

개업과 벤처 창업은 다르다. 개업은 치킨집처럼 기존에 존재하던 아이템으로 사업을 시작하는 것이다. 벤처 창업은 문제의식을 갖고 현재 시장의 빈틈을 찾아 파고들거나 아예 새로운 시장을 개척하는 것이다. 평소에 불편하다고 여겼지만 제공하는 업체가 아무도 없다면 이를 집요하게 파고들어 창업에 이를 수 있다. 벤처 창업은 '문제를 찾고 이를 해결하는 과정'이다.

예리한 감각으로 좋은 아이디어를 찾아도 이를 현실에 구현할 수 있는 개발자, 디자이너를 구하지 못하면 무용지물이다. 목마른 사람이 우물을 찾아야 한다. 인맥을 동원하든지 창업동아리, 창업 인큐베이팅 센터 등을 돌아다니며 자신에게 맞는 개발자나 기획자, 디자이너 등을 적극적으로 찾아야한다. 기획자로만 구성된 팀은 기술이 전혀 없기 때문에 망하기 쉽다.

능력을 갖추고 팀원과 조화를 이루며 팀의 비전을 깊게 이해하는 상대가 가장 좋다. 비전을 공유하지 못하면 자금난, 불화 등 초기 창업기업에서 흔히 발생하는 문제가 닥쳤을 때 팀원들이 이탈하기 쉽다. 평소 알던 사람과 창업하는 사례가 많은 것도 이 때문이다. 온라인 미술관 '아이노 갤러리'를 운영하는 김진우 아우름플래닛 대표는 "개발자와 디자이너를 영입하는데 최소 6개월에서 1년6개월 걸렸다"며 "실력이 좋은지, 성격은 어떤지, 나와 맞는지, 팀원과 불화를 일으키진 않을지 등을 판단하려면 오래 두고 친하게 지내며 지켜봐야 한다"고 말했다.

좋은 팀원을 구하는 것은 벤처창업의 전부라고 해도 좋을 만큼 중요하다. 매일 고급 호텔방을 낮은 가격에 소개하는 신재식 데일리호텔 마케팅 이사는 "벤처창업이란 세상에 없던 것을 만드는 것인데 이를 해낼 수 있는 사람은 개발자와 디자이너 뿐"이라고 말했

36 http://biz.chosun.com/site/data/html_dir/2014/05/12/2014051201272.htm

다. 벤처 투자자들은 아이디어가 별로여도 팀원들의 실력만 좋다면 가능성을 믿고 투자하기도 한다.

팀이 꾸려졌다면 아이디어를 공유하고 다듬어야 한다. 업계 전문가들은 "누가 베낄까봐 아이디어를 감추고 공유하지 않는 것은 바보 같은 짓"이라고 입을 모은다. 예비창업자는 자기 아이디어가 특별하다는 착각에 빠져 이를 공개하기 꺼려한다. 사용자 취향에 맞는 영화를 추천하는 서비스 '왓챠'를 개발한 박태훈 프로그램스 대표는 "내 아이디어가 독창적이어 봐야 전 세계 수십만 명이 생각할 수 있는 것이므로 가치가 거의 없다"며 "중요한 것은 아이디어를 현실로 만드는 실행력"이라고 말했다.

사업 성공을 위해서는 우선 아이디어에 대해 내부적으로 활발한 토론을 나누고 창업선배, 전문가의 도움을 받아 아이디어를 자주 수정해야만 한다. 무엇보다 직접 돈을 지불하는 소비자의 반응을 적극적으로 살피는 것이 중요하다.

사업 초기 도움을 줄 수 있는 엔젤투자자(창업 초기 자금과 경영 비결 제공하는 개인투자자), 액셀러레이터(창업가속 지원기관), 벤처투자가에게 연락해 조언을 듣는 것도 좋은 방법이다. 특히 서울 강남권역에는 D-Camp, 마루180, 스타트업 얼라이언스 등 인큐베이팅 센터가 많고 재능있는 선배 창업가들도 많이 입주해있기 때문에 이를 적극 활용해 조언 등을 구하는 것도 좋다. 다만 일부 '업계 전문가'들은 학생 창업가를 상대로 사기를 치는 것으로 알려져 주의해야 한다. 이경호 DSC 인베스트먼트 팀장은 "투자나 조언을 받기 전에 업계 사람들로부터 해당 인물에 대한 평판을 듣는 것이 좋다"고 조언했다.

익명을 요구한 업계 관계자는 "법인 설립은 늦출수록 좋다"고 조언했다. 그는 "설익은 아이디어를 다듬고 시행착오를 거친 후 법인을 만들면 사업이 조기에 안정될 수 있으며 정부가 3년 미만 기업에게 제공하는 초기기업 혜택도 더 길게 받을 수 있다"고 말했다. 그는 "최근 법인설립을 지원 조건으로 거는 정부 사업이 많아지는 추세"라며 "지원금을 얻을 때 법인을 설립하는 것이 가장 좋다"고 덧붙였다. 다만 회사 성격에 따라 법인 설립 시기는 다를 수 있다. 온라인과 오프라인 카센터를 연계한 자동차 고장 예방 · 진단 서비스 '카페인'의 안세준 대표는 "오프라인 영업은 쌓인 업력이 곧 증명할 수 있는 능력이 되는데, 법인을 설립해야 회사가 하는 일이 모두 역사로 기록된다"며 "IT벤처와 다르게 오프라인 사업을 하려면 법인을 일찍 만드는 것도 방법"이라고 말했다.

사업 초기, 학교 · 지자체 지원 사업 노려라

창업 초기에는 상대적으로 진입장벽이 낮은 대학교, 지방자치단체의 지원사업을 노리는 것이 좋다. 5,000만 원 이상 규모의 지원금을 주는 정부 지원사업은 사업 아이디어가 다듬어진 후 도전해야 성공 가능성이 높다. 대학생이라면 각 대학에 설치된 창업지원센터의 문을 두드려보는 것이 좋다. 창업에 대한 교육과 컨설팅은 물론 일정한 지원금, 사무공간 등을 제공받을 수 있기 때문이다. 창업지원센터 자체 면접을 실시하거나 창업경진대회를 통해 창업팀을 선발해 이 같은 혜택을 지원한다.

선발된 제조·IT창업팀에게 최대 7,000만원의 사업비를 지원하는 '창업선도대학'은 자대생을 우대하는 경향이 있으니 참고해야 한다. 대학생이 아니라면 지방자치단체의 청년창업 지원사업을 노려볼 수 있다. 서울시 청년창업 1000 프로젝트, 대전광역시의 청년창업 500 프로젝트 등이 대표적이다. 보통 1,000만원 안팎의 지원금과 사무공간, 창업교육 프로그램 등이 지원된다. 정책은 상황에 따라 달라질 수 있기 때문에 수시로 점검해야 한다. 예를 들어 경기도는 지난해까지 있었던 청년 창업 지원 프로그램을 없애고 올해부터 전 연령 대상 창업지원사업을 진행한다.

학교·지자체의 지원을 받으면 창업 초기 인건비·월세 등의 비용을 줄일 수 있다. 지출을 최대한 줄여야 스타트업의 성공 가능성이 높아진다. 강윤신 카페인 기술이사는 "20대 초반으로 구성된 스타트업이 비즈니스센터에 사무실을 차린 것을 봤는데 이는 낭비"라며 "수 천만 원의 지원·대출금을 사무공간 마련, 회식 등으로 낭비하면 몇 개월 후 아르바이트, 하청업무로 월세, 이자를 갚느라 본인의 사업은 뒷전이 되고 결국 망하는 경우가 많다"고 말했다.

아이디어 다듬어지면 정부 지원사업에 도전하라

사업 아이디어가 다듬어지면 지원금 5000만 원 이상 규모의 정부 지원사업에 도전해보는 것도 좋다. 학교, 지자체보다 지원금 액수도 많은데다 전국의 스타트업과 겨뤄 자신의 가치를 증명해보일 수 있는 기회이기 때문이다. 대회마다 대개 한 달 정도의 준비기간이 주어지기 때문에 신속히 준비해야 한다. 정부 지원은 대부분 기술·IT 창업 기업을 위해 이뤄지고 있다. 이형철 중소기업청 창업진흥과 사무관은 "지원하려는 것은 기술지식창업 쪽이지 음식, 숙박 등 일반 소상공인 업종은 아니다"고 밝혔다. 일반 소매업이라도 IT기술을 접목해 새로운 서비스를 창출하면 정부 지원 대상이 된다.

정부지원사업을 따기 위한 첫 걸음은 팀이 가진 아이디어에 가장 적합한 대회를 찾는 것이다. 각 부처가 진행하는 창업경진대회마다 선호하는 아이디어, 아이템이 다르기 때문이다. 대회에 대한 상세 설명은 중소기업청이 운영하는 창업넷37, 미래창조과학부가

운영하는 창조경제타운[38]에서 확인할 수 있다.

우찬민 아우름플래닛 마케팅 이사는 "사업계획서를 쓸 때 글이 아닌 시각 자료를 넣어 주면 좋다"고 조언했다. 프리젠테이션(PT) 및 면접 때 소프트웨어 프로토타입이나 시제품 등을 만들어 가면 가점을 받을 수 있다. 정근식 대표는 "최근 들어 면접관들이 눈에 보이는 결과물을 갖춘 팀을 선호한다"고 밝혔다. PT 발표 때 "유명 모 업체와 제휴하겠다"고 말하는 것은 감점 요인이 될 수 있다. 실현 불가능한 거짓말은 하지 않는 것이 좋다.

정부지원금을 탔다고 해서 마음껏 쓸 수 있는 것은 아니다. 지원금의 70~80% 이상은 인건비로 쓰게 된다. 정부가 인건비 지급에 대해서는 관대하나 비품 구입에 대해서 엄격히 규제하기 때문이다. 과거 일부 스타트업이 지원금을 받아 비품을 사고 중고 시장에 팔며 '돈 세탁'을 하는 등의 문제가 있었기 때문이다.

개인별 '참여율'을 계산하는 것도 중요하다. 대회 참가자들은 정부 지원금 수령시 참여율을 반드시 기입해야 한다. 4명 참가시 모두 참여율을 100%로 기입해도 상관없다. 이 비율은 특히 인건비를 나누는데 기준이 된다. 다만 이미 지원금을 수령한 개인이 다른 대회에 참가할 때는 이전 대회와 합쳐 참여율의 합이 100%(관행상 120%까지 허용된다고 함)를 넘길 순 없다. 앞선 두 대회의 참여율 합이 90%라면 새로운 대회에서는 10~30% 이내에서 참여율을 정해야 한다. 정부 지원 사업에서 우수한 성적을 받아도 법인 설립, 교육 출석 횟수 등의 '의무 사항'을 지키지 않으면 지원을 받을 수 없기 때문에 유의해야 한다. 의무 사항은 대회마다 다르기 때문에 꼼꼼히 알아봐야 한다. 어떤 일도 거저는 없다.

기술 · IT 벤처라면 기술보증기금, 벤처인증제도도 이용 가능

기술 · IT 벤처라면 법인 설립 후 기술보증기금이나 벤처인증제도를 이용해 제품 상용화에 한 발짝 더 나아갈 수 있다. 익명을 요구한 A 모씨는 기술창업으로 성공한 인물 중 하나로 꼽힌다. 그는 "법인 설립 후 기술보증기금에서 창업아이디어를 평가하고 기술보증을 해주면 융자를 받아 시제품 제작에 보탤 수 있고 벤처기업 인증서를 획득할 수도 있다"며 "기술보증융자가 실질적인 창업의 입문단계다. 이를 건너뛰면 제품 만들기도 쉽지 않고 기업투자설명회(IR) 후 투자를 받는데도 어려움을 겪을 수 있다"고 말했다.

기술보증기금은 기술평가를 통해 기술보증 여부를 판단한다. 판단 기준은 소프트웨어 인재가 있는지 기술기반 산업인지 기술 이전은 어디서 받았는지 등이다. 이 과정이 매우

37 www.changupnet.or.kr
38 www.creativekorea.or.kr

까다로워서 홀로 인증을 받기가 어렵다. 미래부가 지정한 창업기획사는 스타트업이 기술 평가를 잘 받을 수 있도록 돕고 있으니 참고하면 좋다. A 모씨는 "기술 평가를 받으려면 대표이사가 기술개발 프로젝트에서 PM(프로젝트 매니저)를 맡았거나 창업한 경험이 있어야 한다"며 "특정 학과를 선호하지 않는다. 다만 소프트웨어 인력이 팀에 4명쯤 있으면 좋다"며 "한국전자통신연구원(ETRI), 산학협력단, 대학교에서 잠자는 기술을 가져와서 사업에 접목해도 좋지만 대표의 역량이 뛰어나지 않으면 어려운 일"이라고 밝혔다.

A 모씨는 기술보증을 받을 수 있다면 지자체, 학교의 지원은 불필요하다고 말했다. 그는 "지자체나 학교에서는 지원금도 적게 주고 유휴시설 인프라를 활용하라고 하지만 도움이 별로 안된다"며 "벤처기업 인증서를 받으려면 기술보증을 받거나 창업투자사로부터 투자유치를 받아야 하는데 기술보증이 있다면 창투사로부터 투자 받기가 쉽다"고 조언했다.

다음 단계는 작동 가능한 시제품을 완성하는 것이다. 시제품을 들고 IR 등에 나서 투자와 자문을 받고 상용화 가능한 제품을 만들어내면 비로소 창업이 완숙기에 접어든다. 사업이 일정 궤도에 올라서면 기업공개(IPO)를 통해 상장하거나 기업 매각을 통해 현금화할 수도 있다.

기업 간 인수합병(M&A)이 활발한 미국에서는 종종 거대한 인수합병이 일어나곤 한다. 최근 페이스북이 소셜네트워크서비스(SNS) 회사 왓츠앱을 190억달러(약 20조원)에 사들인 것이 대표적이다. 국내에선 지난 2012년 올라웍스가 자체적인 얼굴 · 동작인식 기술을 인정받아 인텔에 350억원(추정액)에 인수합병 되어 화제가 됐다. 권도균 프라이머 대표이사는 자신이 창업한 이니텍, 이니시스 등 5개 회사를 매각해 약 1,000억 원을 벌어들인 것으로 알려져 있다.[39]

(3) 시장파악과 비전을 공유하는 인재육성

회사를 세우는 것보다 유지하는 것이 훨씬 어렵다. 업계에서는 '창업 후 3년을 버티기만 해도 성공한 것'이란 말이 돈다. 큰 성공을 거둔 사례는 손에 꼽을 정도로 적다.

조선비즈는 성공을 위해 고군분투 중인 벤처창업자(스타트업)들을 만나 회사 설립과 운영에 대한 조언을 구했다. 그들은 한결같이 "시장과 괴리된 아이템은 죽은 것과 다름없으니 적극 공개 · 공유하며 다듬어나가라", "비전 공유가 가능한 인재 확보에 시간을 아끼지 말라"고 조언했다. 남자라면 병역부터 마치라는 조언도 있었다. 기사 말미에는 초기

---

39 http://biz.chosun.com/site/data/html_dir/2014/05/12/2014051201357.html

스타트업을 넘어 성공을 바라보는 박태훈 프로그램스 대표이사의 인터뷰를 따로 실었다.

시장과 괴리된 아이템은 무용(無用)…적극 공개 · 공유하라

청년 창업가들은 자신의 머리 속에 있는 아이디어가 특별하다는 착각에 빠진다. 돈을 지불하는 고객과 소통하지 않은 아이디어는 쓸모없다. 실현할 수 없는 아이디어도 가치가 없다. 아이디어는 동료 혹은 전문가, 창업한 선배에게 객관적으로 평가돼야 한다.

정상엽 캡스톤 파트너스 팀장은 "대학생 창업팀이 가장 많이 하는 실수는 자기 아이템에 빠져 끝없이 심연으로 파고드는 것"이라며 "실제 그 물건을 쓸 사람, 유통하는 사람과 소통 없이 자기만의 가설로 사업하는 것은 매우 위험하다"고 말했다. 최준영 테이스트샵 이사는 "아이디어는 공공재라고 생각하고 주변 도움을 받으면 아이디어가 다르게 바뀔 수 있다"고 조언했다. 지난해 미래창조과학부가 개최한 '캠퍼스 CEO'에 선발돼 정부 지원금 5,000만원을 획득한 부산 동의대학교 G.M.P팀은 "첫 사업계획서를 열심히 써서 교수님께 검토 받았을 때 '요즘 초등학생도 이것보단 잘 쓰겠다'는 대답이 돌아와 충격 받았다"며 "수개월 가량 매일 밤새 사업계획서를 수정한 결과 좋은 결과를 얻을 수 있었다"고 말했다.

'비전 공유' 가능한 인재 확보에 시간 아끼지 말라

스타트업은 장기간 돈 벌기 힘들고 업무강도도 매우 강하다. 비전을 제대로 공유하지 않으면 열에 아홉은 회사에서 나가기 쉽다. 신재식 데일리호텔 마케팅이사는 "우리 서비스에 애정을 품고 가치를 공유하는 사람만 뽑아서 일하고 있다"며 "업무시간이 오전 9시부터 자정까지인데도 다들 군말 없이 일하고 밤늦게 '아이디어가 있다'며 전화를 걸어 온다"고 말했다. 그는 "일과 생활이 분리되면 인센티브 등 각종 제도가 필요한데 가치를 공유하고 일과 생활이 합일되면 퇴근이란 개념이 생기지 않는다"고 덧붙였다.

김태현 사운들리 대표는 "팀에 맞는 인재를 구하는데 1년 반 걸렸다"며 "사람마다 잘하는 일과 못하는 일이 있다. 모자란 부분을 채울 수 있는 팀원을 만나는데 투자를 아끼지 말아야 한다"고 밝혔다. 능력있는 개발자, 기획자, 디자이너 등이 만나서 팀을 꾸리면 아이디어를 구체화하기 쉬운데다 투자를 받기도 용이하다. 과거 SK텔레콤에서 유망 스타트업에 투자했던 이정수 플리토 대표는 "아이디어가 좋지 않아도 팀원이 좋으면 투자했다"며 "구성이 좋은 팀은 언젠간 성공할 것이란 믿음이 있다"고 말했다. 좋은 팀에는 저절로 인재가 모인다. 코자자에서 일한 경력이 있는 강수혁 이스트몹 이사는 "일면식도 없던 사람과 일하고 있는데 아이템이 잘 될 것 같은게 아니라 팀이 잘 될 것 같았기 때문"이라고 털어놨다.

회사대표는 직원에 대한 책임감을 가져야 한다. 사업을 시작한 이상 구성원의 생계를 책임져야 하기 때문이다. 온라인과 오프라인 카센터를 연계한 자동차 고장 예방·진단 서비스 '카페인'의 안세준 대표는 "회사 대표가 되면 직원은 물론 직원 가족까지 부양해야 한다는 책임감을 갖고 일해야 한다"고 말했다.

취업이든 창업이든 '문제 해결 능력' 먼저 길러야

'취업이 먼저냐 창업이 먼저냐'는 업계에서 '닭이 먼저냐 달걀이 먼저냐' 같은 논란거리다. 실전 경험을 쌓고 창업에 도전해야 한다는 사람과 일찍 창업에 도전하고 실패하면서 배워야 한다는 의견이 팽팽히 맞선다.

유인철 마젤란 기술투자 상무는 "시장과 세상을 모르는 대학생은 창업에 실패할 가능성이 높다"고 말했다. 박태훈 프로그램스 대표도 "초기 공동창업자들은 대학생 치고는 업무 경험이 많은 사람들이 모였다"고 털어놨다. 반면 개발자인 오빠의 권유로 21살에 모바일 미술·박물관 가이드 서비스 '가이드플' 대표이사를 맡은 오유미씨는 "시행착오를 겪으며 배워나가는 중이고 경험자의 조언이 가장 큰 도움이 됐다"며 "영업하다보면 어려서 귀엽게 봐주는 분도 있고 어리다고 무시하는 분도 있다. 반반이다"고 말했다. 온라인 학급관리 시스템을 만든 이충희 브레이브팝스 대표는 "가족 부양 의무가 크지 않은 20대에 사업을 시작해서 빨리 망하고 경험을 쌓는 것이 본인에게 더 좋을 수 있다"고 말했다.

류중희 퓨처플레이 대표이사는 "문제를 찾고 해결 방법을 마련하는 것이 먼저"라며 "문제를 푸는데 공부가 필요하면 대학원에 갈 수 있고 차세대 반도체를 만드는 게 문제면 삼성전자에 취직하는 것이 방법이다. 창업은 하나의 수단일 뿐"이라고 말했다. 영어단어 학습 게임을 개발한 김도형 팀에이블게임 대표는 "창업 전 내가 가진 문제점은 무엇이고 가장 잘할 수 있는 분야는 뭔지에 대해 고민했다"며 "어렸을 때부터 영어를 정말 못했는데 이를 전공인 게임 개발과 연결시켰다"고 말했다.

기획자만 많은 팀은 망한다…개발자, 디자이너 비율을 맞춰야 한다

SNS 번역 서비스를 제공하는 이정수 플리토 대표는 경영학과를 졸업하고 기획자의 길로 나섰다. 그는 "기획자로 가득 찬 팀은 망할 수밖에 없다"며 "창업멤버 4명 중 4명이 기획자라면 배가 산으로 간다. 기획자는 4명 중 2명도 많다. 나머지는 능력있는 개발자나 디자이너를 꼬셔야 한다"고 말했다. 그는 "정말 능력 좋은 개발자를 데려올 수 있는 기획자는 무슨 일을 해도 성공한다"고 덧붙였다.

좋은 개발자를 모셔오는 방법에 대해 이 대표는 "설레발, 거짓말, 약점 잡기 등 할 수 있는 모든 것을 해야 하지만 자기가 한 말에 대해 책임을 져야 한다"며 "SK에서 퇴사할 때 개발자들에게 첫 해는 원래 받던 연봉(약 9000만원)을 보전해준다고 약속했고 실제로 이를 지켰다"고 말했다.[40]

길은 많다. IT · 기술 창업에만 목 맬 필요 없다.

지난 2001년 민승규 전 농촌진흥청장의 주도로 만들어진 한국벤처농업대학(이하 벤농대)엔 최근 20~30대 청년 비율이 30% 이상으로 늘어났다.

전남 해남출신 김대슬(27)씨는 뽕잎 차 공장을 운영 중이다. 벤농대 졸업 후 전라남도의 역사, 문화, 전통음식을 아우르는 '전남 명품투어' 상품을 기획 중이다. 그는 "농사는 일할 때 열심히 일하고 쉴 땐 쉬는 일이라 회사 다니는 친구들보다 자기 시간이 많다"며 "농산물은 상사와 달리 잔소리하지 않는다. 인간관계로 인한 스트레스도 없다"고 말했다.

전남 구례 피아골 이장인 김미선(28)씨도 "농업이 힘들다고 하지만 도시에서의 삶도 힘들다. 뭐든 성공하려면 노력과 공부가 필요한 것"이라면서 "농촌의 매력은 매일 일하지 않아도 된다는 것이다. 쉴 때를 내가 정해서 쉴 수 있고 상사도 없어 수입으로 말할 수 없는 삶의 여유가 있다"고 말했다. 다만 김씨는 "귀농하는 사람들은 재배 기술부터 배워야 하는데 다들 유통만 배워 와서 농사에 실패한다"며 "포장된 성공사례만 보고 오면 낭패를 면치 못할 것"이라고 조언했다. 그는 "귀농하는 사람들이 논밭 사고 몇 억짜리 새 경운기를 사는 등 초반에 돈을 너무 많이 쓰는데 이도 실패의 지름길"이라고 덧붙였다.

선릉에서 샐러드 프랜차이즈 '샐러디' 1호점을 창업한 이건호 대표는 "푸짐한 샐러드로 한 끼를 해결하는 사람들을 보면 행복하다"며 "점차 단골이 늘어나고 있고 프랜차이즈 문의도 들어오고 있다"고 말했다. 그는 "IT · 기술 창업이 아니면 지원이 없어 창업에 더 신중을 기해야 한다"고 조언했다.[41]

실패담은 가장 훌륭한 조언이다.

벤처농업대학 출신 김대슬씨는 "실패담에서 가장 많이 배웠다"고 말했다. 벤농대는 한

---

40 조선비즈, http://biz.chosun.com/site/data/html_dir/2014/05/12/2014051201357.html
41 조선비즈, http://biz.chosun.com/site/data/html_dir/2014/05/12/2014051201357.html

달에 한 번 토요일에 모여 찜질방에서 밤을 새고 일요일에 강의를 듣는다. 김 씨는 "찜질방에서 밤을 샐 때 선배들이 '이건 하지 마라'라고 조언하는데 흔한 성공담보다 배우는 것이 훨씬 많았다"고 조언했다.

셰프의 요리 레시피 재료를 담아 판매하는 '테이스트샵'의 김규민 대표는 본격적으로 사업을 시작하기 전 '행복이 가득한 집'에 자사 제품을 사은품으로 납품하는 등 소기의 성과를 이뤘다. 김 대표는 이번이 두 번째 창업이다. 김 대표는 "첫 창업은 국내 의류브랜드를 이용한 소셜 커머스였는데 무조건 세련되고 좋아 보이려고 돈을 많이 들였지만 결국 망했다"며 "초기에 돈을 너무 많이 쓴데다 스타트업이 대기업처럼 세련된 홈페이지를 만드니 고객들도 기대하는 바가 커졌다"고 말했다. 그는 "개발자를 구하지 않고 큰 돈을 들여 용역을 맡겼는데 원하는 대로 구현도 못하고 홈페이지 수정도 제대로 못해서 난감했다"며 "포트폴리오만 보고 용역을 맡기는 것은 무모한 일이며 능력 있는 개발자를 영입하는 것이 필수"라고 덧붙였다.

선배 벤처창업자들은 창업 과정에서 잊지 말아야할 조언을 아끼지 않았다. 사업하기 전 군대부터 다녀오라는 권유부터 스트레스 해소법까지 귀띔했다. 박태훈 프로그램스 대표이사는 "사장이 2년 동안 군대에 가면 사업의 맥이 끊긴다"며 "빨리 창업하고 싶다면 고등학교 때 자퇴하고 군대를 갔다오는 게 낫다"고 조언했다.

김규민 테이스트샵 대표는 "스타트업이 난관에 봉착할 때는 조언을 얻을 상대가 필요하다"며 "공인된 멘토나 벤처 투자자를 만나는 것도 좋은 방법이고 우리보다 바로 윗 단계 스타트업 대표를 만나면 실제로 원했던 세세한 부분의 조언을 들을 수 있다"고 말했다.

김병훈 길하나사이 대표는 페이스북에서 '썸의 정석'이라는 페이지를 운영하고 있다. 5월7일 현재 페이지 좋아요 수는 28만3452개로 연애 관련 정보 페이지 중 3위다. 페이지 인기가 오르면서 커플 전용 어플리케이션 '미스 앤 미스터'의 다운로드 수도 크게 늘었다. 김 대표는 콘텐츠를 만들어내기 전 마케팅 방법도 함께 고민해야 한다고 말했다. 소셜네트워크서비스(SNS)에서 홍보 효과를 높이려면 많은 사람이 공감할 수 있는 소재를 찾아 공유를 유도해야 한다. 김 대표는 "감동적인 사연 등 많은 콘텐츠를 업로드해 봤지만 '공감' 콘텐츠가 반응이 제일 좋다"며 "예를 들면 '여자 친구에게 사랑받는 법', '지하철 자리에서 곧 일어날 사람 찾는 법' 등 실생활에서 활용할 수 있는 콘텐츠가 좋다"고 말했다.

안세준 카페인 대표는 "스타트업에서 일하는 건 힘들기 때문에 스트레스를 풀 수 있는 나만의 방법을 찾아야 한다"며 "잘 노는 사람이 일도 잘하는 건 힘들고 지칠 때 이를 푸는 방법을 알고 있기 때문"이라고 말했다. 그는 "임직원의 스트레스를 풀기 위해 대표가 마음껏 욕을 먹을 수 있어야 한다"고 덧붙였다.

'왓챠' 개발한 박태훈 프로그램스 대표이사 인터뷰

'왓챠'는 사용자가 영화에 별점을 매기면 이를 분석해 취향에 맞는 영화를 찾아주는 서비스다. 박태훈 프로그램스 대표이사는 왓챠 서비스를 진두지휘하고 있다. 프로그램스는 지난해부터 구글코리아와 제휴를 맺고 영화검색 결과에 '왓챠' 별점을 제공하고 있고 올해는 포브스코리아 '코리아 2030 파워리더' IT부문 표지모델로 선정됐다.

"비전 공유도 있고 스톡옵션제도도 있다. 회사가 좋아지면 주식이 오르니 직원들에게 주인의식이 생긴다. 노력한 만큼 비례해서 받을 수 있는 구조기 때문에 효과적이다." "비전이 대단해!'란 반응보다 '될 것 같은데'란 반응을 이끌어내는 것이 중요하다. 벤처는 끊임없이 성장해야만 한다. 빨리 성장해야 하는데 더뎌지면 비전을 잃을 수 있다. 우리도 정체되는 시기에 내부적으로 싸움도 많이 겪었다." "벤처 창업은 결혼과 같다. 고민도 같이 해야 하고 떨어지기도 힘들다. 오랫동안 알고 지내고 같이 놀아본 사람과 창업하면 어떤 강점과 약점이 생길지 파악하기도 쉽다. 카페에서 멤버들이 모여 대충 팀을 만드는 경우가 있는데 이는 유대감이 없고 깨지기 쉽다." "벤처기업은 큰 시장을 노리는 것이 많다. 시장 규모가 크면 대기업이 있을 것이고 그들의 부족한 점이 있을 수 있다. 사용자가 부족함을 느끼는 부분에 침투해서 나중에 규모를 키우는 것이 중요하다."

"처음에는 막연하고 모호했다. 우리끼리 토의하고 실제로 해보기도 하면서 많이 다듬어졌다. 처음 '개인화', '자동화', '추천' 세 가지 키워드를 갖고 시작했는데 팀원들 사이에서도 모호하다는 말이 많았다. 내부적으로 많이 토의하고 세상과 부딪혀보니 정리가 되더라." "초반일수록 더 중요하다. 제품을 실제로 만들어내는 능력이 중요하기 때문이다. 아이디어를 실제로 구현하지 못하면 능력이 없는 것이다. 아이디어 자체의 가치는 0에 가깝다. 좋은 아이디어가 있는데 투자 받아서 고용을 하든가 비전으로 개발자를 감동시켜서 데려오든가 원래부터 알던 개발자가 있든가 그걸 다 못한다는 것은 실행력이 없다는 것이다. 좋은 아이디어는 세상에 너무 많다. 같은 아이디어로 경쟁해도 결국 누가 잘 실행하느냐의 문제다."

"인턴도 대기업 인턴하고 오면 겉핥기만 한다. 빡세고 고된 경험을 할 수 있는 영업 인턴이면 좋다. 패션 쪽에 비전이 있다면 동대문에서도 일해보고 온라인 쇼핑몰도 해보고 하는 경험이 진짜다. 반면 어패럴의 구매부 인턴은 가치가 없다." "충분한 고민이 있고 이루고자 하는 꿈이 있으면 도전해야 한다는 것이다. 앱을 만들고 싶다면 개발 공부를 죽어라 해서 허접한 앱이라도 출시해봐야 한다. 나아지고 싶으면 방학 때 더 공부하든 뭐든 해야 한다. 스펙보다는 실력이라는 믿음이 있어야 한다."[42]

(4) 성공한 IT, 기술 창업인들의 Know-how

성공을 경험한 창업가는 큰 그림을 본다. 세세한 조언은 아니더라도 나아갈 방향을 제시해준다는 점에서 참고할 가치가 높다. 조선비즈와의 인터뷰에 응한 IT(정보기술) · 기술벤처 업계의 큰 별 류중희 퓨처플레이 대표이사(전 올라웍스 대표이사 · 인텔코리아 상무), 이동형 나우프로필 대표이사(전 싸이월드 대표이사)는 한결같이 "창업을 꿈꾸는 20대는 문제를 찾고 답을 구하기 위해 치열한 고민과 실천, 학습이 필요하다"고 입을 모았다. 이 대표는 "사업하기 위해 술을 잘 마셔야만 하는 것은 아니다"고 말하는 등 각론에는 차이가 있었다.

류중희 퓨처플레이 대표 "20대, 문제 발견하고 해결하는 능력 길러야"

류중희 퓨처플레이 대표 류중희 퓨처플레이 대표는 IT · 기술벤처업계의 살아있는 신화다. 류 대표는 지난 2006년 올라웍스를 설립하고 스캔서치 등의 스마트폰 어플리케이션과 얼굴 인식 기술을 개발했다. 특히 독보적인 얼굴인식기술을 인정받았던 올라웍스는 지난 2012년 인텔에 350억원(추정) 규모로 인수합병 되며 성공적인 엑싯(exit · 투자회수) 사례를 남겼다. 최근 류 대표는 인텔코리아 상무 자리를 박차고 나와 재능있는 스타트업을 엄선하고 투자 · 보육 · 멘토링을 지원하는 '퓨처플레이'를 설립했다.

인터뷰를 위해 서울 역삼동 '마루180' 1층 마이크임팩트 스퀘어에서 만난 류 대표이사는 20대에게 "문제를 발견하고 해결하는 능력을 먼저 길러야 한다"고 조언했다. 이 같은 과정이 선행돼야 취업이든 창업이든 대학원 진학이든 문제 해결 방법을 택할 수 있다는 것이다. 지금의 20대는 계획을 면밀히 세우고 진행해야 살아남을 수 있는 세대라는 조언도 덧붙였다.

"남들과 차별화되는 기술창업을 하기 위해서는 과정이 필요하다. 학부를 마친 사람이 운영체제(OS)를 만든다는 것은 망상이다. 이를 위해 공부를 하고 좋은 대학원에 간 뒤 창업을 해도 늦지 않다. 도전을 해보겠다는 생각이 있으면 정말 하고 싶은 일이 뭔지 먼저 정해야 한다. 준비가 됐다면 뛰어들고 안 됐으면 갖춰나가면 된다."

---

42 조선비즈, http://biz.chosun.com/site/data/html_dir/2014/05/12/2014051201357.html

"20대 박사가 없는 것도 아니다. 사람들마다 출발선상이 다르다. 자기가 뭘 할 수 있고 뭘 했을 때 응원과 지지를 받을 수 있는지 명확히 알고 움직여야 한다. 어떤 분은 '자기 인생을 무엇에 바쳤는가가 미래를 결정한다'고 했다. 대학도 안 가고 만화에 빠진 소위 '오타쿠'인 분이 있는데, 결국 전문가가 됐다. 자기 인생을 바친 것에 대한 보상을 받은 것이다. 갓 대학에 들어온 20대 초반은 앞으로 10년에 대해 생각하고 움직여야 한다. 취업이든 창업이든 자기 삶을 개척하기 위해선 전문성을 쌓아야 한다."

"창업하면 성공률이 몇 %라는 통계는 다 쓸데없다. 창업자 개인에겐 0% 아니면 1.00%다. '내가 성공하려면 어떻게 해야 하는가'에 집중해야 한다. 이런 관점에서 접근하는 20대는 적다. 전략적으로 삶에 접근하는 친구들은 성공한다. 예를 들어 창업 후 5%만 성공한다고 하면 100명 중 5명만 전략적인 사고를 했다는 것이다. 이는 제비뽑기 확률이 아니다." "한 마디로 말해 창업은 상위 5% 안에 들어가야 서울대로 가는 게임이 아니라는 것이다. 비유하자면 서울대의 정원이 무제한인 게임이다. 다 같이 노력하면 성공률을 높일 수 있다. 자기 스스로를 돌아보고 반성할 일이지 확률이 낮으니까 안 하겠다는 건 어불성설이다." "'문제'와 '해결책', 두 개만 잘하면 된다고 얘길 한다. 축구를 잘하려면 공격과 수비만 잘하면 된다. 사업 잘 하려면 문제를 파악하고 해결책만 제시할 수 있으면 된다. 소비자가 가진 문제를 정의하고 이를 어떻게 푸는지 아는 회사는 반드시 성공한다."

"우리나라는 정의는 하지 않고 푸는 것만 시킨다. 풀 때도 창의적인 방법으로 풀게 하지 않는다. 스스로 문제를 내고 창의적인 방법을 써야하는데 그런 것이 존재하는지도 모른다." "내가 어떤 문제를 풀고 싶은지, 그것이 위대한 문제인지를 고민해야 한다. 세계적으로 많은 사람들이 겪고 있는 문제를 풀어낼 수 있다면 크게 성공할 수 있다. 내가 제일 잘 풀 수 있는 문제 중 그나마 가장 큰 문제를 평생 풀어내야 한다. 어려운 것이 아니다. 문제를 푸는 방법이 창업일 수 있고 취업일 수도 있다. 20대는 특히 문제를 발견하고 문제의 해답을 찾는데 시간을 많이 보내야 한다." "해결책을 찾으려는데 아는 것이 없다면 대학원에 갈 수 있고 실전에서도 배울 수 있다. 우리나라에서 답을 못 찾으면 문제를 가장 많이 겪는 나라에 가서 살 수도 있다. 자기를 바치면서 답이 나올 때까지 헌신해야 한다. 같은 20대 초반이 찾아와도 '시간 끌지 말고 도전 하세요'라 조언하는 사람과 '집어치우고 공부 하세요'라 말해주는 사람의 차이는 명확하다. 풀려는 문제가 명확한 사람과 그렇지 않은 사람이다."

"미국의 랩퍼 50cent는 사업을 매우 잘한다. 그는 뒷골목에서 건달로 살다가 힙합을 했는데 자기 이미지를 극대화할 수 있는 에너지 음료 아이템을 찾아 사업에 크게 성공했다.

모든 인간은 자기가 정말 잘하는 것을 담대하게 실행해서 사회에 공헌할 가능성이 있다. 젊은 친구들이 스스로에게 집중했으면 좋겠다."

"창업은 문제를 해결하는 수단일 뿐이다. 꼭 창업이 좋고 취업이 나쁜 것은 아니다. 다음 세대의 반도체를 만들고 싶다면 삼성전자에 가는 것밖에 방법이 없을 수 있다. 나 혼자 혹은 친구들끼리 해도 되겠다 하면 창업할 수 있다. 아예 뭘 어떻게 할지 모르는 사람들은 창업을 안 하는 게 맞다." "20대가 방법을 모르는 것은 어른들의 잘못이다. 어른들은 무능하니까 스스로 방법을 찾으라는 얘기다. 화성을 가려면 달나라에 가야하고 달나라에 가려면 비행기를 날려야 한다. 청년들은 스케일이 큰 고민을 하는 것도 잘 못하고 스케일이 큰 고민을 쪼개서 현실적인 고민으로 환원시키는 것도 못한다. 큰 돈을 버는 것이 행복은 아니다. 인생의 주인으로 사는 것이 행복이다."

이동형 나우프로필 대표 "창업, 다른 사람에겐 불확실하지만 내겐 확실한 것"

이동형 나우프로필 대표는 싸이월드의 영광을 일군 인물이다. 1999년 12월 싸이월드 대표이사가 된 이후 SK커뮤니케이션스에 싸이월드가 인수된 2003년 8월까지 자리를 지켰다. 인수 이후 SK커뮤니케이션스에서 싸이월드 본부장, 일본 싸이월드 대표이사 등으로 일하다가 2008년 2월에 퇴사했다. 이후 나우프로필을 설립해 런파이프, 런파파 등 위치기반 SNS를 만들었고 최근에는 '랜드마크'라는 지역 SNS 서비스를 출시하며 다시 한 번 출사표를 던졌다.

이 대표는 학습의 중요성을 강조했다. 창업이란 문제를 발견하고 해결책을 찾는 과정인데 '학습' 없이는 해결방안을 찾아낼 수 없다는 것이다. '창업은 다른 사람에겐 불확실하지만 내겐 확실한 것'이란 말은 곧 사업을 시작하기 위해 엄청난 학습이 필요하다는 말이다. 이 대표는 사업을 하기 위해 꼭 술을 잘 마실 필요가 없다는 색다른 조언도 곁들였다.

"취업이나 창업이나 모든 '업'(業)은 학습의 과정이란 것을 잊지 말아야 한다. 학습이 끝나기 전까지 뭔가를 이루기란 쉽지 않다. 창업하는 사람은 배우고 깨달아 다른 사람들보다 더 많은 것을 알게 됐을 때 성공할 것이라고 생각해야 한다."

"싸이월드도 학습 과정만 3~4년 걸렸다. 그쯤 되니 필요한 것과 불필요한 것이 무엇인지 감이 왔다. 그 동안 견딜 수 있는 있는 힘이 필요하다." "싸이월드를 창업하기 전 LG 등에서 유닉스 엔지니어로 일했다. IT기업을 창업할 당시 많은 사람들이 인터넷을 잘 몰랐지만 나는 익숙했다. 다른 사람은 불확실하지만 나는 확실한 것은 창업이다. 다른 사람이 불확실하고 나도 불확실한 건 도박이다. 창업은 도박이 아니며 자신이 창업하는 분야에 명확하지 않은 창업자는 실패할 확률이 높다."

"반드시 시장을 알아야 한다. 시장에 회사와 상품, 고객이 다 있다. 창업이라고 하면 보통 '세상에 없던 것을 만드는 것'이라고 생각하는데 무에서 유를 만드는 일은 아니다. 과거에 존재하던 것을 진화시킨 것이다. 싸이월드, 프리챌, 아이러브스쿨 등도 이전에 존재하던 피씨통신을 발전시킨 형태다. 성공하기 위해선 진화의 방향을 읽을 수 있어야 한다. 이는 학습을 통해 얻을 수 있다."

"젊은이들에게 창업을 권유하는 건 성공 가능성이 높아서가 아니라 가장 빨리 '학습'할 수 있는 방법이 사업이기 때문이다. 늘 위험에 대처해야 하기 때문에 집중력이 높아지고 직장생활보다 빨리 학습할 수 있다." "남이 못 본 것을 내가 보고 명확하게 이해하려면 처음에는 그 업종에 취직하는 것이 맞다. 돈 받아가면서 배울 수도 있다. 업계에 어떤 문제와 한계가 있는지 보고 이를 혁신하려는 태도가 필요하다." "문제를 발견하고 학습을 통해 해결책을 찾아나서는 것이 기업가 정신이다. 기업가정신이 꼭 IT나 근사한 일에만 필요한 것은 아니다. '세상을 바꿔야지'란 마음을 갖고 일을 시작할 필요는 없다. 비즈니스를 일으켜서 성공하고 살아남으면 세상이 바뀐다. 죽으면 아무것도 바꿀 수 없다. 살아남는데 집중하라."

"혁신적인 아이디어는 특허부터 받아야 하고 공개도 않아야 한다고 생각하는 사람들이 있는데 성공 사례가 거의 없다. 누구와 같이 하느냐가 중요하지 무엇을 하느냐는 크게 중요하지 않다. 아이디어를 숨겨서 성공한 예보다는 자신들의 에너지를 쏟아낼 만한 아이디어로 뭉친 사람들이 성공한 사례가 훨씬 많다." "전자책 시장에서 자리를 잡은 배기식 리디북스 사장도 처음에 절 찾아왔을 때 아이템이 명확하지 않았다. 친한 친구 세 명이 뭉쳐서 아이디어를 발전하다보니 지금처럼 성공한 것이다." "창업은 결혼과 비슷하다. 결혼 상대자를 찾으려면 이것저것 따져봐야 할 것이 많다. 창업지원센터에 모인 친구들은 주로 연애를 즐기는 사람이라고 보면 된다. 연애는 즐거운 일이지만 결혼은 책임져야 하는 일이다. 상대방에 대해 공동체 의식을 가져야 한다. '내가 개발자인데 다른 일을 왜 해'라고 생각하기보단 고객을 모으기 위해 '찌라시(전단지)'도 돌릴 수 있어야 한다."

"처음부터 과도하게 빚을 지거나 능력을 넘어서는 돈을 투입하면 안 된다. 무술영화에서 초심자들은 물 나르기만 한다. 실력은 단기간에 오르는 것이 아니다. 처음부터 험한 산을 완전 정복하는 사람은 없다. 무리하다간 심장마비가 온다. 불확실성을 확실하게 만들 때까지 근면하게 정진해야 한다." "나도 술 마시면 얼굴이 빨개져서 못 돌아다닌다. '어떤 성격이기 때문에 못 한다'는 건 잘못된 생각이다. 스타트업 중에도 얌전한 사장들이 많다. 이해진 네이버 사장이 대표적이다."

"농사 지어본 적이 있나. 농사는 작은 모판에 먼저 짓는다. 모가 다 자랐다 싶으면 모내기를 한다. 창업자는 모판 만드는 것만 하면 된다. 나머지는 투자자나 전문경영인(CEO)이 해줄 문제다. 싸이월드도 분당학교, 교회에서 조그맣게 시작했다. 전국으로 퍼져나가고 2,500만 가입자를 만든 건 경영을 잘 하는 사람들이 한 거다."[43]

---

43 조선비즈, http://biz.chosun.com/site/data/html_dir/2014/05/12/2014051201525.html

Ⅱ

실전 창업실무

제5장
창업을 위한 필수 점검사항

1) 환경 분석이 필요한 이유

창업은 성공할 가능성이 있는 새로운 사업 아이디어를 창안하고 이를 실제로 구현시켜 기업이라는 사업체계를 만들어 나가는 과정이라고 정의할 수 있다. 창업자가 창업 초기부터 창업기업에 대한 완벽한 비전과 사업 아이디어를 가지고 출발하는 경우도 있을 수 있겠지만 많은 실패와 시행착오를 거친 이후에야 창업에 대한 구체적 비전과 아이디어가 만들어지는 경우도 허다하다. 예를 들면, 창업 초기에는 막연히 사업개념만 가지고 있었지만 소비자, 공급자 등의 이해 관계자 혹은 중간경영자, 종업원 등과 같은 내무 이해관계자로부터 전망 있는 사업아이디어를 획득하고 채택한 경우도 있을 것이고 체계적인 사업성 분석을 통해 발견된 약점을 극복하려는 시도를 통해 사업성 있은 아이디어로 발전된 경우도 있을 것이다. 실패가 용인되는 문화가 중요하고 실수를 두려워하지 않는 태도가 중요하다고 해서 실패와 실수가 장려되는 것은 아니다. 또한, 창업자는 사전에 전망 있는 창업 아이디어를 선태하고 다양한 관점에서 사업성을 높이고 경쟁력을 개선하려는 노력을 끊임없이 해야 창업에 성공할 수 있다.

궁극적으로 성공할 수 있고 사회를 변화시킬 수 있는 창업 아이디어를 혁신이라고 정의한다면 창업자의 목적은 혁신을 발견하는 것에 있다고 할 수 있다. 혁신적 아이디어에 이르는 과정은 인생의 여정과 같이 길고 험하다, 하지만, 창업 교육의 목표는 창업자들이 실수와 실패를 줄이고 체계적 교육을 통해 효율적으로 혁신적 아이디어를 발견하도록 하는 것이라고 할 수 있다. 오늘날 국내외를 막론하고 창업교육에 대한 수요는 점점 증가하고 있는데 비해 체계적 창업교육 내용과 실무사례의 공급은 절대적으로 부족한 형편이다. 어떻게 창업자들이 혁신적 아이디어에 쉽게 도달하도록 할 것인가? 교육을 통해 혁신적 아이디어를 창업자들이 비교적 쉽고 체계적으로 발견할 수 있도록 하는 방법은 없을까? 혁신적 창업 아이디어가 되기 위해 갖추어야 할 조건은 어떤 것이 있는가? 혁신적 창업 아이디어의 조건은 무엇이고 이를 체계적으로 발견할 수 있는 방법을 생각해 보고 논의하고자 하는 관점에서 접근하였다.44

(1) 환경 분석을 통한 기회 및 위협요인 분석

환경변화를 주시하면 '길'이 보인다. 요즈음의 경제가 더욱 불안스러워 보인다. 금융시스템의 구조조정과 경제가 어려운 과정으로 직면하면서 앞으로의 상황이 어떻게 변할지 도무지 예측하기 어렵다. 이런 객관적인 상황만 고려한다면 창업을 결심하기가 쉽지 않다. 그러나 이런 상황을 심층 검토해보면 그 자체가 좋은 사업기회인 업종을 발굴할 수도 있다. 뿐만 아니라 창업은 당장의 상황만 고려하는 것이 아니라 적어도 몇 년 후를 내다보며 준비하는 것이기 때문에 현재의 상황만을 고려하는 것은 바람직하지 않다. 창업 시기는 차후에 결정하더라도 현재와 앞으로의 상황이 어떻게 변화할 것인지를 분석하면서 준비를 해보자.

환경변수와 자신의 잠재력을 감안해 어떤 방향을 설정하고자 할 때 많이 사용하는 방법 중의 하나가 바로 SWOT 분석이다. SWOT 분석이란 사업에 영향을 끼치는 각종 환경분석을 통해 기회요인(O: Opportunity)과 위험요인(T: Treat) 발굴하고, 이를 다시 자신이 가지고 있는 강점(S: Strength)과 약점(W: Weakness)에 연결시켜 타당성을 찾는 방법이다. 주로 대기업들이 경영전략을 수립할 때 많이 사용하는 방법인데 창업을 할 때도 이 방법을 쓰면 환경을 분석하는 안목을 갖출 수 있고, 나아가 자신의 잠재력과 결합해 거시적인 창업방향을 탐색할 수 있다. 이 절에서는 SWOT 분석의 표준적인 방법에 대해 알아보자.

기회요인이란 지금의 환경변화가 창업을 할 때 어떤 점에서 유리할지를 찾아내는 것이다. 반면 위험요인은 환경변화 중에서 창업자들에게 불리하게 작용할 변수들을 말한다. 기회요인이나 위험요인을 발굴하는 방법은 환경변화 내용을 직시하고 그 중에서 창업에 유리하거나 불리한 영향을 줄 항목들을 골라내면 된다. 환경요소를 분석할 때는 가급적 3년 정도의 중기적 관점에서 접근해야 미시적 접근에 따른 판단 오류를 방지할 수 있다. 3년은 중장기 전략 수립의 최소단위이기 때문이다.

---

44 창업론, 한국벤처창업학회, 명경사, 2012, pp. 124~125.

현재 우리 사회에서 전개되는 각종 환경변화는 크게 다음 세 가지로 나눠 살펴볼 수 있다. 먼저 법 · 정치적 환경이 있고, 다음으로 경제 · 기술적 환경이 있으며, 마지막으로 사회 · 문화적 환경변화가 있다. SWOT 분석에서는 이와 같이 세 분야의 환경요소를 발굴하여 가장 크게 영향을 끼칠 수 있는 요소를 찾아내고 분석하여 철저히 대비함으로써 실패확률을 낮출 수 있다.

(2) 법 · 정치적 환경

지금 우리 사회는 법률이나 정치 환경 측면에서 큰 변화가 일어나고 있다. 이러한 법적 · 정치적 환경의 특징적 변화내용을 창업자가 생각나는 대로 추출해보고, 이를 다시 기회요인과 위협요인으로 분류해 보자.

환경변화의 내용 예시

- 각종 규제의 철폐 및 완화
- 남북관계변화와 통일 분위기 조성
- 민생관련 법률의 개혁
- 외국자본의 국내유입 가속화
- 정치개혁에 대한 국민적 요구
- 중산층의 감소와 사회계층의 양극화

어느 정도 해당 항목이 도출됐다고 생각되면 그 다음은 이러한 환경변화 중에서 기회로 작용할 요인과 위협이 될 만한 내용을 분류한다. 여기서 유의할 것은 환경변화 항목 중 어떤 측면에서는 기회도 되지만 한편으로는 위협도 될 수 있는 양면성을 가진 것들이 많다는 점이다.

(3) 기회요인의 발굴

위의 내용 중에서 창업을 준비하는 자신에게 도움이 될 만한 것들은 무엇일까, 먼저 각종 규제의 철폐나 완화 추세는 대단히 매력적인 내용이다. 그동안 어떤 사업을 시작하려고 해도 행정당국의 규제로 착수조차 하지 못하는 경우가 많았기 때문이다. 둘째로 외국자본의 국내유입 가속화도 업종에 따라서는 좋은 기회요인이다. 예를 들어 수준 높은 통역서비스를 제공하는 회사를 설립한다고 해보자. 물밀 듯이 밀려오는 외국회사들은 양질의 통역서비스를 요구함으로써 사업에 좋은 기회를 제공해 준다. 이와 같은 방법으로 자신이 막연하게 구상중인 사업과 환경변화의 내용을 연관 지어 생각해 보면 좋은 기회가 될지 아니면 위협요인이 될지 창업전략을 수립하는 데 도움이 된다.

(4) 위협요인의 발굴

기회요인과 반대로 위의 환경요인 중 자신이 구상하는 사업에 불리하게 작용할 수 있는 요소를 찾는 것이 위협요인의 발굴이다. 예를 들어 사회불안 현상의 심화는 전 업종 공이 사업을 어렵게 할 가능성이 있다. 사회가 불안한 가운데 번창할 수 있는 사업은 거의 없기 때문이다. 외국자본의 국내유입 가속화도 업종에 따라서 위협요인이 될 수 있다. 이는 곧 시장개방을 의미하기 때문이다. 또한 정치권 개편은 선거대행업 등 업종에 따라서 유리할 수도 불리할 수도 있다. 이렇듯 환경변화의 다양한 내용이 자신이 구상하는 사업에 어떤 영향을 끼칠지는 일률적으로 판단하기 어렵다. 그만큼 환경변화는 양면성이 있기 때문이다.

(5) 자신의 강점 및 약점 분석

나를 알면 '전략'이 보인다. 성공적인 창업을 위해서는 무엇보다 창업자의 자신감이 중요하다. 호경기라 하더라도 결의에 찬 창업자의 의식이 없으면 머지않아 어려움에 처하는 것과 마찬가지로 절망적인 불황이라 하더라도 자신감을 가지고 임하면 좋은 방법이 떠오르기 때문이다. 그러나 무턱대고 자신감을 갖는 것은 무의미하다. 환경이나 역량에 대한 분석적인 시각이 없는 돈키호테식 자신감은 오히려 사업을 망칠 수도 있다.

이런 점에서 자신감을 회복하기 위해 자신의 강점과 약점을 파악해 보는 것은 대단히 중요하다. 자신이 가지고 있는 장점은 최대한 활용하고 약점은 미리 보완하거나 피해감으로써 실패를 미연에 방지할 수 있기 때문이다. 자신의 강점과 약점에 대한 판단은 주관적이기 쉽다. 따라서 더욱 냉철하게 합리적으로 모색할 필요가 있다. 한 가지 유의할 점은 자신의 강점과 약점을 스스로 발견해야 하기 때문에 가급적 3자적 관점에서 접근하는 것이 중요하다. 자신이 어떤 직장의 인사담당자가 돼 적재적소에 활용하기 위해 남을 평가한다고 가정해 보자. 물론 평가대상은 자기 자신이다. 강점이나 약점 파악은 자만이나 자학의 목적이 아니라 창업에 전략적으로 활용하려는 것이므로 냉철하게 살려보되 가급적 긍정적 안목에서 분석할 필요가 있다.

자신의 강점

막연하게 생각해서는 자신의 강점을 발견하기 쉽지 않다. 이럴 경우에는 MBTI 검사에서 나타나는 성격유형이 참고자료가 될 수 있다. 또한 창업여건이 어려운 상황일수록 자신의 잠재력을 찾는 것이 중요하다. 왜 그럴까? 창업과 관련된 부정적인 여러 상황을 발전시키기 위해서라도 자신에게서 강점을 찾아 낼 필요가 있는 것이다. 자본금이 부족하고 조달할 방법이 없다면 더욱 더 돈을 들이지 않고 아이디어로 돌파할 수 있는 방법을 찾아야 하며, 시장이 급행해서 웬만한 것들을 사지 않는 분위기라면 또 그런 상황을 돌파할 수 있는 전략을 세워야 하기 때문이다. 자신의 강점을 평가 할 때는 가급적 직장이나 학창생활에서 검증된 것들들 중심으로 기술해야 주관적 오류를 방지할 수 있다.

다음 도표 〈표 5-1〉에 자신의 강점을 작성해보자. 창업과 관련된 여러 가지 요소 가운데 중요하다고 생각되는 부분을 먼저 파악한 다음 해당 항목별로 자신이 어디에 해당하는지 체크해 보면 강점을 파악할 수 있다. 예를 들면, 중요 항목 가운데 자신의 해당 정도를 체크해서 '보통' 이상으로 표시되는 항목을 강점으로 분류한다. 이렇게 분류된 강점 항목을 상위 5개만 골라 뒤의 〈표 5-1〉에 옮겨 적어보자.

자신의 약점

스스로 생각해도 능력이나 자질이 부족한 부분은 누구나 있기 마련이다. 다음 도표 〈표 5-1〉에 창업과 관련된 여러 요소 중 '보통' 이하에 해당하는 항목을 작성해 보자. 예를 들면, 성격 · 대인관계 · 컴퓨터 사용능력 · 외국어 구사능력 · 표현력 · 영업능력 · 자금동원능력 등 여러 항목 중에서 하위 5개 항목을 골라 〈표 5-1〉에 강점과 함께 정리해 놓는다.

〈표 5-1〉 강 · 약점의 예시항목 체크리스트

NO	강점 BEST 5	약점 BEST 5
1		
2		
3		
4		
5		

강점과 약점의 정리와 1차 활용

창업전략을 수립할 때 강점이 기회를 극대화시키는 용도로 활용된다면 약점은 위험을 피하는 용도로 활용된다. 예를 들어 컴퓨터를 이용해서 PC 통신을 통한 정보제공사업 (IP 사업)을 하려는 두 사람이 있다고 하자. 한사람은 컴퓨터에 능숙하고 정보마인드가 높은 반면, 다른 사람은 그렇지 못한다면 과연 누가 성공가능성이 높을까, 당연한 이야기지만 전자가 성공할 가능성이 높다. 따라서 후자는 이런 분야보다 자신의 강점이 있는 분야를 중심으로 창업을 준비하는 것이 현명하다. 강점과 약점 발굴 자료는 이와 같이 1차적인 용도로는 활용이 되지만, 여기서는 뒤에 살펴볼 SWOT 분석을 통해 구체적인 전략방향을 탐색하는 용도로 활용하고자 한다.

(6) 발굴 항목의 정리

이와 같이 법적 · 정치적 환경변화의 내용을 나열하고 이를 기회요인 및 위협요인으로 정리하되 가장 핵심적으로 영향을 미칠 수 있는 요소를 5개 이내로 간추려서 정리해 본다. 이렇게 발굴된 요소들은 뒤에 제시하는 다른 환경요소와 함께 창업전략을 수립하는 데 중요한 데이터가 될 것이다.

경제 · 기술적 환경

사업이라는 것이 경제와 기술시스템 아래에서 운영되는 것인 만큼 경제 · 기술적 환경의 변화요인이 가장 많을 수밖에 없다. 앞에서와 마찬가지 방법으로 경제 · 기술적 환경변화의 내용을 생각나는 대로 발굴해 보자.

환경변화의 내용 예시

- 경제개혁의 필요성 증대
- 대기업들의 구조계획
- 도산기업 증가
- 고용불안 및 실직자 증대
- 저금리 상황의 지속
- 창업 확산 분위기
- 생력화(生力化) 시스템 발달
- 주식시장 혼조
- 부동산 경기침체
- 가계소비 축소
- 산업사회 등장 가속화
- 경제문제에 정부개입 증가
- 정보통신기술의 발달
- 제품의 디지털화

사회 · 문화적 환경

사회 · 문화적 환경 또한 창업여건에 중요한 영향을 미칠 수 있다. 현재 전개되고 있는 사회 · 문화적인 변화들을 기술하면 다음과 같다.

환경변화의 내용 예시

- 소비자 의식의 변화
- 가격 및 개념파괴의 확산
- 복고주의의 등장
- 귀농, 귀향인력의 증가
- 도산 및 실직 증후군의 등장
- 지자체 및 개인이기주의 등장
- 스포츠 영웅의 각광
- 화이트칼라의 붕괴 가속화
- 개인의 심리적 불안감 가속
- 일본 대중문화 개방

(7) 체계적 정리를 통한 환경변화의 활용

이상과 같이 세 측면에서 환경 분석과 기회 및 위협요인의 발굴이 끝나면 체계적으로 정리하고 활용방안을 모색해 본다. 그리고 SWOT 분석에 활용할 때는 세 분야의 요소들을 망라해 기회와 위협요인으로 가장 중요한 것을 다시 5개씩 추려서 〈표 5-2〉에 대입시키면 된다. 구체적인 전략방향은 뒤에 언급할 강 · 약점과 매트릭스(matrix)로 연결해 탐색할 수 있지만, 이렇게 발굴된 기회 및 위협요인만으로도 환경변화를 창업전략에 활용할 수 있다.

〈표 5-2〉 환경 분석 결과 정리시트

구 분	기회요인 (O)	위협요인 (T)
법 · 정치적 환경 (중요 5가지 항목)	• • • • •	• • • • •
경제 · 기술적 환경 (중요 5가지 항목)	• • • • •	• • • • •
사회 · 문화적 환경 (중요 5가지 항목)	• • • • •	• • • • •

2) 환경 분석을 통한 중소기업 창업방향

(1) 네 가지 창업전략 도출

앞에서 도출한 기회 및 위협요인, 강점과 약점의 내용을 각각의 자리에 위치시키면, 〈표 5-3〉과 같이 네 가지 유형의 전략에 관한 매트릭스를 만들 수 있다.[45]

첫째, 기회와 강점을 결합한 전략방향이다(SO 전략).
둘째, 위험에 대비하면서 강점을 활용하는 전략방향이다(ST 전략).
셋째, 기회를 살리되 약점을 감안한 전략방향이다(WO 전략).
넷째, 위험도 크고 약점도 많을 때의 전략방향이다(WT 전략).

〈표 5-3〉 SWOT 분석에 따른 전략 메트릭스

구 분	기회요인 (O)	위험요인 (T)
강점 (S)	SO	ST
약점 (W)	WO	WT

(2) SWOT 분석에 의한 마케팅 전략

SWOT 분석에 의한 마케팅 전략은 기업의 내부 환경을 분석하여 강점(Strengths)과 약점(Weaknesses)을 발견하고, 외부환경을 분석하여 기회(Opportunities)와 위협(Threatens)을 찾아낸다. 이를 바탕으로 강점을 살리고 약점을 죽이며, 기회를 활용하고 위협은 억제하는 효과적인 전략을 수립할 수 있는 기법이다. 결국 이러한 경쟁전략은 환경과 경쟁사 그리고 자사 역량의 분석을 토대로 하여 수립할 수 있다. 먼전 환경과 관련해서는 핵심성공요인인 경쟁전략의 요체가 되고, 다음으로 경쟁사 및 자사와 관련해서는 기업의 핵심능력이 경쟁전략의 요체가 된다.[46]

45 중소기업의 창업과 경영, 김종재 외, 박영사, 2011, pp. 189~198.
46 이종호, 특허와 창업개론, 형성출판사, 2002, p. 133.

〈표 5-4〉 판매촉진의 유형

구 분		장 점	단 점
가격수단	할인쿠폰	• 제품의 사용을 촉진시킨다. • 배포방법이 다양하다.	• 사용율이 낮다. • 쿠폰 제작비용이 높을 수 있다.
	리베이트	• 소비자의 관심을 유도하기 쉽다. • 고객관리에 도움을 준다.	• 적절한 가격결정이 어렵다.
	보너스팩	• 다양한 구매를 유도한다.	• 유통업자의 협조가 필요하다.
	보상판매	• 고객충성도 높일 수 있다.	• 새로운 고객을 창출하기에는 불리하다.
	세일	• 매출액 상승을 유도한다. • 제고를 줄일 수 있다.	• 소비자가 세일의 가간을 예상 할 수 있기 때문에 구매를 연기할 수 있다.
비가격수단	샘플	• 제품의 사용을 유도한다. • 신제품의 경우 효과가 크다.	• 샘플 제작비용이 크다. • 적절한 표적시장에의 배포가 어렵다.
	사은품	• 브랜드의 이미지 향상과 함께 고객의 정보를 수집할 수 있다.	• 법적인 제한이 따른다.
	이벤트	• 제품에 대한 소비자의 참여와 관심의 증대를 유도한다.	• 법적인 제한이 따른다.

(가) SWOT 분석의 단계

① 시장 환경의 변화에 따른 위협과 기회요인

앞으로 예상되는 소비자들의 소비형태의 변화, 새로운 유통업계의 출현 등 마케팅에 영향을 미칠 시장의 변화 요인을 파악하여 위협요인과 기회요인으로 분류한다.

② 자사의 핵심역량의 강점과 약점

경쟁사와 대비하여 상대적인 우리 회사의 유형자산 보다는 무형자산(기술력, 정보력, 브랜드 국제화)에 대한 정확한 평가가 필요하다.

③ SWOT 매트릭스의 작성과 자사의 현위치

시장의 환경변화요인(T, O)과 우리회사 핵심역량의 강점과 약점 (S, W)에 비추어 자사의 현재위치를 파악한다.

④ 마케팅전략의 수립

기업의 내부 환경을 분석하여 강점(S), 약점(W), 기회(O), 위협(T)을 규정하고, 이를 토대로 강점은 살리고 약점을 죽이며, 기회는 활용하고 위협은 억제하는 전략을 수립한다.

SWOT 분석

SWOT 분석이란 신제품에 영향을 미치는 마케팅 요인을 자사의 내부적인 측면에서의 강점(Strength)과 약점(Weakness) 그리고 외부적인 측면에서의 기회요소(Opportunity)와 위협요소(Threat)으로 구분해 체계적인 마케팅환경 요인을 분석함으로써 신제품에 대한 경쟁적 우위요소는 더욱 강화되고, 약점이나 위협요소는 보완하기 위한 마케팅전략을 말한다.

이것은 '백전불태(知彼知己 百戰不殆)'라는 전략에 근거한다. 「손자병법」의 저자 손무는 「모공편(謀攻篇)」에서 '상대를 알고 나를 알면 백번 싸워도 위태롭지 않다'라고 주장했는데, 이 말은 곧 상대방과 자신의 약점 및 강점을 파악해 승산이 있을 때 싸워야 이길 수 있다는 의미다.

SWOT 분석의 진행은 STP기획을 완료하고 이를 마케팅믹스를 통해 실행하기 전에 진행하는 것이 좋다. 어떠한 신제품전략도 강점만을 보유하거나 그 반대로 약점만을 가질 수는 없기 때문이다.

STP전략을 명확하게 수립할수록 SWOT 분석에서 강점이나 위협요소도 명쾌하게 떨어질 수 있다. SWOT분석의 목적은 이미 수립된 STP전략을 수정하거나 보완함으로써 향후 어떤 부분을 핵심경쟁력으로 육성하고, 어떻게 취약한 부분을 보완할지를 알아내는 데 있다.

이를 작성할 때 유의해야 할 것은 기업의 내부적인 요인에 따라 강점(S)이 약점(W)이 구분되고, 기업의 통제가 불가능한 대외적 변수에 따라 기회(O)와 위협(T)요소가 구분된다는 점이다.

(나) SWOT 분석을 통한 전략의 수립

① TW전략(집중화 및 철수전략)

환경의 위협요인이 많으며 현재 우리 회사의 핵심역량도 부족하다. 이 경우 우리 회사의 약점을 극복하기 위하여 제품이나 시장을 재구축(restructuring)하여 제품(시장)을 집중화하는 전략을 쓰거나 철수하는 전략을 고려한다.

② ST전략(시장침투 및 제품계열 확충전략)

시장의 위협요인이 있으나, 우리 회사가 상대적 장점을 갖고 있는 경우, 그 장점을 적극 활용하여 공격적 시장침투전략을 쓰거나 제품계열을 확충하는 전략을 추구한다.

③ OW전략(핵심역량강화 및 전략적 제휴전략)

시장의 기회는 존재하나 우리 회사의 핵심역량이 부족하다. 이 경우 우리 회사의 핵심역량을 강화하여 시장기회를 잡는 핵심역량강화전략을 쓰거나 시장의 기회를 먼저 포착하면서 우리 회사의 핵심역량을 보완하는 전략적 제휴전략을 선택한다.

④ OS전략(시정선점 및 다각화전략)

시장기회가 있고, 우리 회사의 전략적 강점이 많은 매우 좋은 상황이다. 우리 회사는 시장기회를 선점하는 전략을 구사하거나 제품(시장)의 다각화전략을 추구한다.[47]

〈표 5-5〉 SWOT 분석에 따른 매트릭스

구 분	기회요인(O)	위협요인(T)
강점(S)	기회를 살리고 강점을 활용하는 전략(OS 전략) → 1순위(성공전략화) - 시장기회 선점전략 - 시장/제품다양화전략	강점을 살리되 위험을 줄이는 전략(ST 전략) → 2순위(위험회피) - 시장침투전략 - 제품확충전략
약점(W)	기회를 살리되 약점을 감안하는 전략(OW 전략) → 3순위(성공전략화) - 핵심역량강화전략 - 전략적 제휴	위협과 약점을 동시에 고려하는 전략(TW 전략) → 4순위(위험회피) - 철수전략 - 제품/시장집중화전략

자신의 강점과 약점

K군의 강점과 약점은 다음과 같다고 가정한다.

자신의 강점 (S : Strengths)	자신의 약점 (W : Weaknesses)
① 영어와 일본어를 비교적 잘 한다 ② 성격이 활달하고 외향적이다 ③ 사람사귀는 데 재주가 있다 ④ 건강하고 추진력이 강하다 ⑤ 인상이나 외모가 호감이 간다 ⑥ 아이디어가 많다	① 책상에 오래 앉아 있지를 못 한다 ② 수학이나 공학계통에 관심이 없다 ③ 컴퓨터 실력이 약하다 ④ 꼼꼼하지 못하다 ⑤ 자본이 적다 ⑥ 경험이 부족하다

K군의 SWOT 분석

SWOT 분석을 통하여 K군의 창업탐색 전략을 살펴보자.

구 분	기회요인(O)	위협요인(T)
강점(S)	(SO 전략) 우수한 외국어 실력과 활달하고 호감이 가는 외모를 활용하여 외국과 교역(무역)	(ST 전략) 경험이나 브랜드에 대한 경쟁력이 없으므로 경쟁이 심하지 않는 틈새시장개척이 유리
약점(W)	(WO 전략) 가급적 점포보다는 중개업 분야가 유리	(WT 전략) 자본과 경험, 인맥 등이 부족하므로 경쟁업체가 적은 분야가 유리

47 무역창업의 이해, 박종수, 삼영사, 2012, pp. 237~240.

바람직한 창업방향 설정

K군의 경우는, 무엇보다도 우선 자본과 경험이 상대적으로 부족하므로 먼저 자신의 젊음과 활동력을 활용할 수 있는 분야로 창업을 한 후, 다음 단계로 자신의 Life Work를 위해 하나하나 준비해 가는 것이 바람직하다고 생각된다. 그러므로 SWOT 분석을 통하여 분석해 본 4가지 전략(SO전략, ST전략, WO전략, WT전략)을 믹스하여 K 군의 바람직한 창업방향을 탐색하여 보면, 다음과 같은 방향으로 K군의 창업목표를 설정할 수 있다.[48]

> 1순위 : 직접 소규모 의류점을 개설하여 저가전략, 디자인과 색상 등의 차별화를 통한 틈새시장(예를 들면 1,318세대)을 목표로 함
> 2순위 : 소규모 의류 무역업무나 외국인 상대를 목표로 함

따라서 K군은 이러한 졸업 후 창업목표를 설정한 다음, 이를 실현시키기 위해서 보다 구체적인 목표와 정보수집 및 실현방법을 설정하여 집중 투자하여야 한다.

48 창업론, 조경동 외, 형설출판사, 2011, pp. 168~169.

제6장 창업성공을 위한 핵심요인분석

1) 창업아이디어의 차별성, 창업관련 인적 구성

(1) 창조적 아이디어

창업의 3요소에 아이디어가 들어가듯이 창업과 아이디어는 밀접한 관계가 있다. 그러나 기술에 집착하는 사람들은 상품화에 약하므로 고객의 관심을 끌기 어려운 아이디어를 고집한다.

아이디어는 때로는 현실적이지 않을 수 있기 때문에 고객을 중심으로 한 가설 검증과 기획을 통한 시장조사와 고객조사가 필요하다. 그리고 이런 것들을 통하여 얼마만큼의 자금과 인재가 필요하고 설비 기기가 어느 정도 필요한가를 시뮬레이션으로 연습하는 것이 중요하다.

엔지니어들은 시장의 요구와 고객의 요구를 따지지 않고 아이디어와 기술만으로 제품을 만들려는 경향이 있다. 그러므로 수많은 시장조사와 고객조사를 거쳐 아이디어가 사업을 창조할 수 있도록 기획할 필요가 있다. 아이디어와 기술만 믿고 너무 쉽게 창업하여 실패하는 경우가 많으므로 신중하게 기술과 자본을 평가하여야 한다는 것이다. 그러므로 사업의 창조는 기술, 고객, 창조, 서비스, 마케팅 등 여러 가지 지식을 조합해서 지식의 체계를 만들어 가는 과정으로 볼 수 있다. 사업의 창조 과정과 기업가의 사고는 〈사업기획의 탐색 → 아이디어 창조 → 구상화 → 기획화 ···› 사업화〉 와 같은 과정으로 발전되어 간다.

우선 기업가는 보유하고 있는 기술, 기능, 지식, 경험 등에서 수많은 아이디어를 창조해 낸다. 다음으로 그 사업이 어떤 고객을 대상으로, 어떠한 방법으로, 어떠한 가치를 제공하는지 사업의 구상을 한다. 같은 아이디어라도 대상으로 하는 고객이 다르면 전혀 다른 사업 구상이 나온다. 그렇다면 창업자는 어디에서 아이디어를 얻을까? 순간적인 아이디어도 있겠지만 창업자들은 보통 자신이 고객이나 피고용자였을 때 느꼈던 문제점에서 답을 찾은 뒤, 그 답을 기반으로 새로운 사업에 착수한다. 한편 미국의 택배 회사 페더널 익스프레스(Federal Express)의 창업자는 대학 시절에 쓴 논문에서 아이디어를 얻었는데, 이러한 경우는 흔하지 않다.[49]

수익성이 있는 회사로 성장하려면 창조성인 아이디어와 뛰어난 실행 능력을 결합해서 우위를 확보해야 한다. 이때 창업자의 창조성은 혁신적인 제품이나 기존 질서를 변화시키는 과정에서 나타날 수 있다. 창업자는 외부환경의 변화 과정이나 결과에 대해서도 남다른 통찰력을 가져야 할지 모른다. 예를 들어 캘리포니아의 골드러시는 수천 명의 빈민들을 열광하게 만들었지만, 작은 섬유회사 리바이 스트라우스(Levi-Strauss)는 그곳에서 시굴자들에게 질기고 거친 천으로 만든 옷을, 나중에는 무명으로 된 청바지를 만들어 공급하는 사업을 시작했다. 그리고 골드러시가 끝난 뒤에도 그 회사에서 판 상품 리바이스 진은 세계적으로 유명해졌고 지금도 그 명성을 유지하고. 이것은 혁신적인 아이디어를 창업이라는 실행으로 옮기고 경쟁력을 갖출 수 있도록 개발하였기 때문이다.

(2) 외부환경의 변화에 대한 대응 능력

창업은 일반적으로 성숙한 산업 분야에서 또는 틈새시장에서 그 기회를 활용하여야 한다. 기존 산업 분야에서는 시장의 특성상 취약한 기술력과 전략, 조직으로는 살아남을 수 없으며, 경쟁자들을 따돌리려면 창조성과 경험이 필요하다. 하지만 새로운 시장과 틈새시장은 상황이 다르다. 거기에는 미처 자리를 잡지 못한 경쟁사들, 제품의 희소성에서 오는 수익 창출의 기회가 존재한다. 그러므로 혁신적인 요소, 기술 또는 전문성을 갖추고 창업할 의지만 있으면 성공할 수 있다.

외부환경의 변화가 주는 효과는 1980년대 퍼스널 컴퓨터 혁명에 편승한 하드웨어, 소프트웨어, PC 교육, PC 소매, 시스템 통합 분야의 많은 성공 사례에서도 잘 드러난다. 컴퓨터 기술을 습득한 사람이 매우 드물었기 때문에, 보단(Bohadn)사의 창업자 피터 자하르키브(Peter Zacharkiw)와 같은 기업가들은 고객이 특별한 서비스라고 여기는 것을 제공함으로써 성공적인 영업권을 구출할 수 있었다.

새로운 패러다임에서 단지 업계에 일찍 진출해 앞에 놓인 기회들을 이용했다는 이유 하나만으로 빌 게이츠는 획기적인 상품 없이도 마이크로소프트를 수십억 달러 규모의 회

49 아마하이드 외, 지용희 · 오세종 옮김(2001), 하버드 창업 가이드, 21세기 북스, p. 87.

사로 만들었다. 1975년 당시 19세였던 빌 게이츠와 그의 동업자 폴 앨런(Paul Allen, 당시 21세)은 마이크로소프트를 창업해 자신들이 개발한 소프트웨어를 판매했다. 마이크로소프트는 1979년에는 25명의 직원을 거느리게 되었으며, 매출은 250만 달러에 달했다. 그러자 IBM은 1980년 11월 퍼스널 컴퓨터의 운영시스템을 마이크로소프트에서 구매하기로 결정했다. 그 즉시 마이크로소프트는 시애틀 컴퓨터(Seattle Computer Products)사로부터 운영시스템을 사들였고, 다시 그것을 현재는 어디서나 볼 수 있는 MS-DOS로 개조했다. 결국 IBM이라는 이름과 DOS 환경에서만 운영되는 1-2-3 스프레드시트의 엄청남 성공으로 인해, 마이크로소프트는 운영시스템 공급 업체 중 최고가 될 수 있었다.[50]

○ 아이디어의 유형

2) 창업관련 인적구성

(1) 인력채용 및 인사관리

창업과 관련된 인력관리 업무는 직원의 모집과 채용, 교육 및 훈련, 보수, 노사관리 등을 들 수 있다.

(가) 직원의 모집과 채용

창업자의 경우에 고민은 유능한 직원의 채용이며, 이와 동시에 팀워크라고 할 수 있다. 즉, 아무리 유능하더라도 조직 내에서 화합하지 못한다면 조직의 생산성 및 능률향상은 기대할 수가 없다는 것이다. 오히려 조직이 깨어지고, 급기야 회사가 파산할 수도 있다는 것이다. 따라서 직원을 모집하고 채용할 때에는 단순히 자격이나 경력 외에도 인성 등을 고려해야 한다는 것이다. 특히 다음의 사항 등을 참고하면 도움이 될 것이다.

---

50 창업학의 이해, 이덕훈, 비앤엠북스, 2012, pp. 121~1240.

① 회사에서 필요한 자격이나 경력을 갖추고 있는가?
② 실무경험이 있는가?
③ 성격은 어떠한가?
④ 나이, 성별, 학력은 적합한가?
⑤ 가족관계, 친구관계, 대인관계 등은 문제가 없는가?

직원의 채용은 어떠한 분야의 직원을 채용할 것인가를 먼저 생각해야 하며, 그 분야에서 인력들의 특성을 잘 파악해야 성공적인 인력관리를 할 수가 있다. 예를 들어, 직원 중에서도 상품의 판매를 담당하는 판매 인력의 경우에는 다음과 같은 특성이 있음을 사전에 인지해야 한다.

① 임금이 낮아서 이직률이 높다.
② 시간제업무가 가능한 업무가 많다.
③ 성수기에는 특별한 고용형태가 필요하다.

또한 직원을 모집할 경우에는 신문 혹은 생활정보지에 유료광고를 할 수도 있지만, 회사의 홈페이지 및 구인구직 사이트(예: 잼콤, www.gemmcom.co.kr)에 올리는 것도 좋은 방법이다. 특히 언론사 및 구인구직 전문 업체에서 운영하는 홈페이지의 경우에는 많은 사람들이 접속하기 때문에 무료로 직원을 모집할 수 있다는 장점이 있다. 일반적으로 창업기업에서 필요로 하는 인원선발의 방법은 다음과 같다.

① 가족 중에서 동원 가능한 인원 체크
② 연고지를 통해서 필요한 인원을 확보하는 방법
③ 자기점포와 유사한 업종의 점포에서 스카우트하는 방법
④ 컨설팅 전문기관에 의뢰하는 방법
⑤ 직업소개소에 추천 의뢰하는 방법
⑥ 납품거래처에서 소개받는 방법
⑦ 스스로 일정기간 유사 점포에서 취업하여 판매기술을 습득하는 방법
⑧ 벼룩시장이나 지역신문 등에 구인광고를 내는 방법
⑨ 관련 업종의 전문잡지에 광고하는 방법
⑩ 인터넷이나 통신사의 구인구직 정보제공을 활용하는 방법
⑪ 대학교 관련학에 연락하여 추천을 받는 방법

위에서 여러 가지의 방법들을 나열하겠지만, 자사에서 필요한 인력은 자체 혹은 외부 전문기관에서 교육과 훈련을 통해서 능력을 향상시키는 것이 가장 좋다는 것이다. 즉, 필요할 때마다 별도로 채용하거나 다른 회사의 인력을 급여인상 등의 방법으로 스카우트를 하는 것보다는 내부에서 업무능력을 향상시키는 것이 좋다는 것이다. 한편, 직원모집은 내부모집 혹은 외부모집으로 구분하여 살펴볼 수 있는데, 내부모집(internal recruitment)은 외부모집보다 간편하고 기존 종업원의 고과기록 등의 보유로 적합한 인재선발이 가능하며 홍보활동이 필요 없으나 모집범위 제한, 승진을 위한 과당경쟁을 유발할 수도 있다. 내부모집을 위한 방안으로는 인사기록카드 활용, 내부추천(기업내무 부서장의 추천), 사내 공개모집제도 등이 있다.

외부모집(external recruitment)은 기업 외부에서 기업에 필요한 인적자원의 확보가 가능하며, 모집범위가 넓고 외부의 유능한 인재확보가 가능하지만 모집 및 인력개발 비용이 필요할 뿐만 아니라 부적격자 선발의 우려가 있다. 외부모집의 방법으로는 광고에 의한 모집, 직업소개소(사설 · 공공 직업소개소), 교육기관과의 협력에 의한 모집, 현종업원의 추천에 의한 모집, 인턴쉽(internship)의 활용, 노조를 통한 모집, 연고(nepotism) 모집(친척채용), 개별 수시모집(단기적 임시적 고용) 등이 있다.[51]

(나) 교육 및 훈련

IMF 때에 많은 직장인들이 퇴출되었는데, 기업경영 상의 이유도 있겠지만 중요한 요인의 하나가 바로 평소에 자신에 대한 교육과 훈련을 게을리 하였다는 것이다. 즉 평소에 교육과 훈련을 통해 새로운 지식과 기술을 습득해야 한다는 것이며, 이를 통해 개인의 생산성을 높여야 한다는 것이다. 최근 직장인들의 경우를 보면 퇴근 전 및 퇴근 후 혹은 주말을 이용하여 자기계발에 많은 시간을 할애하는 것을 쉽게 볼 수 있는데, 개인의 업무능력 향상 외에도 생존을 위한 몸부림이라고 할 수 있다.

일반적으로 신규 채용한 인력 혹은 기존 인력의 훈련방법으로 다음과 같은 것들이 있다.

> ① 직장내 훈련 : 기업체 내에서 각종 자료를 이용하여 특정 직원을 대상으로 교육과 훈련을 시키는 것을 말한다.
> ② 강의실내 훈련 : 여러 명의 직원을 모아서 교육을 시키는 방법을 말한다.
> ③ 자기훈련 : 스스로가 자료를 이용하여 배우는 방법을 말한다.
> ④ 외부위탁 : 외부 전문기관에 의뢰하여 직원을 교육시키는 방법을 말한다.

51 이상윤(2004), 공무원 노조 입법화에 대한 소고.

또한, 이상윤(2004.2)은 교육훈련의 방법으로 다음의 8가기를 제시하고 있다.

① 청년중역제도(junior boards of executives): 기업 내의 문제점을 조사, 연구하여 상위 경영진에 건의하는 상설자문기관으로 복수경영제도(multiple management)라고도 불린다. 자금관리자나 일반사원으로 구성되는 이 방법은 고급관리자들에 대한 경영자 교육의 목적과 함께 이들의 건설적 제안을 기업경영에 참고 내지 응용하기 위한 목적으로 실시된다.
② 대역법(代役法, understudies): 상급자가 퇴직 · 이직 · 휴직 등으로 공석이 될 것에 대비하여 직속 상급자의 담당업무를 미리 맡겨 훈련시키는 방법이다.
③ 코칭법(coaching): 관리문제 해결을 위해 관리자가 하급자에게 직무경험을 지도 · 조언 · 코치하도록 하는 방법이다. 상급자의 실제 쌓은 경험을 하급자에게 개방, 전하게 하고 이에 하급자는 실제 경험을 얻을 수 있고, 자신의 결정에 대한 결과를 즉시 확인할 수 있다.
④ 직무순환(job rotation): 이제까지 담당했던 직무를 바꾸어 다른 직무로 이동하여 적성에 맞는 직무를 발견하고 개발하여 능력의 극대화를 꾀하고 만족을 추구하는 인적자원 관리기법이다.
⑤ 사례연구(case study): 제시된 가상적인 상황의 분석사례를 통해 피교육자들이 문제를 분석, 대안을 탐색하고 최적대안을 선택하여 의사결정의 결과를 예측, 분석하게 하는 방법이다.
⑥ 중요 사건법(critical incident method): 하나의 제시된 사건에 대해 참가자는 그 사건을 연구하여 필요정보를 탐색하고, 그 정보를 사례 리더에게 질문한 후 수집된 사실 중 중요한 것을 고르게 하고, 각자가 결정한 후에 문제로 제시된 사례를 떠나서 일반화된 주제를 토론케 하는 것이다.
⑦ 역할연구법(role playing): 실제 상황에서 특정 인물의 역할수행을 하도록 하는 것인데, 정신질환치료법으로 개발된 것으로 심리극이라고도 한다.
⑧ 비즈니스 게임(business game): 가상적인 기업경영 상황 하에서 5~6명으로 구성된 한 팀이 가상의 기업운영을 하도록 하는 것이다. 여러 팀이 경쟁하게 하여 상황변화에 따른 적응능력의 배양을 꾀하기 위한 방법이다.[52]

한편, 교육 및 훈련은 직원이 담당하는 업무에 따라 달라져야 하고, 이에 따라 각 직무에 맞는 효과적인 교육 및 훈련방법을 개발하는 것이 중요할 것이다. 예를 들어, 소점포에서 판매를 담당하는 인력의 경우에는 대체로 다음과 같은 업무를 수행하는데, 이러한 업무에 적합한 별도의 교육훈련이 필요하다는 것을 의미한다.[53]

52 이상윤(2004), 공무원 노조 입법화에 대한 소고.
53 중소기업청, 2002, 4.

① 판매사무: 전표의 작성, 재무상태의 정리, 기장업무를 처리한다.
② 판매노력: 상품의 보충과 진열, 매장과 상품의 청소, 고객이 운영하는 상품의 출납, 상품 포장, 배송부서로의 상품운반 등과 같은 육체적 노동이다.
③ 정보제공: 고객이 갖지 못한 지식과 정보 그리고 제품의 사용방법 등을 효율적으로 제공하여 고객이 만족스럽고 유리한 구매를 할 수 있도록 도와 준다.
④ 판매환경 형성: 점포에서는 고객에게 좋은 인상과 심리적 만족을 주어야 한다. 이를 위해서는 서비스 및 친절교육이 필요할 것이다.

(3) 보수

직원에게 지급되는 보수는 매월 고정적으로 지급되는 봉급이나 상여금과 같은 금전적인 지급, 유급휴가 및 퇴직연금 등과 같은 간접적인 지급이 있다. 이러한 보수를 지급하는 전통적인 방법은 다음과 같다.[54]

① 봉급제도: 매월 지급하는 것이며, 직원으로 볼 때는 가장 안정적이라고 할 수 있다.
② 수수료제도: 직원의 개인성과에 따라 지급하는 것인데, 생산성이 높은 직원에게 유리한 제도라고 할 수 있다.
③ 절충형제도: 일정액은 고정 봉급으로 지급하고, 나머지는 성과에 따른 수수료 형태로 지급하는 것이다.

사실, 직원으로 볼 때에는 매월 고정적인 금액을 지급 받는 것이 안정적이라고 할 수 있는데, 경영자의 입장에서 볼 때에는 수수료 형태로 지급하는 것이 유리하다고 할 수 있다. 사실, 대부분의 경영자들을 만나보면, 지급하는 보수에 비하여 상당수의 직원들의 업무성과는 떨어진다고 생각한다는 것이다.

벤처기업의 경우에는 재정상태가 열악하기 때문에, 회사의 전체 운영경비 중에서 보수비의 비중이 매우 높다는 것이다. 그렇게 때문에, 매월 지급되는 보수를 감당하지 못하는 벤처기업들도 매우 많다는 것이다. 따라서 벤처기업 혹은 신생 창업기업의 경우에는 절충형 제도를 도입하는 것이 바람직하다.

54 중소기업청, 1990.10.

(4) 노사관리

기존 제조 기업에서는 노사가 상하관계에 있는 것으로 인식되고 있으므로 항상 노사간의 갈등이 발생하고 있다. 하지만, 노사는 단순히 수직적인 관계뿐만 아니라 때로는 수평적인 관계를 형성하는 것이 중요하다고 할 것이다. 특히 창업기업의 경영자는 노사관리에 있어서 다음과 같은 부분에 노력을 해야 한다.

> ① 적절한 목표의 수립
> ② 종업원들의 능력에 대한 확신
> ③ 권한의 적절한 위임
> ④ 긍정적인 사고방식
> ⑤ 유머 감각
> ⑥ 직원들의 의견 존중
> ⑦ 인간중심적 인사관리 및 고충처리

노사관리와 관련하여 한 가지 언급할 것은 직원들에 대해 어느 정도의 권한이 위임되어야 한다는 것이다. 기업의 대표자가 모든 것에 대해 일일이 간섭을 하게 되면 오히려 조직 분위기를 해치게 되고 생산성이 떨어짐은 물론 이직률이 높아지는 결과를 초래할 수 있다.

(5) 직원관리

아무리 기술이 좋아도 그리고 아무리 돈이 많아도 결국 창업기업의 성패는 직원의 관리에서부터 시작된다고 할 수 있다. 내가 급여를 주고 직원이 받는 관계가 아니라 함께 회사를 성장시켜 가는 동반자라는 생각을 갖고서 직원관리를 해야 하는데, 직원의 채용과 관리에 있어서 고려해야 할 사항들은 다음과 같다.[55]

> ① 종업원은 신중하게 채용해야 한다. 즉, 해당하는 직무에 필요한 자격과 능력을 갖추었는지를 고려해야 한다는 것이다. 요즈음 창업기업들이 어렵다는 이유로 혹은 인건비를 줄이자는 이유로 저렴한 임금으로 인력을 채용하려는 경우가 많은데, 이것은 정말로 위험한 생각이라는 것을 알아야 한다. 일당백(一當百)이라는 말도 있듯이, 한 사람의 유능한 직원이

55 중소기업청(2002, 4월).

능력 없는 수십 명의 직원 몫을 한다는 것이다. 즉, 인력의 숫자보다는 개별 인력의 능력을 고려하는 것이 필요할 것이다.

② 업무 및 판매교육을 지속적으로 해야 한다. 사실, 일단 직원을 채용한 후에는 직원에 대한 교육·훈련을 게을리 하는 경우가 많은데, 이것은 업무생산성 및 고객 서비스의 저하를 가져올 것이다.

③ 종업원과 신뢰관계를 구축해야 한다. 어느 방송에서 모 재벌회장이 직원을 '머슴'이라고 표현한 적이 있다. 즉, 직원을 종 혹은 노비로 표현한 것인데, 그러한 회사에서 사장과 직원들 간의 관계가 원만하다면 그것이 오히려 이상할 것이다. 결국 그 회사는 도산을 하였다는 사실을 기억할 필요가 있다.

④ 직무를 성공적으로 수행하는 종업원에게는 인센티브를 지급해야 한다. 예를 들어, 초등학교 포털사이트를 운영하고 있는 에듀모아(www.edumoa.com)에서는 유료 회원이 1만 명이 추가될 때마다 성과급을 지급하여 직원들로부터 좋은 반응을 얻었다.

⑤ 외모는 단정하게, 태도는 공손하게 해야 한다. 일부 점포를 방문해 보면, 직원들이 껌을 씹고 있는 경우를 볼 수 있으며, 손님이 있는데도 불구하고 잡담을 하는 경우를 볼 수가 있다. 또한 외식업임에도 불구하고 복장이 정해져 있지 않고, 그냥 아무 옷이나 입고 서비스를 하는 경우가 많다는 것이다. 계산을 할 때에는 한 손으로 잔돈을 손님에게 돌려준다는 것이다.

위의 사항들을 보면, 사람의 관리는 주먹구구식으로 해서는 안 되며, 원칙이 있어야 한다는 것을 지적하고 있다. 아직도 상당수 소상공인들의 경우에는 직원의 채용과 관리에 아무런 원칙이 없기 때문에 직원들의 불만족도 높고 이직률이 매우 높다는 것이다. 그것은 고스란히 매출 및 서비스의 저하로 이어진다는 것이다.

3) 창업아이디어 실현을 위한 기술 확보, 자본조달방법

(1) 창업아이템만 있으면 교육부터 창업까지 국가가 육성

정부는 해외창업을 준비하는 청년을 다양한 방법으로 지원한다. 창업 교육부터 상담, 금전적인 지원까지 필요에 따라 맞춤 지원을 받을 수 있다. 미래창조과학부는 미래 글로벌 창업지원 센터를 운영하며 해외 창업의 시작부터 끝까지 지원한다. 대한무역투자진흥공사(코트라)는 '글로벌 영 비즈니스맨(GYB)' 프로젝트를 운영하며 예비 창업자의 개발도상국 내 창업을 주로 지원한다. 중소기업청 산하 창업진흥원은 '글로벌 청년창업 활성화 사업'을 진행한다.

(2) 미래창조과학부, '미래 글로벌 창업지원 센터' 운영

미래 글로벌 창업지원 센터는 해외 창업의 시작부터 끝까지 모든 부분을 지원한다. 국내에서만 이뤄지는 창업은 지원대상이 아니다. 해외 현지에서 창업하거나 국내에서 창업하더라도 해외 시장에 진출 가능한 창업을 도와준다.

창업지원센터에는 각 분야 전문가들이 상주해있다. 법률, 특허, 회계, 마케팅, 통·번역, 투자유치 등 6개 분야 전문가가 있다. 여러 전문가들을 한 자리에 모아 함께 의견을 나눌 수도 있다. 상담 예약은 인터넷이나 전화하면 되고 모든 컨설팅 비용은 무료다.

센터 내 전문가와 상담하고 나면 전문 업체(GP · 그룹 파트너)와 연계해 그 비용을 지원한다. 센터는 진행된 컨설팅 내용에 따라 적합한 실무를 해줄 파트너사를 연결해준다. 전문적인 법률, 회계, 번역 등 서비스 비용의 60~80%는 센터가 부담한다.

이외에도 글로벌 창업 전문교육, 투자유치 데모데이, 글로벌 창업 세미나, 컨퍼런스 등 행사를 진행한다. 특히 창업 교육은 사업계획서를 작성하는 법, 전략 세우는 법 등 기초부터 투자자 초청 프리젠테이션까지 이어진다. 8주간 총 50시간 교육이 무료로 진행된다.

(3) 코트라, '글로벌 영 비즈니스맨(GYB)' 프로젝트 추진

코트라의 GYB 프로젝트는 예비 사업가를 대상으로 개발도상국 내 창업을 주로 지원한다. 글로벌 창업 인턴이라고 해서 6개월간 활동 기간도 주어진다. 주로 대학교 휴학생들이 많이 지원한다. GYB는 해외 특정 지역에 맞춰 지원한다. 베트남, 캄보디아, 인도네시아 등 국가별로 15명 정도를 선발해 코트라 현지 무역관과 함께 비즈니스 모델을 개발하는 등 활동한다.

GYB에 선정되면 6개월간 현지에 나가 사업할 수 있는 기회가 생긴다. 현지 체류비와 사무실이 제공되고 해당 지역 코트라 무역관을 통해 무료 컨설팅이 이뤄진다. 미리 작성한 사업계획서에 따라 활동하고 현지 시장 조사를 통해 사업을 변화 또는 구체화할 수 있다. 항공권, 비자, 예방접종 비용 등은 개인이 부담해야 한다.

GYB에 선정되기 위해선 명확한 사업 아이템이 필요하다. 그 지역 사회에 도움되는 동시에 수익을 창출할 수 있는 비즈니스 모델이 좋다. 자신의 창업 아이템이 무엇인지, 어떤 경쟁력이 있는지, 자금은 어떻게 조달하고, 사업화는 어떻게 추진할 지를 구체적으로 밝혀야 한다.

GYB에 선정된 인원은 출국 전 국내 교육을 받는다. 국가별 언어교육과 정치, 경제, 문화 등에 대해 알아보고 경영 관련 공통 교육도 함께 진행한다. 2주간 진행되는 국내 교육에선 적정기술이 무엇인지 배우고 글로벌 에티켓, 프리젠테이션, 비즈니스모델 개발방법, 마케팅 방법, 국제 비즈니스 분쟁 해결법 등을 수업한다.

(4) 창업진흥원 '글로벌 청년창업 활성화 사업' 진행

창업진흥원의 글로벌 청년창업 활성화 사업은 예비창업자와 창업 5년 이내 기업을 대상으로 창업팀 50개, 총 30억원 내에서 지원이 이뤄진다. 지원하는 진출 국가는 미국, 덴마크, 중국, 베트남, 캄보디아 총 5국이다. 미국은 '실리콘밸리 프로그램'을 진행하며 실리콘밸리에 적합한 SNS, 모바일 웹 등 IT분야 15개 팀을 지원한다. 중국은 '상하이 프로그램'으로 온라인 · 모바일 게임 등 IT, 제조, 콘텐츠 분야 20개 팀을 선발한다.

베트남은 '호치민 또는 하노이 프로그램'으로 개발도상국과 신흥시장 공략이 가능한 업종과 관련한 5개 팀, 캄보디아는 '프놈펜 프로그램'을 통해 저소득 국가에 필요한 적정기술 위주의 창업 아이템 관련 5개 팀을 선발한다. 마지막으로 덴마크 '코펜하겐 프로그램'은 라이프사이언스, IT(정보기술), 모바일, 웹 등 기술집약적 기업의 창업을 장려하며 5개 팀을 선발한다.

창업진흥원에서 지원하는 내용은 국내연수, 3개월간 현지 체재비, 현지 연수, 멘토링 등이다. 국내에서 창업 교육과 사업모델을 보완하고 해외로 나가는 항공료와 숙박비 등을 모두 지원한다. 현지에서도 전문가 강의가 이어지고 데모데이, 컨퍼런스 참가, 시장조사 등을 도와준다. 국내연수는 해외진출에 필요한 실무적인 내용을 중심으로 2주, 40시간으로 이뤄졌다. 국가별로 현지 문화와 언어를 배우고 사업계획서 발표 방법, 진출 국가의 법률이나 세무 등을 교육한다. 현지에선 실질적인 창업이 이뤄지도록 보육 프로그램이 진행된다. 현지에서 1개월간 시장조사 등 사전 검증 기간이 있고, 중간평가를 통해 미적합 창업자는 탈락시킨다. 창업활동 우수자에 한해서는 현지 공간제공 등 프로그램 종료 이후에도 추가 지원을 한다.

제7장
창업 업종선정 및 상권조사

1) 창업을 위한 업종 선택 원칙

(1) 경쟁업체보다 유리한 업종 선택

창업 시작부터 경쟁업체보다 무엇이든지 우위에 있어야 시장 경쟁에서 주도권을 잡을 수 있다. 동종 산업 내에서도 고객들의 니즈에 부응하고, 고객에게 좀 더 다가갈 수 있는 업종이 있는지를 우선 생각해 볼 필요가 있다.

(2) 자신의 적성에 맞는 업종 선택

수익성이 높다고 해서 창업을 시도하는 것은 금물이며 가급적 일정기간 이상을 직접 체험하면서 자신의 적성 여부를 점검하고 이를 통해 업종을 선택하는 것이 바람직. 적성이 맞는지 안 맞는지 알아보는 가장 좋은 방법은 관심 있는 업종의 구체적인 정보와 사업애로사항을 파악한 후 자신의 적성과 부합되는가를 스스로 사전 체크하는 것이 필요하다.

(3) 성장성이 있는 업종 선택

1~2년 반짝 히트를 치고 사양되는 유행 업종보다는 최소 5년 이상 지속적으로 성장할 수 있는 유망업종을 선택. 성장성 있는 업종을 선택하기 위해서는 관심 업종 관련 경험자 또는 전문가들로부터 정보를 수집하여 판단하는 것이 바람직하다.

(4) 자신의 사업조건에 맞는 업종 선택

자신의 자본규모에 맞춰 업종을 선택할 때는 창업 준비자금뿐만 아니라 창업초기 운영자금을 고려해야 하며, 건강상 문제가 있는 사람이나 육아 등 부담을 안고 있는 사람은 업종 선택 시 신중히 생각해 판단해야 한다.

2) 성공하는 창업 아이템

(1) 미래기술(Future Technology)

기술은 크게 기존 제품의 기능과 성능을 향상시키거나 새로운 개념을 만들어 내는 제품기술과 하나의 제품이 나오기까지 그 과정에 적용되는 공정기술로 나누어질 수 있다. "제품기술"은 특정한 제품에 제한적으로 쓰이는 반면, "공정기술"은 여러 가지 제품을 만드는 과정에 쓰일 수 있다. 시장은 성장률, 크기, 수익률, 경쟁강도, 위험도, 진입장벽, 수요의 가변성(Demand Variability)에 따라 나뉠 수 있으나, 유망기술에 영향을 미치는 변수는 성장률과 크기이다.

- 장래성 있는 기술(Promising Technology)
- 신흥기술(Emerging Technology)
- 신기술(New Technology)
- 돌파기술(Breakthrough Technology)
- 핵심기술(Key Technology)

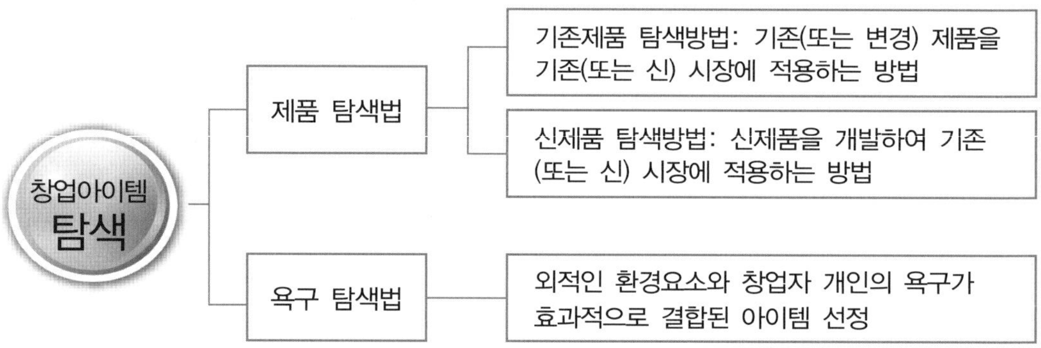

(2) 유망아이템의 기본조건

① 시대의 흐름에 적합해야 한다.

② 성장성과 장래성이 있어야 한다.

③ 대기업이 참여하기 곤란한 새로운 분야의 사업

④ 유동성이 크고, 경쟁이 심하지 않아야 한다.

⑤ 안정적인 매출과 이익이 가능해야 한다.

⑥ 자금회전율이 높아야 한다.

3) 각 업종별 창업상권조사

(1) 입지선정 시 고려사항

입지선정 시 일반적으로 고려할 사항은 다음과 같은 인구와 교통조건, 상업시설 현황, 향후개발계획, 그리고 입지의 경제성 등을 들 수 있다.

(가) 인구와 교통조건

① 상주인구와 유동인구, 주거형태
② 교통이 잘 발달된 곳으로 지하철역과 버스정류장에서 반경 200~300m 이내 지역인가
③ 터미널에서 500m 이내, 학교주변 등
④ 역세권, 버스정류장, 관공서, 대형시설 등
⑤ 도로 폭 파악
⑥ 주차시설 유무

(나) 상업시설 배치현황

① 대단위 아파트단지 내 상가 및 진입로 상가
② 대규모 쇼핑센터 내 핵점포
③ 주변에 오피스 빌딩 및 다양한 업종의 점포로 구성된 상점가
④ 경쟁업체, 보완업체의 현황

(다) 향후 개발 및 변화상황

① 반경 500m 이내 경쟁점포의 출점이 불가능한 지역
② 도록계획 여부
③ 주변상권의 변화가능성 검토(장 · 단기적인 검토)
④ 안정된 상권인가, 변화가 심한 상권(인구의 유동성에 의존한 상권)인가
⑤ 도심개발 또는 재개발, 취락구조 변경 등
⑥ 이동 동선구조의 변화가능성 검토

(라) 입지의 경제성

① 초기 투자비의 정도

② 점포권리금의 정도

③ 기타 비용발생 정도

한편 특정점포 입지선정 시 체크사항으로는 다음과 같은 것을 들 수 있다.

① 통행량: 통행인 수, 남녀별, 연령별, 소득수준별, 통행목적별, 시간별, 요일별
② 주위 상가의 분석: 보완형 상가(문구점과 서점), 도움형 상가(문구점과 사무실), 피해형 상가(경쟁업체), 무관한 상가(업종과 전혀 무관한 업체나 상가)
③ 접근의 용이성: 점포입구의 방향, 건널목, 고객들의 동선, 거리, 교통여건
④ 기타: 가시성, 과거의 이미지 등

(2) 점포입지

(가) 좋은 점포입지

대규모 점포는 놓은 입지가 선정되면 자체의 흡인력과 브랜드에 따라 고객의 흡인력도 생기고 독자적으로 판촉이나 홍보를 할 수 있다. 그러나 소규모 점포는 입지 그 자체가 점포의 성패를 좌우하기 때문에 신중을 기해서 점포를 골라야 하며, 입지에 따라 적합한 업종과 적합하지 못한 업종이 있음을 유의하여야 한다.

좋은 점포입지란 업종에 따라 다소 차이를 보일 수 있으나, 최소한 다음의 사항을 충족시켜 줄 때는 실패는 면할 수 있을 것으로 보인다.

① 소형 상가보다는 주차장이 확보된 대형 상가가 바람직하다.
② 500m 이내에 아파트가 2,000세대 이상의 밀집지역
③ 1km 이내에 대형점(백화점, 할인점)등 없는 독립상권 지역
④ 지하철역 입구 또는 버스노선이 5개 이상 지나가는 버스정류장 주변
⑤ 지하철이나 버스에서 내려 집으로 들어오는 주요 통로 주변
⑥ 유동인구가 많은 번잡한 시장입구
⑦ 1,000세대 미만의 아파트단지 내 상가

그러나 위와 같은 조건이 충족되어 있다고 하더라도 점포의 접근서이 떨어지면 고객이 반감될 수 있다. 예를 들면 지하점포의 경우, 계단이 좁거나 경사가 심할 경우 고객은 불편을 느끼게 되며, 1층 점포라 할지라도 계단이 있거나 출입문이 좁아서 출입이 불편하면 고객의 출입빈도가 떨어지게 되어 결국 점포의 매출과 수익에 영향을 미치게 된다.

따라서 좋은 점포의 입지는 낮은 곳으로 물이 모이듯 사람이 많이 모이는 낮은 곳에 있어야 하며, 출입이 자유롭고 편하면서도 눈에 잘 띄는 곳을 선정하면 적어도 입지선정에 있어서는 실패를 피할 수 있을 것이다.[56]

유동인구 분석

〈유동인구 분석 항목〉
전체 통행량
시간그룹별 통행량
연령별, 성별 구성비
차량통행량
통행인 특성 및 종합

(3) 상권정보시스템

상권분석은 성공 창업과 직결될 정도로 중요하다. 그래서 보통 상권분석 단계부터는 전문가들에게 맡기는 경우가 대부분이다. 하지만 예비 창업자들의 마음은 창업비용을 조금이라도 더 아끼고 싶을 터. 이들을 위해 소상공인진흥원에서는 '상권정보시스템'을 무료로 제공하고 있다. 상권정보시스템은 웹 DB를 통한 동종 · 경쟁업체 수 등 49종 제공 점포(업종현황, 추이, 위치 등), 인구(연령별 · 성별 인구구성, 직업 · 직종 분포, 주거형태 등), 시설(아파트, 관공서 · 금융 · 교통 · 의료기관 수 · 위치 등) 정보를 제공하고 있다.

동별로 지역분석 및 업종분석 정보제공 전국 동별로 상권분석에 활용도 높은 각종 통계자료와 상권 커뮤니티 제공 상권 관련 정보를 공유할 수 있는 블로그·카페 운영, 해당 지역의 상권특성, 상권현황, 노하우, 지원정책, 교육관련 정보제공 등을 지원한다. 또한 밀집정보 제공 상권에 대한 해당 업종의 진입여부 결정을 위한 과밀정보와 거주, 유동인

56 창업론, 조경동 외, 형설출판사, 2011, pp. 187~189.

구 대비 업종별 점포 밀집도 정보 등(슈퍼마켓, 분식점, 미용실 등 50개 업종), 상권 로드뷰 제공 실제 상권 모습을 360도 파노라마 사진을 통해 골목 구석구석까지 생생한 모습을 확인할 수 있도록 실사 지도까지 제공한다.

최근에는 '점포 이력·평가서비스'가 추가됐다. '점포 이력·평가서비스'는 점포의 이력정보(음식 및 위생업종의 인허가 정보)와 비씨카드사 신용카드 거래 데이터, 부동산 가격정보 등 약 7.4억 건에 달하는 빅데이터를 수집·가공해 창업정보들을 제공하는 서비스다. 창업예정 점포의 변화 이력을 분석해 제공하는 서비스와 창업예정지 주소, 희망업종, 창업비용, 매장면적 등을 입력하면 카드거래 데이터를 기반으로 성장성, 안정성, 활성도, 구매력, 유동지수 등을 분석하여 '예상매출'을 추정해 주는 서비스 등으로 이루어져 있다. 그동안은 창업자가 상권정보시스템을 통해 입지 및 업종을 선택한 후에, 실제 창업을 위해 선택한 점포에 대해서는 개별적으로 정보를 수집해야 하는 애로가 있었으나, 앞으로는 이와 같은 서비스를 활용하여 점포에 대한 이력 및 평가 정보를 얻을 수 있게 됐다. 여기에 지난 27일 국토지리정보원과 소상공인시장진흥공단은 업무협약을 통해 최근 변화된 공간정보산업에 부합하는 지도인프라 구축을 하기로 했다. 현장조사 등을 통해 수집된 상권정보가 신속하게 지도에 반영돼 관련 정보가 필요한 창업자에게 큰 도움이 될 전망이다.57

창업은 혼자 결정하는 것이 아니다. 주변사람들의 동의를 얻어야 가능한 것이다. 창업은 가족의 생계가 달린 문제이기 때문에 가족의 적극적인 동의를 얻어 창업해야 한다. 또한 가족의 창업지원은 매장운영의 일손을 추가 할 수도 있고, 부족한 창업자금을 충당할 수 있는 돌파구가 되기도 한다. 가족의 도움 없이 혼자만 창업을 결정해서는 안 된다. 실제 창업을 결정하면 생각보다 가족의 동의를 얻기 어렵다. 특히 부모님들은 자식의 안정적인 직장생활을 선호하기 때문에 반대하는 경향이 높고, 배우자 또한 반대하는 경향이 많다. 안정적인 직장을 버리고 창업 한다는 것이 가족입장에서는 불안하고 걱정이 될 수밖에 없는 것이다. 그런 가족의 반대를 뿌리치고 혼자서 창업을 결정한다면 가족 불화의 씨앗이 될 수 있다.

본인이 창업하는 이유와 계획을 정확히 이해시키고 설득을 한 후 동의를 얻어 창업을 해야 한다. 무작정 창업을 하면 결국은 도와주겠지 하는 막연한 생각 말고, 가족의 적극

---

57 창업경영신문 석병훈 기자 글 인용.
http://sbiznews.com/news/?action=view&menuid=30&no=34034&page=&skey=&sword=&vmode=M

적인 지원을 받아 창업하는 것이 좋다. 가족의 동의 없이 혼자 결정으로 창업해서 잘된다면 모르겠지만, 실패한다면 가정불화의 씨앗이 된다. 가족의 지원뿐만 아니라 지인들의 도움도 받을 수 있는지 생각해봐라. 내가 창업을 하면 적극적으로 일을 도와 줄 수 있는 사람이 있는지, 창업경험이 많아 노하우를 전수해 줄 수 있는 사람이 있는지 살펴봐라. 특히 창업자금이 모자라다면 주변에 동업을 할 수 있는 친구 있는지를 살펴보고, 주변에 아무 도움 받을 곳이 없고, 가족의 도움도차 받을 수 없다면 창업을 한번쯤 다시 생각해 보는 것이 좋다.[58]

58 한국창업경제연구소 장정용 컨설턴트 글 인용(schangup@hanmail.net), www.changup.biz

제8장
창업사업계획서

1) 사업계획서 의미

사업계획서는 추진할 구체적인 사업내용과 세부일정계획 등을 기록해 놓은 것으로 창업과정에 있어서 계획사업에 관련된 제반사항을 담고 있다. 사업계획서는 창업자 자신을 위해서는 사업성공의 가능성을 높여주는 동시에 계획적인 창업을 가능케 하여 창업기간을 단축하여 준다. 또한 창업에 도움을 줄 제3자, 즉 출자자, 금융기관, 매입처, 매출처, 더 나아가 일반 고객에 이르기까지 투자의 관심유도와 설득자료로 활용도가 매우 높다. 특히 부족한 자금을 조달하기 위해서 다른 사람이나 금융기관에 투자 또는 융자를 신청하는데 있어 투 · 융자자의 관심을 유도하고 설득하는데 결정적인 자료가 될 수 있는 것이다. 따라서 사업계획서 작성은 정확하고 객관성이 유지되어야 하며 전문성과 독창성을 갖춘 보편타당한 사업계획서가 되지 않으면 안된다.

비록 사업의 규모가 작고 간단한 사업이라 할지라도 구체적인 계획 없이 즉흥적으로 대처한다면 성공하기 어렵기 때문에 어떤 경우의 창업일지라도 사업계획서를 작성하는 것이 바람직스럽다. 일반적으로 기업의 실패원인을 내적 요인과 외적 요인으로 구분하여 볼 때 90% 이상이 내적 요인에 의한 실패로 나타나고 있는데, 이러한 요인을 제거하기 위한 최우선과제는 무엇보다도 정확하고 실질적인 사업계획의 수립에 있다고 할 수 있다. 사업계획은 위험성과 불확실성에 대하여 세밀하고 전문성 있는 방법에 의한 검토가 필요하며, 제품구상에서부터 초기 성장단계로 진입하기까지의 활동계획이라고 볼 수 있다.

대부분의 사업자는 객관적이기 보다는 주관적인 판단으로 흐를 가능성이 높기 때문에 체계화된 사업계획서 형식에 맞추어 구체적으로 각 부문별, 요소별 계획과 검토를 진행하다 보면 예상치 못한 문제점을 발견하게 되고 이러한 예기치 못한 작은 원인에 의해서 성패가 좌우될 수도 있다는 것을 잊지 말아야 할 것이다. 최근 정부에서도 각종 금융기관이나 투자기관들을 통해 중소기업을 위한 금융지원의 폭을 넓히고 있으며, 기술개발자금도 매년 증액하여 지원하고 있는 실정인데, 이러한 여러 가지 자금을 활용하기 위해서는 정확하고도 객관적인 사업계획서가 필수적이다.[59]

2) 사업계획서 작성의 필요성

체계적 사업추진을 위한 설계	계획 사업을 위한 시뮬레이션 과정	이해관계자에 대한 설득자료	사업추진을 위한 소개자료
• 단순한 아이디어 또는 경험에 의한 주관적인 사업계획을 방지 • 인사 · 구매 · 생산 · 마케팅 · 재무 등의 기업 경영활동 전반에 대해 사전에 검토	• 사업수행을 사전에 연습함으로써 시행착오를 예방하고 사업기간과 비용 절약 • 계획 사업의 사전 점검을 통한 실패확률의 감소로 사업자에게 사업성공의 가능성 상승	• 이해관계자(투자자, 금융기관, 정부 및 지자체 등)를 위한 설득자료로 활용 • 사업자의 신뢰도를 증진시켜 자금조달이나 각종 정책지원을 받는데 활용	• 기업간의 사업제휴, 납품 또는 입점 계약, 대리점 또는 가맹점모집, 공공기관 입찰 서류제출, 인허가신청, 기술 및 품질 인증 등 사업추진을 위한 회사 소개자료로 활용

3) 사업계획서 작성 요령

업종선정이 끝난 후에는 구체적으로 사업계획서를 작성해야 한다. 계획사업의 개념과 구체적인 실행계획을 담고 있는 사업계획서는 사업의 추진방향과 성공여부를 결정하는 매우 중요한 문서이다. 사업의 내용, 소요자금, 경영방침, 수익성, 업무추진 일정 등을 일목요연하게 기록한 서류를 사업계획서라고 한다. 사업계획은 창업자 자신을 위한 것일 뿐만 아니라 다른 관계자들과 접촉하고 사업내용을 효과적으로 전달할 수 있고, 자금융자 시와 투자자 설득 시 용이하며, 사업의 실패를 방지할 수 있는 좋은 보조 장치이다.

사업계획서를 작성할 때에는 상대방의 이해를 쉽게 하기 위해 간단하게 설명하고, 증빙자료에 근거하여 객관적으로 작성한다. 자금조달운용과 매출계획은 실현가능성 있게 세우고, 허황되고 실현가능성이 없다고 판단할 만한 요소는 배제한다. 또한 사업추진에 필요한 모든 사항에 대한 추진일정을 체계적으로 수립하는 등 사업추진 계획 일정표를

59 중소기업창업론, 김철교 외, 탑북스, 2010, pp. 278~279.

만들어 체계적으로 사업추진을 해나가고, 사업계획에 잠재되어 있는 문제점에 대해 항상 점검하고 수정 보완해 나가야 한다.

4) 사업계획서의 내용

사업계획서는 계획하고 있는 사업이 어떤 방향으로 나가고 있고 어떻게 목표에 도달할 수 있는지에 대해 설득력 있게 설명하는 문서이다. 잘 짜여진 사업계획서는 작성자가 계획사업을 완벽하게 이해하고 있으며 그에 상응하는 열정과 진지함으로 사업을 성공적으로 추진할 수 있다는 메시지를 담고 있다. 사업계획서는 기본적으로 다음과 같은 내용을 포함하고 있어야 한다.

(1) 사업개요와 내용

계획사업의 핵심내용과 그 가치를 집약해서 설명한다. 추진하려는 사업이 왜 존재해야 하고 누가 어떻게 실행하며, 그렇게 함으로써 사업을 성공시킬 수 있다는 것을 분명하고 설득력 있게 기술해야 한다. 사업목적과 경영이념을 설명하고, 제품과 서비스의 독특성을 강조하고, 기존의 제품과 서비스와의 차별성을 설명한다.

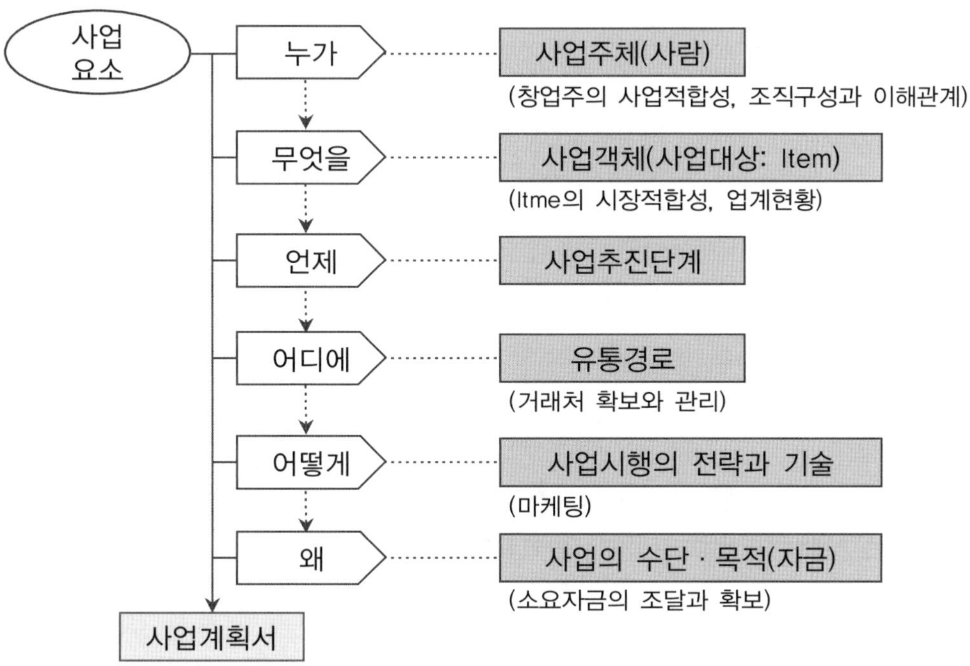

(2) 시장조사와 분석

시장조사와 분석을 잘 하려면 충분한 시간을 갖고 시장과 관련된 다양한 자료를 면밀하게 분석할 필요가 있다. 예상 매출액 수준은 운영계획, 마케팅계획, 재무계획 등에 직접적으로 영향을 미친다.

① 고객조사: 제품과 서비스에 대한 고객이 누구이고 누가 될 것인지에 대해 논의한다. 고객에 대한 접근 난이도, 고객의 규모, 구매결정까지 걸리는 시간 등을 알아본다.
② 시장규모: 전체 시장의 규모를 추정하고 앞으로의 추이를 전망한다.
③ 경쟁자분석: 경쟁자의 강점과 약점에 대해 평가합니다. 경쟁자를 분석함으로써 얻을 수 있는 이익은 새로운 혹은 개선된 제품과 서비스를 개발할 수 있으며 상대적으로 우월한 위치를 확보할 수 있다는 것이다.
④ 시장점유율 및 매출 예측: 제품과 서비스의 시장규모와 전망, 고객, 경쟁자와 그들의 매출 추이에 기초해서 시장점유율과 매출액을 추정한다.

(3) 마케팅 계획

표적시장의 가격 체계와 유통경로 하에서 특별한 마케팅 철학과 전략을 제시한다. 잠재고객이 누구이며 그들과 어떻게 접촉하고 어떻게 판매에 연결시킬 것인지에 대해 논의한다.

① 제품전략: 취급 제품과 서비스를 설명하고 추후의 판매확대에 대한 계획도 논의한다.
② 가격전략: 제품과 서비스에 붙일 가격에 대해 논의하고 주요 경쟁자의 가격정책과 비교한다.
③ 유통전략: 이용 가능한 판매수단을 열거하고 유통경로를 설명한다.
④ 홍보전략: 제품이나 서비스가 잠재고객의 관심을 불러일으킬 수 있는 방법을 제시한다. 매체 광고, 다이렉트 메일링, 텔레마케팅, 카탈로그, 판촉, 인쇄물, 광고 대행사의 활용 등에 대한 계획을 세운다.

(4) 자금계획

① 필요자금 산출: 계획사업에 필요한 자금의 규모를 확정한다.
② 자금조달방법: 소요자금에서 자기자본을 제외한 자금에 대한 조달 계획을 세운다.

(5) 수지계획

수지계획은 추정 재무제표의 작성을 통해서 계획사업의 향후 재무상태와 경영성과 등을 제시하는 것이다. 이 같은 수지계획의 목적은 계획사업의 잠재력을 보여주고 구체적으로 소요자금의 규모와 그 타당성을 제시하기 위한 것이다.

> ① 수지계획에는 사업계획서의 각 부문계획에 기초하여 추정 손익계산서, 추정 대차대조표, 추정 현금흐름표(cash flow table) 분석이 포함되어야 한다.
> ② 추정 손익계산서는 수익과 비용의 측면에서 계획사업의 경영성과를 파악하는데 사용되며 계획사업의 자본구조를 보여주는 추정 대차대조표는 부채항목을 통해서 자금조달계획을 세우는데 유용하게 사용된다. 현금의 유입과 유출을 예측하는 추정 현금흐름표는 계획사업에서의 현금의 운용과정을 보여준다.

(6) 사업추진 일정계획(Implementation Schedule)

> ① 사업추진 일정표는 사업을 시작하고 그 목적으로 실현하는데 필요한 주요 업무의 추진상황을 보여주는 표이다.
> ② 사업추진일정표에는 업종선정, 시장조사와 분석, 입지선정, 자금마련, 개업 준비, 오픈 등의 전체 사업계획을 구성하는 세부사항을 언제부터 언제까지 추진할 것인지를 상세하게 열거해 놓아야 한다.

5) 창의기반 생산성혁신 사업계획서

창의기반 생산성혁신을 위한 사업계획서는 현재의 업무 프로세스에서 전반적인 혁신을 구조화하여 생산효율성을 높이기 위한 설계이다. 첫째, 내부 직원들 간의 원활한 의사소통을 위한 조사와 점검사항 수립, 논쟁해결을 위한 지침, 직원능력을 제고하기 위한 학습시스템이다. 둘째, 강압적 업무처리 환경에서 직원들의 재량권과 자율성 부여, 근무시간 자율화, 근무복지개선을 통한 업무생산성 향상이다. 셋째, 업무실적에 대한 합리적 성과측정 도구의 정립과 보상체계 구축이다. 넷째, 직원들이 종사하고 있는 기업의 업의 본질을 이해시키고 선택과 집중을 하며, 이를 통해 발생하는 여유자원을 재투자하는 것이다. 다섯째, 기술변화, 경쟁변화, 시장변화에 민감하게 대응하는 동시에 과감한 리스크 수용과 업무방식의 혁신을 통한 생산성 제고를 모색하는 것이다.

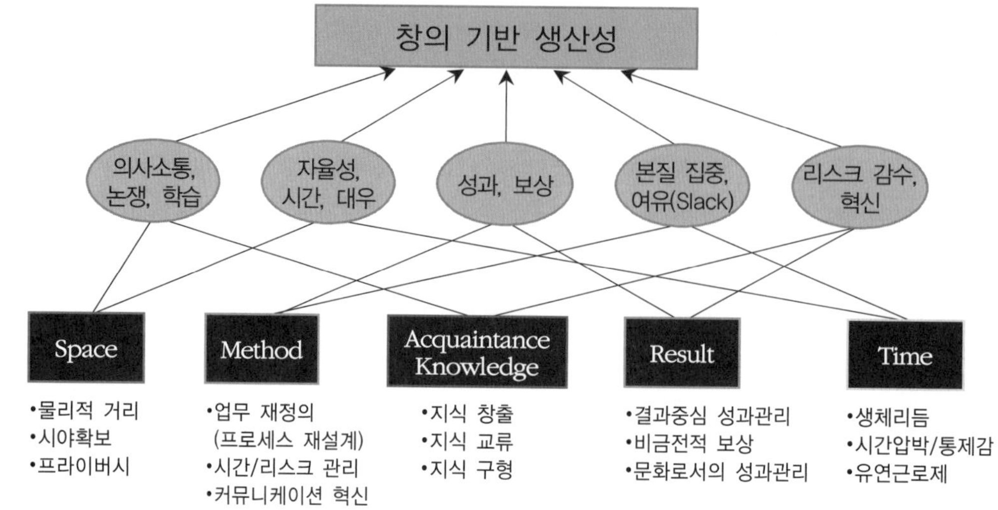

(1) 비즈니스 모델혁신

비즈니스 모델 혁신에 대한 관심이 높아지고 있다. 전 세계적으로 경제성장의 지속적인 둔화현상과 시장 선도 기업들의 주력제품의 제품수명주기가 짧아지면서 경쟁회사와 타 업종 기업들에 범용화 되면서 차별적 경쟁력 확보가 어려워지고 있다. 이러한 상황에서 비즈니스에 치명적인 위협을 하는 것이 저임금노동과 모방을 통한 저가 경쟁자의 등장이다. 이러한 다양한 도전에 직면한 기업들에게 본격적인 신기술·신제품 개발 없이도 높은 성과를 기대할 수 있는 전략으로서 비즈니스 모델혁신이 새로운 대안으로 주목 받고 있다. 비즈니스 모델은 기업이 고객을 위한 가치를 어떻게 창조해 전달하고, 어떤 방법으로 수익을 획득하는가를 설명하는 하나의 스토리를 의미한다.

(2) 성공적인 비즈니스 모델혁신을 위한 조건

성공적인 비즈니스 모델을 구축하는데 필요한 조건은 크게 4가지다.

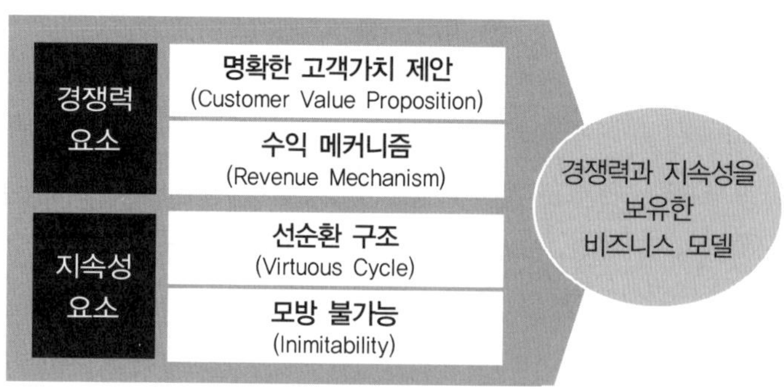

첫 번째는 명확한 고객가치 제안(Customer Value Proposition)이다.

고객가치 제안은 제품이나 서비스 자체보다는 고객의 문제를 해결하고 니즈를 충족시키는 솔루션 제공을 의미한다. 새로운 고객가치 제안을 위해서는 기존 시장 내에서 니즈가 충족되지 못하고 있는 고객군을 발굴하고, 잠재고객과 비(非)고객에게는 어떤 가치를 제안할 것인가를 고민해야 한다. 최근에는 IT의 발달로 실현이 용이해진 '편의성', '낮은 가격' 등을 핵심 고객가치로 제안하기 위한 신생 기업들의 시도가 증가하고 있다.

두 번째 조건은 효과적인 수익 메커니즘(Revenue Mechanism)의 설계다.

고객가치를 성공적으로 창출하고도 이를 기업의 수익과 연결시키지 못하는 비즈니스 모델은 실패할 수밖에 없다. 2000년대 초반 닷컴 버블 당시 등장했던 수많은 기업들이 바로 그 사례이다. 수익 획득 방식은 단순한 제품 판매-대금회수의 도식적 구도를 벗어나 다양한 방식을 고려할 필요가 있다.

세 번째는 활동 간 선순환 구조(Virtuous Cycle)의 구축이다.

고객가치 실현을 위해서는 제품과 서비스의 생산과 전달을 위한 다양한 활동이 필요하다. 즉 비즈니스는 독불장군이 없다. 수 많은 파트너 기업들의 지속적인 배려와 지원 가운데 비즈니스가 성공할 수 있다. 수익구조는 기업과 함께 동반하여 비즈니스를 하는 많은 기업들이 동시에 비즈니스의 수익혜택을 누릴 수 있는 부가가치 구조를 창출하여야 한다. 이러한 활동들 간에 상승작용이 일어나 비즈니스 모델의 경쟁력을 강화시키는 설계가 필요한 것이다.

네 번째 조건은 모방 불가능성(Inimitability)의 확보다.

비즈니스 모델이 지속적으로 경쟁우위를 누리기 위해서는 모방이 어려워야 한다. 신생 기업은 기존 기업이 모방하려 해도 이들이 보유한 자산이 스스로 발목을 잡도록 만들어 진입장벽을 구축할 수 있으며, 기존 기업은 보유하고 있는 독자 역량을 활용하는 비즈니스 모델을 설계하여 이를 달성할 수 있다. 신생 기업은 기존 기업이 모방하려 해도 이들이 보유한 자산이 스스로 발목을 잡도록 만들어 진입장벽을 구축할 수 있으며, 기존 기업은 보유하고 있는 독자 역량을 활용하는 비즈니스 모델을 설계하여 이를 달성할 수 있다. 신규 비즈니스 모델의 성공은 아이디어보다 실행력에 좌우되는 경우가 많다. 모델을 지속적으로 개선, 보완할 수 있는 역량을 구축하는 데 힘써야 한다.

제9장
창업자금 조달

1) 창업자금의 의의

하나의 기업을 창업하여 그 기업을 크게 성장시키기까지는 여러 단계를 거치게 되며, 성장단계별로 필요한 자금규모와 자금조달 형태도 달라진다. 창업기업에 대한 성장단계별 자금공급체계를 나누어 보면 "창업단계, 사회화 및 성장단계, 안정 · 성숙단계"로 구분할 수 있는데, 이러한 3구분 성장단계 중 일반창업자들은 창업초기단계의 자금지원(start-up financing)을 가장 필요로 하고 있다. 그러나 유감스럽게도 우리나라의 창업자금 지원제도는 이러한 창업초기자금 지원은 매우 빈약한 실정이다. 따라서 금융권의 유사한 자금지원제도를 활용하여 필요한 자금을 조달하느냐 하는 것이 창업자금조달의 중요한 관건이다.

창업초기에는 창업인력의 인건비, 사무실 운영비, 연구개발비, 자재 구입비 등 생존과 사업 아이템 개발을 위한 최소한의 경비가 필요하다. 창업자가 할 일은 소요되는 자금을 정확히 계산해 내는 것이다. 사업계획 단계에서 아무리 치밀하게 계산하여도 실제 사업 준비를 하다보면 전혀 예상치 못한 경비가 소요되고, 사업에 예상보다 지연되는 경우 더 많은 경비가 소요되기 때문에 처음부터 다소 여유 있게 예산을 세우는 것이 안전하다. 따라서 비용항목은 가능한 한 자세히 구분하는 것이 좋다.

2) 사업 성장 단계별 소요자금

(1) 연구개발 및 창업초기 단계

연구개발 및 창업초기에는 씨앗자금과 창업자금이 필요하다. 씨앗자금은 신기술, 신제품의 연구, 개발, 시험, 시장조사, 사업계획에 투여하는 초기자금을 말하며, 창업자금은 시제품의 생산 및 판매를 위한 마케팅 활용자금을 말한다. 창업초기자금의 조달은 가급적 자기자본으로 충당하는 것이 좋으나, 자기자본이 부족한 경우에는 친척, 엔젤, 정부지원 자금 등 이자나 상환압력이 약한 자금을 쓰는 것이 좋다.

(2) 사업화 및 성장 단계

사업화 및 성장 단계에서는 초기 확장자금과 기업약진 단계자금이 필요하다. 초기 확장 자금은 손익분기점에 도달을 추진하는 단계까지 소요되는 자금이며, 기업약진 단계자금은 기업의 확장을 위한 투자자금과 시설확장, 시장확대, 마케팅, 품질개선에 소요되는 자금을 말한다.

(3) 안정 · 성숙 단계

안정 · 성숙 단계에 필요한 자금은 확장자금이라고도 하는데, 이는 매출증가에 따른 운전 · 시설자금과 신기술 개발자금, 해외 투자자금 등을 말한다. 이 시기에는 이미 손익분기점을 넘어서 기업의 자금조달이 크게 어렵지는 않은 시기이다.

3) 기업의 자금조달 방법

(1) 단기자금과 장기자금

통상적으로 외부 차입에 의한 부채나 외상매출금과 같은 자산의 경우 장 · 단기의 구분은 1년을 기준으로 하게 된다. 즉, 1년 이내에 변제기가 도래하는 부채의 경우를 단기부채, 또는 유동부채라고 하며 기업의 유동성에 큰 영향을 미치게 되므로 이러한 단기부채의 관리에 각별하게 신경을 써야 한다. 이외 비슷한 맥락에서 1년 이내에 현금화가 가능한 자산을 가리켜 유동자산이라고 하는데, 자산의 경우는 현금화 기간이 길수록 불건전자산으로 분류되어 재무 구조의 건전성 평가에 있어서 부정적인 영향을 끼치게 된다.

자금을 외부에서 조달하는 경우라면 조달 조건에 좌우되기는 하지만 가급적이면 장기자금으로 조달하여야 재무구조가 안정성을 띠게 된다. 그러나 금리가 하향하는 추세인 경우에는 반드시 장기라고 유리한 것만은 아니다.

(2) 내부자금과 외부자금

자금이 어디에서 만들어지는가에 따른 구분으로 후술하는 자금흐름상의 개념과는 그

종류에서 다소 차이가 있다. 자금은 이미 말했듯이 조달하는 때에는 항상 비용이 수반된다. 그 비용의 형태는 이자율과 같이 명시적인 경우도 있지만 그렇지 않은 경우라도 기회비용을 꼼꼼히 따져 조달자금의 종류를 선택하여야 할 것이다. 그런데 외부자금은 일반적으로 내부자금에 비하여 높은 비용이 수반하게 된다. 따라서 자금을 조달하여야 할 경우는 반드시 아래와 같은 내부자금을 우선적으로 검토하여야 하는 것이다. 한편 유형적인 자금조달에만 얽매이지 말고 거래조건의 변경 등 다양한 자금 활용 방안을 모색하는 것이 중요하다.

① 내부자금의 원척

- 당기 순이익
- 내부 유보이익: 배당금 차감 전의 유보이익
- 보유 자산 처분: 설비, 매출채권, 재고자산, 기타 자산(자동차 등)
- 회수: 투자금, 주주 · 임원 · 종업원 단기채권, 선급비용
- 투자계획의 철저한 검토: 보수적 투자계획
- 비용관리: 기업 각 부문별 활동에 대한 비용분석 및 효과분석
- 이러한 내부자금 검토는 필연적으로 자산관리와 연관

② 외부자금의 원천

- 신용거래: 거래조건의 변경, 지급기일 연장 등 현재의 거래조건을 최대한 활용
- 차입: 주변 인물이나 은행 등 금융기관으로부터의 자금조달
- 자본금 증가: 외부투자자를 물색하여 자본금 증액[60]

(3) 창업자금 조달시의 고려사항

창업을 함에 있어서 누구나 화두로 삼는 것이 돈 이야기이다. 물론 자기자본 한도 내에서 창업을 하는 것이 가장 바람직하고, 가능하면 여유자금으로 20~30% 정도를 남겨 두는 것이 최선의 방법임에는 틀림없다. 그러나 현실적으로 창업에 임하다 보면 여유자금은 고사하고 항상 자금이 부족해 돈을 빌리는데 급급한 현실에 직면하게 되는 것이다. 창업자금이 부족한 경우는 대체로 다음과 같다.

60 창업경영, 학현사, 방용성외, 2010, pp. 155~156.

① 창업규모를 크게 잡는 경우
② 가까운 사람에게 빌려주었다가 자금의 회수에 차질이 생기는 경우
③ 부동산을 매도하려는데 계획대로 팔리지 않는 경우
④ 운전자금 등 예상치 못한 비용이 초과되는 경우
⑤ 좋은 목의 점포 또는 인테리어, 시설 등을 선호하는 경우

위와 같이 창업자금이 부족한 경우 불가피하게 이를 해결하기 위해서는 돈을 빌려야 한다. 그러나 외환위기 이후 가까운 사람들로부터 돈을 빌린다거나 보증을 서주는 현상을 사라졌다. 이처럼 돈에 관한 문제들을 해결하기 위해 가장 먼저 계획을 세워야 하는 일은 바로 자금계획이다. 우선 창업에 소요되는 비용과 자기자본 조달가능 규모를 점검하고 필요한 자금이 얼마인지 확인해야 한다. 계획성 없이 자금을 조달한다면 실패와 직결되기 때문이다. 자금조달과 관련하여 생각해야 하는 3가지를 제시하면 다음과 같다.

가) 자기 자금의 보유형태부터 점검한다.

우선 보유자산인 순수 자기자금인 현금, 예금, 적금해약금 등 동원 가능한 금액을 측정하고, 만약 회수될 자금이 있다면 창업기간에 맞추어 차질 없이 회수될 수 있는지 확인한다. 또한 부채가 있다면 상환기간이 창업시일과 겹치지 않는지 점검해야 한다. 그리고 창업에 필요한 총투자금액을 산출해보고 부족하다고 판단되면 필요한 만큼의 차입규모를 결정한다.

나) 대출가능 여부를 확인해야 한다.

각 금융기관마다 대출상품과 금리는 다르기 마련이다. 또한 금융상품의 성격 그리고 본인의 신용도난 거래실적에 따라 대출조건이나 금리가 달라지기 마련이다. 따라서 어떤 자금이 본인에게 유리하고 대출이 가능한지 등 각 금융기관이나 지원기관의 정보를 살펴보고 차입금액의 금융이자와 대출조건을 꼼꼼히 따져 보아야 한다.

4) 매출추정을 통해 상환계획을 정확하게 수립해야 한다.

취급상품의 타당성(판매가격, 시장성 등)과 매출추정을 통한 추정 손익계산서를 작성해보고 상환가능성을 타진해 본다. 창업 후 손익분기점까지 업종에 따라 3~6개월 정도 걸리

는 경우가 많은데, 원리금 상환 부담까지 생긴다면 곧바로 사업이 부실해지기 때문이다.

예비창업자들과 상담을 해 보면 아직 사업자등옥도 하지 않은 상태에서 투자가를 찾는 경우를 자주 보게 된다. 즉, 본인이 특허 혹은 기술을 갖고 있기 때문에 누군가 투자를 좀 해 주면 크게 성공할 수 있다고 생각하는 경향이 있다는 것이다. 하지만, 이제 막 창업을 준비하는 단계에서 투자를 하는 사람이나 기관은 거의 없다는 것을 생각해야 한다. 또한 현실적으로 보면 벤처기업이 코스닥(KOSDAQ, Korea Securities Dealers Automated Quotations)에 등록을 하지 못하는 경우 벤처기업에 투자한 주식은 사실 휴지라고 할 정도로 가치가 없다고 할 수 있다는 것이다. 그러기에 이제 막 창업을 하면서 다른 사람 혹은 기관으로부터 투자를 기대하는 것은 곤란하다는 것이다.

5) 창업자금의 수지분석

(1) 소요자금 추정

창업자는 우선 필요한 자금이 얼마인지를 추정하는 것이 필요한데, 물론 창업의 초기 단계에서 전체 소요자금을 추정하는 것은 쉽지 않는 일이다. 또한 본인이 보유하고 있는 자금을 이용하지 않고 일부를 외부에서 조달하는 경우에 소요자금의 추정은 외부 자금의 조달과 연계시켜야 한다는 것이다.

최재희(2003)는 창업에 필요한 소요자금을 시설자금(유형 · 무형 고정자산), 운전자금(인건비, 재료비, 경비 등), 예비자금(시설 및 운전자금의 20% 정도 책정)의 3가지로 세분하고 있다. 하지만, 일반적으로 창업을 할 때에 소요되는 자금은 다음과 같이 분류할 수 있다.[61]

신규사업 소요자금 = 초기 투자자금 + 운전자금 + 시설자금

① 초기 투자자금: 사무집기, 비품, 사무실 임차료, 통신비 등을 말한다.
② 운전자금: 재료비, 인건비, 운반비, 유지보수비 등 실제 매달 지출이 요구되는 제조비용과 일반관리비 및 판매비 등을 말한다.
③ 시설자금: 고정자산을 구입하는 데 필요한 자금을 말하며, 유형고정자산과 무형고정자산으로 분류할 수 있다. 예를 들어, 기계나 각종 설비를 구입하는 비용을 말한다.

---

61 김진영, 유명철, 고정소, 권태형, 박승민(2003).

(2) 자금조달 능력여부 검토

창업을 하게 되면, 끊임없이 자금이 필요한 것이 사실이다. 초기자금 외에도 기술개발에 대한 자금, 시장개척을 위한 자금, 인력의 충원을 위한 자금, 전략적 제휴를 위한 자금, 홍보 및 마케팅을 위한 자금 등 사업을 하는 동안에 계속 자금이 필요하다고 할 수 있다.

자금과 관련하여 한 가지 생각해 볼 것은 아직도 많은 예비창업자들이 잘못 생각하는 것 중의 하나가 적자가 나면 망한다는 것이다. 하지만, 벤처는 적자가 난다고 해서 망하는 것이 아니라 돈이 떨어지면 망한다는 것이다. 이것은 분명히 차이가 있는데, 아무리 적자가 나더라도 지속적으로 자금이 조달될 수 있으면, 아무런 문제가 없다는 것이다.

그런데, 문제는 사업을 하는 동안 지속적으로 자금을 조달할 수 있는 능력이 있는가 하는 것이다. 벤처가 시작된 1990년대에만 해도 벤처기업에 대한 투자가 많이 이루어졌지만, 요즈음은 전혀 그렇지 않다는 것이다. 아무리 좋은 기술과 아이템을 갖고 있더라도 다른 사람 혹은 기관으로부터 투자를 받으려고 하면, 비록 소액이라고 해도 쉽지 않다는 것이다. 그렇기 때문에 창업 후 어느 정도의 기간 동안에는 수익이 저조할 것을 예상하여 예비자금에 대한 고려가 필요하다는 것이다. 이제 막 창업을 하면서 무리한 대출을 하게 되면 시작부터 자금압박을 받게 되어서 조그마한 환경의 변화에도 사업을 더 이상 지속할 수 없는 상황에 부닥치게 될 수 있다는 것이다.

(3) 자금조달 및 운용계획표 작성

소요자금이 추정되고 자금조달 능력이 있다고 판단이 되면, 자금조달 및 운용계획표를 작성해야 한다. 즉, 자금을 어떻게 조달하고 어떻게 운용할 것인가에 대한 계획을 수립해야 한다는 것이다. 또한 계획표는 단기, 중기, 장기로 구분하여 작성할 수도 있을 것이다. 사실, 대부분의 예비창업자들은 자금조달에 있어서 어떻게 해야 할지를 제대로 모른다는 것이고, 막상 자금을 조달하려고 할 때에 쉽지 않다는 것을 알게 된다는 것이다. 따라서 창업초기단계에서부터 너무 무리한 자금조달을 계획하면, 나중에 낭패를 볼 수 있다는 것을 알아야 한다.

소요자금 중에서는 소요시설자금 내역서와 소요운전자금 내역서를 작성해 보는 것이 필요하며, 창업자금조달 내역서는 자기자금조달 내역서와 타인자금조달 내역서로 구분하여 작성하는 것이 필요하다. 이러한 내역서의 형식은 인터넷 검색을 통해서 쉽게 찾을 수 있다. 사실, 예비창업자들이 인터넷검색만 잘 활용하여도 창업아이템에 대한 정보뿐만 아니라 창업과 관련된 여러 서식들을 쉽게 찾을 수 있다.[62]

6) 창업규모에 따른 자금조달 방법

(1) 창업자금 조달방법의 종류

창업자금을 조달하는 방법은 크게 자기자금과 타인자금의 두 가지로 구분할 수 있다. 자기자금은 창업자 자금(적금, 퇴직금, 유가증권, 부동산 매각자금), 현물출자금(창업자·투자자가 보유한 현물 : 사업장, 차량, PC 등), 투자가자금(후원금, 주주출자금, 동업자자금, 기관투자가 자금)의 3가지로 분류할 수 있으며, 타인자금은 정책금융(창업지원자금), 일반금융(은행, 저축은행, 보험사, 리스), 사채(친·인척, 동료, 사금융)로 분류할 수 있다.

김진영·유명철·고정소·권태형·박승민(2003)은 창업자금의 조달방법으로 창업자의 자기자본, 동업자의 의한 자금확보, 가족과 친지에 의한 자금, 금융기관 및 벤처캐피탈(venture capital)에 의한 자금, 그리고 정부에서 제공하는 지원자금의 5가지로 구분하고 있다.

또한 금융방법에 따라 분류하면, 직접금융과 간접금융으로 구분할 수도 있다. 먼저 직접금융이란 자금의 공급자가 직접 기업의 주식이나 사채(社債, corporate bond)를 매입함으로써 이루어지는 금융거래를 말하는데, 직접금융이 이루어지는 시장을 증권시장 또는 자본시장이라 한다. 이에 비하여, 간접금융은 은행이나 금융기관을 통해 대출을 받는 방법을 말한다. 여기에서 직접금융은 다시 다음과 같이 소액공모, 유상증자, 사채발행, 외자조달의 4가지로 나누어진다.[63]

가) 소액공모

공모금액이 20억원 미만인 유가증권(일반적으로 유가증권이라 함은 재산적 권리(가치)가 표창된 증서로서 유통을 원활히 하기 위하여 권리를 증권으로 표시한 것으로서 화폐증권, 상품증권, 자본증권을 말한다)에 청약을 권유하는 활동을 말한다.

즉, 공모금액이 20억원 미만에 해당하는 유가증권을 취득하도록 신문, 방송, 잡지 등을 통 한 광고, 안내문 등 인쇄물 배포, 투자설명회 개최, 전자통신 등의 방법으로 유가증권을 발행 또는 매도한다는 사실을 알리거나 취득의 절차를 안내하는 일체의 활동 등으로 청약을 권유하는 행위를 말한다. 소액공모의 예로서 전환사채(CB, convertible bond)를 들 수 있다. 전환사채는 향후 정해진 가격에 주식으로 전환할 수 있는 권리가 부여된 채권인데, 소액공모의 공모금액은 19억9,900만원까지만 가능하다. 유가증권신고서 제출이 면제

---

62 창업길라잡이 제3판, 김영문외, 2011, 집현재, pp. 107~111.

63 김진영·유명철·고정소·권태형·박승민(2003).

되는 소액공모는 20억원 미만만 가능하기 때문에 이런 식으로 기준의 '턱밑'에서 금액이 맞춰지는 경우가 많으며, 기업 입장에서는 유가증권신고서 제출이 면제되면 여러모로 편리하다. 무엇보다 절차를 신속하게 진행하여 자금을 즉시 조달할 수 있다는 장점이 있다.

나) 유상증자(신주발행)

자금조달을 위하여 신주를 발행함으로써 주식의 증ㄱ아와 동시에 회사의 자산을 증가시키는 실질적은 증자를 말한다. 즉, 회사를 설립한 후에 부족한 자금을 조달하기 위해 주식을 발행하는 것으로 공모발행(capital increase by public offerings)과 사모발행(capital increase by private offerings)으로 구분한다.

> ① 공모발행: 회사와 관련이 없는 불특정 다수를 대상으로 모집하는 것을 말한다.
> ② 사모발행: 회사의 임원, 회사와 관련된 은행 및 특정 거래처만을 대상으로 유가증권을 발행하는 것을 말한다.

다) 사채발행(bond issue)

투자자로부터 장기자금을 조달하기 위해 채권발행의 형식으로 기업의 설비투자 및 거액의 운영자금 조달수단으로 이용하는데, 기업의 재무구조를 개선하는 효과가 높다. 사채발행은 다시 전환사채와 신주인수권부사채로 구분한다.

> ① 전환사채(CB: convertible bond): 주식으로 전환시킬 수 있는 권리가 부여된 사채를 말하는데, 주식으로 전환하기 이전에는 이자를 받을 수 있는 장점이 있다.
> ② 신주인수권부 사채(BW: bond with warrants): 소정의 기간이 지난 후 일정한 가격으로 신주를 인수할 수 있는 권리가 부여된 사채를 말한다.

라) 외자조달

외자조달에는 외화차입과 증권발행의 두 가지 방법이 있다.

마이창업에서는 창업자금의 조달에 대해서 정책자금의 활용, 투자자금, 특허기술을 이용한 자금조달, 신용보증서를 이용한 자금조달, 개인 투자가의 창업자금의 5가지를 제시하고 있다.[64]

---

64 www.mychangup.co.kr

제10장
정부지원 창업자금 조달방법

1) 정책자금의 활용

(1) 정책자금의 활용은 기업경쟁력을 높인다.

"중소기업육성이니, 정책자금 지원이니 말로만 떠들었지, 은행에 가봐도 그렇고, 실제로 뭐 떨어지는 것은 하나도 없더라"라고 말들을 하는데 그 말은 틀린 말이다. 그렇게 말하는 사람은 아마도 정보수집 채널이 없거나 유용한 사업지원을 이용할 줄 모르는 사람이라고 할 것이다. 실제로 매년 중소기업에 지원되는 정책자금은 수조원에 이르고 있으며 날로 중소기업의 역할과 비중이 높아지게 됨에 따라 그 지원예산도 매년 증가하고 있는 상태이다. 물론 정책자금이라 하더라도 나중에 갚아야 할 빚이기 때문에 많이 쓴다고 하여 무조건 좋은 것은 아니지만 어차피 필요한 돈이라면 조건이 좋은 자금을 활용하는 것이 자금운용의 기본이다. 정부의 정책자금들은 대부분 5~7% 이하의 장기저리자금들이다. 때문에 정책자금의 활용은 곧 기업의 금융비용을 덜어주고 경쟁력 제고와 직결이 되는 것이다.

(2) 정책자금의 활용은 정보수집에서부터 시작된다

자금이 필요한 모든 사업가들은 이러한 정책자금을 원할 것이다. 그러면 이러한 정책자금을 잘 쓸 수 있는 방법은 무엇인가? 사실 창업을 준비하고 있거나 기업을 경영하고 있는 사업주가 정책자금에 대하여 자세히 안다는 것은 어려운 실정이다. 정책자금은 정부나 지방자치단체에서 예산을 편성하고, 그 운용은 보통 주무관청과 관계된 일선 공공기관이나 단체에서 처리한다. 정부의 주무관청별로 편성되는 정책자금의 종류가 매우 다양하게 분리되는 것이다. 그리고 이러한 자금들의 지원시기와 방법, 대상과 조건에 대한 정보를 일일이 챙기기가 쉽지 않은 일이다. 하지만 요즘은 관련기관의 인터넷 홈페이지에 자금 관련 정보들이 수록되어 있어 조금만 관심을 가지면 정책자금을 활용하기가 용이하다. 또한 정부기관별로 정책자금이 집행이 매년 비슷하기 때문에 사전에 조사하고 미리 필요한 서류를 준비해 둔다면 정책자금을 받는 데 많은 도움이 될 것이다.

(3) 정책자금을 받을 수 있는 방법

정책자금은 신청하는 기업체에 다 주는 것이 아니고, 정책자금도 한정된 예산으로 제한이 있고 이를 쓰려는 기업체는 많다보니 일정한 기준과 자격요건을 만들어 이왕이면 경쟁력이 있는 기업체를 선별하여 지원하고 있다. 따라서 이러한 정책자금을 지원 받을 수 있는 확률을 높이려면 본인 회사에 적합한 정책자금의 종류와 지원목적, 그리고 취지는 무엇인가를 먼저 파악한다면 자금을 받기에 상당히 유리할 것이다.

일반적으로 정책자금은 자금운용기관에서 예산이 확보되면 먼저 그 운용계획을 일반인에게 공고를 하고, 정해진 기간 내에 신청서를 접수하며, 서류검토와 현장실사를 통해 신청업체를 심의, 일정점수 이상의 업체를 선정한다. 따라서 다음과 같이 준비한다면 정책자금의 지원업체로 선정될 확률이 높아질 수 있다.

① 해당 정책자금의 지원성격과 당해 회사의 사업성격을 확실하게 맞춘다. 즉, 시설투자, 연구개발, 수출, 창업, 운영자금지원 등 어떤 성격의 자금인지 먼저 파악하여 현재 회사의 사업성격과 일치하도록 한다.
② 자금신청에 필요한 사업계획서 작성이 중요하다. 자금신청용 사업계획서는 소정양식으로 되어 있으며, 각 구성항목이 사업심사시에 평가대상이 된다. 그러므로 정해진 양식에 맞추어 빈칸 없이 기재하도록 하며, 사실에 근거하여 회사의 성장성을 제시하도록 한다.
③ 해당자금을 지원 받게 되면 사업의 성장 뿐 아니라 회사 경쟁력 제고에 큰 힘이 된다는 것을 강조하도록 한다.
④ 신청하는 금액(시설 또는 운전자금)을 산출하는 데 있어 가능한 한 세부적인 내용을 기준으로 작성하여 산정금액의 객관성을 보여준다.
⑤ 신청시에 첨부해야 하는 서류(특히 계약서, 견적서 등)는 꼼꼼히 살펴보고 빠짐없이 준비하여야 한다.
⑥ 사업계획서보다 더 중요한 것은 현장 실태조사이다. 사업계획서에 담겨져 있는 내용과 경영실태를 주관 기관의 담당자가 회사를 방문하여 현장에서 직접 확인하는 과정이기 때문에 좋은 인상을 줄 수 있도록 하여야 한다.
⑦ 실태 조사요원이 요구하는 자료 이외에도 회사에서 내세우거나 자랑할 만한 것이 있으면 충분히 보여 주도록 한다.
⑧ 재무제표는 그 회사의 경영성과를 보여주는 객관적인 자료이므로 평상시 재무제표의 관리(수익성, 성장성, 특히 부채비율을 나타내는 안정성)에 신경을 쓴다.

2) 투자자금

(1) 동업자나 후원자를 찾는다

창업에 필요한 자금의 조달은 창업자의 자기자금과 외부자금으로 나눌 수 있다.

창업자의 자기자금만으로 사업을 시작할 수 있다면 문제가 없지만, 창업자금의 부족은 타인에게서 자금을 빌려오게 하며, 약정일이 도래하면 상환하여야 하고 또한 상환일까지 이자를 내야 한다. 정해진 날짜까지 갚지 못하면 신용불량자가 되기도 하며, 저당 잡힌 집까지 날아가게 된다. 이런 경우 창업자는 동업자나 후원자를 찾아 볼 수 있고 동업자나 후원자의 자금은 창업자 또는 창업자의 사업에 뜻을 같이 하여 투자된 자금이다. 외부에서 유입된 자금이지만 사업주 입장에서는 운용의 부담이 없는 자기 자금이다.

(2) 기관투자가(창업투자회사)의 투자자금

동업자는 창업에 필요한 자금을 출자하여 사업을 같이 운영하고, 사업에 대한 공동책임과 이익의 공동분배의 권리를 가지는 사람을 말하며, 후원자란 사업에 자금만을 투자하고 경영에 참가하지 않는 투자가를 말한다. '창업투자자금'은 이러한 후원(지원)자의 자금을 제도화한 것으로, 중소기업청에 등록되어 있는 70개의 창업투자회사, 그리고 4개의 신기술사업금융회사가 이런 후원자이다. 여기에서 신기술사업금융회사는 한국종합기술금융(KTB, 1999년 2월에 민영화가 되어 KTBnetwork로 사명이 변경), 한국기술금융(주)(KTFC, 1999년 3월에 국내 최초의 리스사인 산업리스와 합병하여 산은캐피탈로 출범), 한국개발투자금융(KDIFC, 1982년 순수 민간자본으로 설립된 우리나라 최초의 벤처캐피탈회사, 2004년 3월에 큐캐피탈파트너스로 사명을 변경), 한국기술진흥금융(KTAC, 1999년 8월에 기보캐피탈로 상호변경)의 4개 회사를 말한다.

물론 투자수익의 환금성을 전제로 하여 까다로운 면이 있다. 창업투자회사, 신기술 사업금융회사들은 수백 억, 수 천억원의 가용 투자자금을 가지고 조직적인 분석과 수익전망을 따져 창업자를 엄선하여 투자한다. 일부 투자제한 업종을 제한한 전 업종에 대하여 투자가 가능하지만, 투자가의 목적은 대상 회사의 성장에 따른 자본수익창출에 있기에 신규창업회사에서는 벤처캐피탈을 유지하기가 어려운 것이 현실이다.

따라서, 신규창업자는 개인투자자(angel)에게 도움을 구하는 것이 유리하며, 창업자의 사업에 관심이 많은 사람을 만나 사업계획을 설명하고 투자를 유치한다. 개인투자가를 만나 이루어지는 합작사업이 기관투자가의 투자사업보다 더 많은 것은 기관투자가에 비해 투자금액이 작고 의사결정시간이 짧기 때문이다. 그러므로 투자를 원하는 창업자는 개인투자가를 유치하는 것을 권장하고 싶다. 개인투자가들의 공식적인 활동무대는 정부 차원의 벤처마트 행사, 중소기업진흥공단의 벤처사랑방, 창업투자회사의 엔젤클럽 등이 있으며, 독창성이 있으면서 경쟁력이 있는 소자본창업이라면 개인투자가의 유치에 도움이 된다.

3) 특허기술을 이용한 자금조달

(1) 특허기술은 기업경쟁력을 향상시킨다

현재는 경쟁의 시대이며 그 범위는 전국으로 전 세계적으로 확대되어 무한경쟁의 시대가 되었다. 따라서 기술력이 없이는 사업에 실패할 것이 자명하다. 요즘 창업이 늘어나고 있는 뉴비즈니스, 아이디어사업들은 틈새 기술력을 활용한 창업이라고 보아야 할 것이며, 이런 틈새 기술력은 우리 주위에 너무나 많다. 예를 들어 누구나 사용하는 물건 하나에도 얼마든지 개량기술이 숨어 있다. 이러한 기술을 개발하여 사업화 한다면 경쟁무대에서 유이한 위치와 정부의 제도적인 지원을 받을 수 있다.

(2) 정부의 특허기술사업화 지원제도

정부는 한정된 자원을 극복할 수 있는 방법으로 기술입국을 지향하고 있으며, 특허기술의 사업화를 다각적으로 지원하고 있다. 자금, 세제, 유통 등을 지원해주고 있으며, 자금지원의 경우 해외출원비용보조, 시제품 제작지원, 특허기술평가지원, 기술담보제도, 산업기술자금, 우수신기술 지정 지원사업, 기술우대보증제도 등의 다양한 제도가 있다.

(3) 특허 담보로 자금지원

최근 특허청은 우수한 기술력에도 담보가 없어 자금난을 겪는 중소기업에 특허담보나 신용만으로 사업자금을 지원하는 기술금융 지원사업에 발벗고 나섰는데, 2006년 5월 24일 한국지식재산센타(KIPS) 국제회의실에서 우리은행, 기업은행, 신한은행 등 금융기관과 기술보증기금, 한국과학기술연구원, 한국전자통신연구원 등이 포함된 기술금융지원단과 우수특허 보유 중소기업의 사업화 지원을 위한 업무협약을 체결했다.[65]

---

65 헤럴드경제, 2006. 5. 4.

이 협약에 따르면 특허청은 기술금융지원단 운영을 통해 금융기관이 기술금융 상품을 금융시장에 조기 정착할 수 있도록 지원하고 중소기업에는 기술평가에 소요되는 비용을 지원함으로써 중소기업이 기술력만으로도 자금을 조달할 수 있는 기회를 제공하게 됐다. 기술금융지원단도 금융기관의 여신의사 결정에 적합하도록 중소기업의 기술력을 객관적으로 평가해 그 결과를 금융기관에 제공하며, 금융기관은 평가결과를 활용해 물적 담보의 요구 없이 중소기업에 자금을 지원할 수 있는 토대를 마련했다고 할 수 있다.

4) 신용보증서를 이용한 자금조달

은행에서 대출을 받으려면 여간 까다로운 것이 아니다. 담보가 미약하다거나 보증인이 없다든가 하는 이유로 대출 받기가 어렵다. 신용보증제도의 기본적인 구조를 보면 기업(채무자), 금융기관(채권자) 및 신용보증기금(보증인)간의 삼각관계에 의한 금융 중개구조로 이루어져 있으며, 신용보증기금은 정부와 금융기관의 출연에 의하여 조성되는 기본재산을 재원으로 하여 신용은 있으나 담보가 부족하여 자금조달에 어려움을 겪는 중소기업에 신용보증서를 발급하여 주는 것이다.

(1) 창업기업의 신용보증제도

신용보증기금(www.kodit.co.kr)에서는 기업이 은행으로부터 각종 자금을 대출 받을 때 담보로 이용되는 대출보증 이외에도 사채보증, 제2금융보증, 지급보증, 납세보증, 이행보증 등 다양한 보증서를 발급해 주고 있다. 기업에서 주로 많이 이용하는 보증은 대출보증으로서 같은 기업에서 보증 받을 수 있는 최고 범위 안에서 기업규모, 자금용도, 신용도 등을 종합적으로 분석하여 보증금을 결정한다.

자금력과 담보력이 취약한 창업기업에 대해서는 정식 심사기준에 의한 보증심사 대신에 별도 간이심사제도를 운용하여 창업기업을 지원하고 있다. 신용보증서를 발급 받을 때에는 신용보증금액에 따라 보증수수료를 납부하여야 하는데, 중소기업의 경우는 보통 연 1%이다.

(2) 자신의 신용관리는 평소에 해야 한다

창업을 준비하는 예비사업자의 대부분이 담보력뿐만 아니라 신용력도 취약한 경우가 많다. 따라서 신용보증기금으로부터 신용을 얻기 위해서는 먼저 신용보증기금에서 정하고 있는 보증제한 대상이 되어서는 안 된다.

세금이 체납되었거나 은행 대출금이 조금 연체되어 보증서를 받지 못하는 경우도 있으며, 운전자금의 보증은 회사의 매출액의 규모를 기준으로 하고 있으며 업종별 부채비율의 상한선을 두고 있기 때문에 회사가 건전한 재무구조를 유지할 수 있도록 노력해야 할 것이다. 신용보증기관으로 신용보증기금[66]과 기술신용보증기금[67] 그리고 지역 내 기업 및 금융기관에서 설립한 지역신용보증조합이 있는데, 이 중에서 본인에게 맞는 보증기관을 선택하는 것이 유리하다.

5) 개인 투자가의 창업자금

(1) 자금조달 방법

창업자가 사업에 필요한 자금을 자기자금만으로 조달하여 창업을 하는 경우는 총 창업자 중 12% 정도의 수준이며 대부분 외부에서 창업자금을 조달하는 것으로 나타났다. 외부자금의 조달 방법으로는 은행 등 금융기관에 담보를 제공하고 대출 받는 것과 동업자 또는 주변 사람들로부터 창업자금을 조달하는 경우가 많은 것으로 나타나고 있다. 주위 아는 사람들의 자금은 담보를 잡고 빌려주는 것이 아니라 창업자를 믿고 사업을 도와주는 신용성격의 자금이다.

(2) 자본투자가의 설득 요령

창업자는 부족한 자금을 제도금융뿐만 아니라 주변 사람들로부터 조달하는 경우가 많다. 이런 경우 창업자를 믿고 빌려주는 신용 성격의 자금으로서 자본투자가의 성향을 잘 알고 있으므로 투자결정을 받아내기가 쉬울 것이다. 창업자가 개인투자가로부터 자금을 유치할 때에 생각해야 할 사항들은 다음과 같다.

① 평소의 신용과 성실성이 최우선이다. 좋은 아이템이나 사업비전을 제시하더라도 평소에 신망을 얻지 못하였다면 자금을 얻기가 어려울 것이다.
② 창업자의 사업계획을 충분히 이해할 수 있도록 한다. 개인투자가는 사업가가 아닌 경우가 많으므로 사업계획서를 작성하여 자세한 설명과 함께 이해를 도울 필요가 있다.

66 www.kodit.co.kr
67 www.kibo.or.kr
68 창업길라잡이 제3판, 김영문외, 2011, 집현재, pp. 111~120.

③ 갑자기 돈을 꿔달라고 하는 것은 금물이다. 어느날 갑자기 찾아가 돈을 빌려달라고 하면 누구나 당황하게 될 것이다. 자금을 꿔줄 만한 상대가 있다면 평소에 그 사람과 함께 사업이야기를 자주 나누는 것이 좋다. 얘기하는 방법은 창업자의 요령이지만 상대방으로 하여금 창업아이템과 사업에 대하여 좋은 기억을 가질 수 있도록 하여야 할 것이다.

④ 창업자는 창업하고자 하는 분야의 전문가여야 한다. 창업은 실패할 위험이 높다. 따라서 창업자가 아무리 성실하고 열심히 노력한다고 하더라도 창업하고자 하는 분야의 전문가가 아닐 경우에는 실패할 확률이 더 높다. 따라서 자본투자가는 창업자가 그 분야의 전문가이길 원하고 만약 전문가가 아니라면 그 분야에 대한 전문지식이 자본투자가를 설득시킬 수 있을 만한 수준이 된 후에 접촉해야 한다.

⑤ 구체적인 보상 제안으로 자본가를 신뢰하게 된다. 창업자에게 자본가가 공짜로 돈을 주는 경우가 아니라면, 어떤 식으로든 보상이 있기 마련이다. 따라서 확실한 보상계획을 제시 할 필요가 있다. 언제쯤 돌려준다는 막연한 이야기보다는 언제, 어떻게 이익이 발생하고 얼마만큼의 이자(또는 투자수익)를 붙여 어떠한 방법으로 지불하겠다는 구체적인 방법을 제시한다. 필요한 경우 공적인 방법으로 이를 확실하게 해두는 것도 좋으며, 이는 자본가에게는 신뢰를 주고 창업자 자신에게는 책임감을 준다.

⑥ 자본가의 돈이 사업의 어느 부분에 쓰이는지를 보여준다. 자금을 요청할 경우 소요자금의 세부적인 명세를 제시하여 자본가의 돈이 얼마만큼 들어와서 창업하는 데 있어 어떤 명목으로 얼마가 쓰이는지를 자세히 보여준다. 이는 요청하는 자금의 크기를 정당화하고 객관화시키는 효과를 주며, 소요자금의 명세표와 함께 이를 뒷받침하는 견적서 혹은 구입물건 단가표 같은 것들이 있으면 더욱 좋다.

⑦ 차입선이 여럿인 경우 투자자는 눈치를 본다. 기관투자가나 사업을 목적으로 하는 개인투자가는 보인 이외에 다른 차입선이 있다는 것을 알게 되면 절대 먼저 투자하려 들지않고 상대방의 움직임을 보고 결정하려 한다. 따라서 창업자는 투자유치의 우선순위를 결정하여 면밀하게 접촉하여야 한다.

⑧ 공식적인 자본유치제도를 활용한다. 공식적으로 개인투자가(angel)를 유치하는 공식적인 채널이 있으므로 이를 이용하는 것이 유리하다. 즉 기술과 자본의 만남을 주선하는 각종 기관이나 단체의 사업설명회에 참가하거나, 공개정보마당을 이용하는 것도 좋다. 이러한 방법은 제도적으로 운영되는 것이기 때문에 자본 투자의 방법과 조건들이 합리적이고 빠르게 진행되는 장점이 있다.[68]

6) 중소기업 자금조달방법

정부의 정책자금

- 중소기업 활성화를 위하여 정부가 정책적으로 지원하는 자금으로 융자금, 출연금, 보조금의 3종류가 있음
- 정책자금 중 융자금은 금융기관을 통한 융자와 같은 성격을 가지나, 낮은 금리와 긴 거치기간의 장점

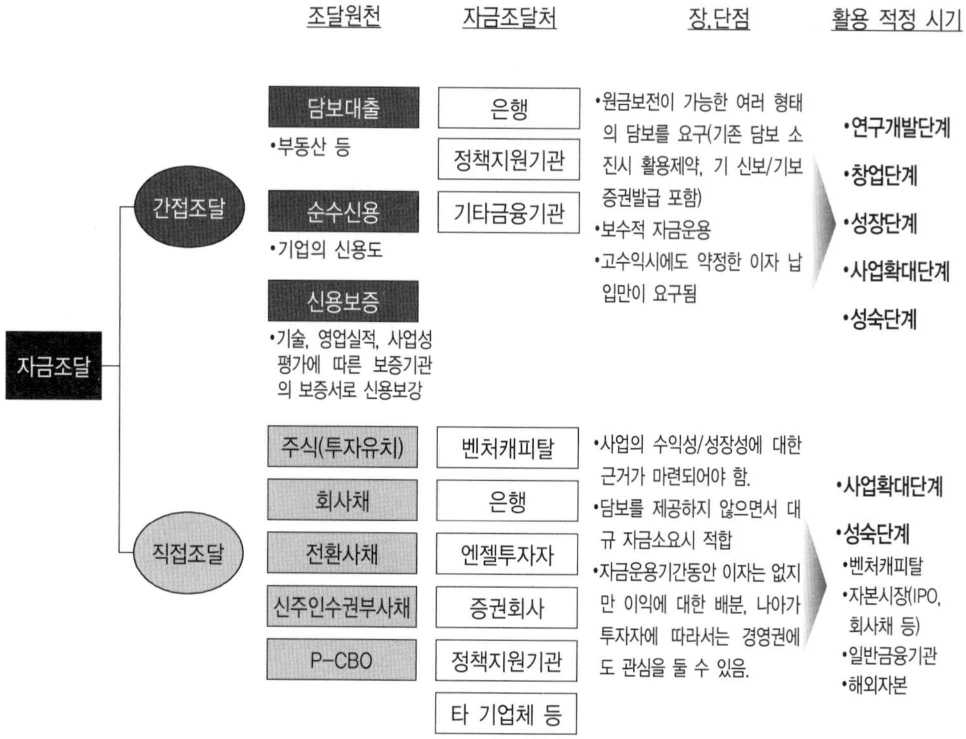

자료: 중소기업청, 중소기업 창업과 정부 지원정책, 2014

중소기업이 직접금융을 통하여 자금을 조달해야 하는 이유

- 간접금융 방식의 자금조달은 재무제표에 부채로 계상되어 기업의 재무 건전성에 부정적인 영향
- 또한, 약정이자를 지속 납입해야 되며, 연체가 지속되면 신용문제가 발생하여 창업활성화에도 악영향

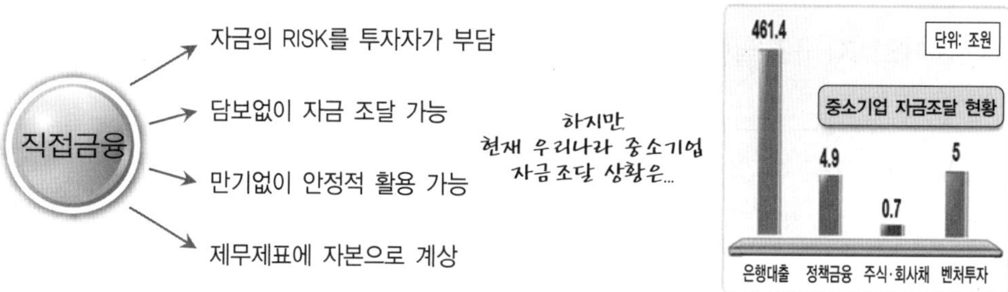

자료: 중소기업청, 중소기업 창업과 정부 지원정책, 2014

엔젤투자

- 창업 또는 창업 초기단계(early stage)에 있는 회사의 지분을 대가로 투자하고 경영자문 등을 수행하여 기업가치를 제고한 후 투자이익을 회수하는 개인투자자
- 엔젤투자자는 초기단계 기업에 투자함으로써 High Risk High Return을 추구함.

엔젤투자의 종류

- 비즈니스엔젤(개인투자자): 개인 스스로 기업을 발굴하고 투자 결정하는 투자자
- 엔젤클럽: 엔젤투자에 관심있는 개인 투자자들이 자발적으로 모임을 결성하여 동호회 성격의 투자클럽
- 엔젤투자조합: 벤처기업육성에 관한 특별조치법에 의거 출자총액 2억원 이상, 조합원 수가 40인 이하로 구성된 조합
- 엔젤클럽: 개인들 자금만이 아니라 정부, 기타 민관기관의 자금을 출자받아 출자총액이 30억 이상

벤처캐피탈(VC)과의 차이점은?

- 펀드(주로 Venture Capital Fund) 혹은 타인의 자금으로 투자를 하는 벤처캐피탈과는 달리 엔젤투자자는 본인의 자금을 직접 투자함.

자료: 중소기업청, 중소기업 창업과 정부 지원정책, 2014

벤처캐피탈이란?

- 고도의 기술경쟁력과 장래성은 있으나 자본과 경영능력이 취약한 기업에 투자하여, 경영관리 등 종합적 지원을 제공함으로써 기업의 성장을 도와준 후 다양한 방법으로 투자금을 회수하는 전문 투자가 집단

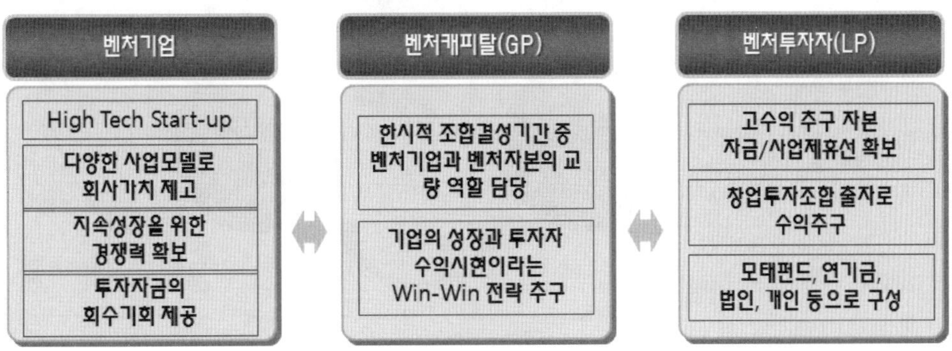

자료: 중소기업청, 중소기업 창업과 정부 지원정책, 2014

벤처캐피탈 투자 프로세스

단계	Deal Sourcing	Deal Screening	Due Diligence		Decision		Monitoring & Support	
업무	투자 상담	예비 심사	사업설명회	본 심사	투자심의 위원회 심의	투자계약 체결 및 집행	사후 관리	투자금 회수
업무 진행별 결과물	조사보고서 등 주간보고서 사업성검토	검토보고서 심사역의견 (QRR작성*) 시장자료분석 기술력검증	사업계획서 회사소개서 외부기관검증	Checklist Term sheet 회계실사 Valuation	투자심사보고서 투자재원배분C/L* 투자실사 C/L 준법사항 C/L 투심의사록	투자품의서 투자계약서 자금운용지시서	수시보고서 분기보고서 연간보고서 감사보고서	매각관련 회의 회수방안보고서 매도품의 월간단위 미팅
의사결정 주체	투자팀		예비 심의		투자심의위원회	기획관리	투자팀	회수심의위
결정방법 및 내용	투자팀이 진행 결정		임원/심사역/준법감시인		예비심의 멤버/ 조합원/자문위원	투자관련 서류 징구 및 자금 집행	평가 등급에 따른 관리	임원/심사역/ 준법감시인
	수시		주간회의시		5인 투심위 멤버의 과반수 이상			투심위 멤버의 과반수, 수시

※ 일반적으로 최종 투자의사 결정/집행까지 약 3개월의 소요시간이 걸리며 Risk Management 관점에서 점차 그 기간이 길어지고 있음.

자료: 중소기업청, 중소기업 창업과 정부 지원정책, 2014

엔젤, 벤처투자 선순환 과정

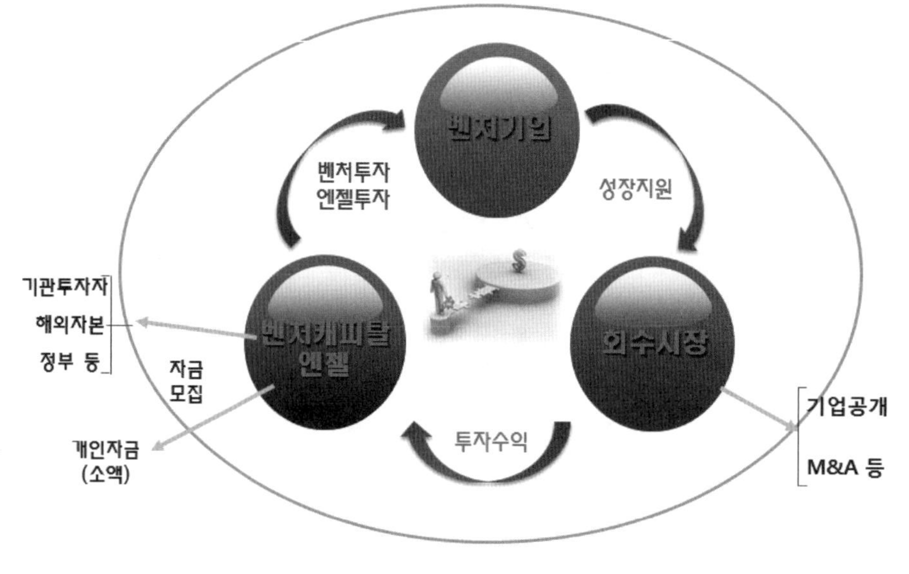

자료: 중소기업청, 중소기업 창업과 정부 지원정책, 2014

엔젤투자의 필요성

엔젤투자자

- 위험이 큰 반면 더 큰 이익 창출 가능
- 멘토링을 통해 투자성공률 제고 가능
- 다양한 창업에 참여 가능

창업기업

- 담보, 매출실적 없이 금융조달
- 금융 차입이자 부담해소
- 실패시 신용불량 위험 없음

자료 : 중소기업청, 중소기업 창업과 정부 지원정책, 2014

페이스북의 성장 경로

- '엔젤→VC→IB'로 이어지는 성장단계별 벤처투자를 통해, 글로벌기업으로 발돋움
- 페이스북 창업자 마크 주커버그는 '04년 엔젤투자가인 피터 티엘에게 50만불의 최초 투자를 받아, 성공의 초석을 만들 수 있었음. 현재 세계 굴지의 기업으로 성장

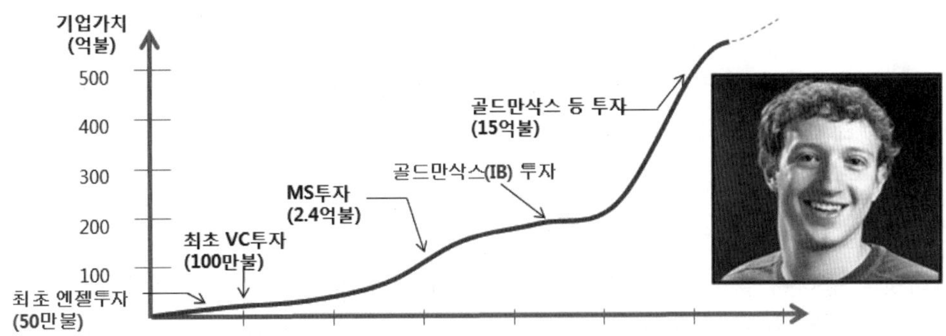

자료: 중소기업청, 중소기업 창업과 정부 지원정책, 2014

전설적 엔젤투자자

론코웨이

- 퍼스널 트레이닝 시스템즈 CEO
- 500개 실리콘밸리 기업에 투자
- 2010년 70개 이상의 개별투자건 검토하여 투자

비노드 코슬라

- 1981 데이지 시스템 공동대표
- 1982 선마이크로시스템 최고경영자
- 1986 클라이너 퍼킨스 엔젤투자가로 활동
- 2004~ 코슬라 벤처스 대표

자료: 중소기업청, 중소기업 창업과 정부 지원정책, 2014

(1) 국내 엔젤투자 성공사례

- 하이드로겔 기술(특허) 기반, '하유미팩'으로 알려진 마스크팩을 개발
- 2005년 매출 시작, 2011년 1천억원의 매출액(순이익 105억원) 기록
  * 매출실적(억원): (06년)65 → (07)87 → (08)137 → (09)419 → (10)819 → (11)1,053
- 2011년 8월 코스닥 상장, 기업가치 약 2,000억원

- 2003년 당시 코스닥 상장사 대표인 엔젤투자자가 4억원(액면가 5,000원, 투자단가 7,500원)을 투자하고 (주)제닉 40% 지분 소유(기업가치 10억원)
- 2006년 투자금 4억원 중 2억원을 (주)제닉에서 7억원에 재매입하여 소각
  평가금액 약 130억원으로 투자금 2억원 대비 65배 이상의 수익

※ 기타 사례: 티켓몬스터(노정석대표 아블라컴퍼니), 회원 500만명, 2011년 매출 327억원
2011년 9월 리빙소셜(미국) 3,000억 인수합병

자료: 중소기업청, 중소기업 창업과 정부 지원정책, 2014

(2) 창업 단계별 맞춤형 지원시책

청년전용 창업자금	• 규모: 2,000억원(융자상환금 조정형: 1천억원, 민간금융 매칭형: 1천억원) • 대상: 만39세 미만의 예비창업자 또는 창업 3년 이내 기업 대표자 • 지원: 자금융자 및 교육 · 컨설팅 – 자금융자: 연 2.9%(고정금리)/기업당 최대 1억원/2년 거치 5년 이내 상환 – 교육 · 컨설팅: 중소기업연수원 창업교육, 융자 후 1년간 창업 컨설팅 제공

창업기업 자금융자	• 규모: 1조 1,100억원 • 대상: 예비창업자 또는 창업 후 7년 미만인 기업 • 지원: 시설자금(생산설비 도입 등), 운전자금(창업소요비용 등)
엔젤투자 매칭펀드	• 규모: 1,400억원 • 지원: 창업 7년 이내의 기업에 엔젤투자자가 투자할 경우 정부가 1:1 매칭투자
중소 · 벤처기업 투자펀드	• 규모: 연간 1.2~1.5조원 내외 – 13년 주요펀드: 미래창조펀드 6천억원, 청년창업펀드 1,450억원, M&A펀드 2,291억원 등 • 지원: 민간 펀드 운용사가 심사 후 중소기업이 발행하는 신주 또는 구주 인수

글로벌 창업	• 글로벌 청년활성화 지원(50억) – (개요 및 지원) 창업기업의 해외창업 · 진출을 위한 연수 · 보육 프로그램 제공, 외국인에 대한 국내 창업을 위한 기술창업 프로그램 제공 – (조건) 총 100개 과제 지원(총 사업비의 80%, 최대 5천만원 한도)
	• 스마트 스타트업 글로벌화 지원(20억) – (대상) 앱, 콘텐츠, SW융합 등 유망 지식서비스 분야 예비창업자 및 창업초기기업 – (지원) 번역 · 홍보물 제작 · 퍼블리싱 등 해외마케팅 지원, 시장 개척단 파견
컨설팅	• 건강진단 연계형 공정혁신 지원(54억원) – (대상) 경영 · 기술 전 분야로 중소기업 건강진단 결과 "공정혁신 처방"을 받은 기업 – (지원) 총 300개사 내외(컨설팅 비용의 30~50%, 최대 3천만원 한도)
	• 수요자 선택형 컨설팅 지원(72억원) – (대상) 중소기업상 중소기업 및 창업지원법상 창업기업(5년 미만) – (지원) 총 450개사 내외(컨설팅 비용의 30~65%, 최대 3천만원 한도)

힐링캠프식 재기교육	• 실패기업인 대상 자아성찰, 심리치료 등 재도전 의욕 고취(합숙교육) – (교육기관) 재기중소기업개발원 죽도연수원 – (교육지원) 전액무료, 연6회(2주 3회, 4주 3회)  
재기컨설팅	• 진로제시컨설팅: 경영위기 기업의 사업정리(청산 · 파산) 또는 기업회생 정보 제공 – (대상) 중소기업건강관리시스템을 통해 '회생 및 재기'로 진단된 기업, 3년간 연속적자 매출급감 등 경영위기에 처한 중소기업 • 회생 컨설팅: 진로제시컨설팅 결과, 회생 가능성이 높은 기업에 대해 회생절차신청부터 회생계획 인가까지 全 과정 상담 · 자문 – (범위) 회생절차 개시신청서, 채권목록 작성, 회생계획안 작성, 관계인집회 관련서류 등
재창업자금	• 정직한 실패기업인의 신용회복과 운영자금(융자) 동시 지원 – (지원) 500억원, 정책자금 기준금리에서 0.15%p 차감
재창업 전용 R&D	• 일반 R&D사업 참여가 어려운 재창업 기업의 신기술 · 신제품 개발 지원 (14년 30억원, 기술료 징수 면제)

자료: 중소기업청, 중소기업 창업과 정부 지원정책, 2014

(3) 창업지원제도

구분	대상(감면요건)	조세감면범위
법인세 소득세	• 조세특례제한법에 의한 창업중소기업 • 창업 후 2년 이내에 벤처기업으로 확인받은 기업 • 중소기업창업지원법에 의한 창업보육센터 사업자로 지정받은 내국인	• 당해사업에서 최초로 소득이 발생한 날이 속하는 과세연도와 그 다음 과세연도의 개시일로부터 5년 이내에 종료하는 과세연도까지 당해 사업에서 발생한 소득에 대한 소득세 또는 법인세의 50% 감면
취득세 등록세	• 창업벤처기업(창업일로부터 2년 이내 벤처기업으로 확인받은 기업)에 해당될 것 • 창업일(벤처기업확인일)로부터 2년 이내 취득 • 사업용 재산 • 2년 이내 당해 사업에 직접 사용할 것 • 감면대상업종에 해당할 것	• 창업중소기업의 법인설립등기에 대하여 등록세 면제 • 당해사업을 영우하기 위하여 벤처기업확인일로부터 2년 이내 취득하는 사업용 재산에 대한 취득세(등록세) 면제. 다만 취득일(등기일)로부터 2년 이내에 당해 재산을 정당한 사유없이 당해 사업에 직접 사용하지 않는 경우는 면제세액을 추징
재산세 종합토지세	• 창업벤처기업(창업일로부터 2년 이내 벤처기업으로 확인받은 기업)에 해당될 것 • 감면대상업종에 해당할 것	• 당해 사업을 영위하기 위하여 소유하는 사업용 재산에 대하여 창업일로부터 5년간 재산세 및 종합토지세 50% 감면
인지세	• 중소기업창업지원법에 의한 창업자가 창업일로부터 2년 이내에 당해 사업과 관련하여 금융기관으로부터 융자를 받기 위하여 작성하는 증서, 통장, 계약서 등	• 인지세 면제

〈중소기업 주요 창업자금 지원 관련 기관〉

자금	지원기관
지방자치단체의 창업지원자금 중소, 벤처기업창업 자금 신기술창업 보육자금 소상공인 창업자금 우수발명시작품 제작지원자금 지방중소기업 육성자금 창업자금 융자	지방자치단체 중소기업진흥공단, 기술신용보증기금 한국산업기술평가원 소상공인 지원센터 한국발명진흥회 시, 도청 각 은행
신기술 개발, 기업화하려는 중소기업자에 대한 투자, 융자지원	벤처캐피탈회사

〈상담용역지원〉

지원기관	중소기업청에 등록된 중소기업상담회사
기능	① 창업중소기업에 대한 사업성 평가 및 사업계획 수립 ② 창업절차의 대행 및 인,허가 절차 대행 ③ 중소기업에 대한 경영, 자금, 기술 관련 알선 ④ 창업관련 상담 및 정보제공
지원금액	중소기업상담회사가 중소기업창업지원법상의 창업자에게 창업관련용역을 수행할 경우 1건당 용역대금 또는 절차대행 수수료의 50% 이내에서 지원

제11장
창업을 위한 사업자 등록구비

1) 사업자등록

예비창업자가 창업을 하는 경우에는 대략 개인 기업으로 창업을 하거나 여러 사람이 출자하는 법인기업을 창업을 하게 된다. 사실 처음 창업을 하면서 법인기업으로 하는 것은 쉽지 않으며, 우선 개인 기업으로 창업을 하여 어느 정도 시간이 경과하고 성과가 나타나면 법인으로 전환을 해도 무방할 것이다. 또한 사업자등록에 대한 준비는 어려운 것은 아니지만, 이제 막 창업을 준비하는 사람에게는 좀 까다롭고 귀찮은 작업임에 틀림이 없다. 이러한 경우에는 법무사, 세무사 및 공인회사의 도움을 받으면 편리하다. 즉, 회사의 운영과 관련하여 담당 법무사, 세무사 혹은 공인회계사, 변리사를 지정해 두면 회사경영에 필요한 다양한 업무에 대한 지속적인 도움을 받을 수 있다.

(1) 개인기업의 창업절차

개인기업은 개인이 출자자인 동시에 경영자로 직접 기업을 운영하는 형태로서 사업 활동에 대한 모든 권리, 의무의 법률효과가 전부 대표자 개인에게 귀속된다. 따라서 개인기업을 창업하는 데는 별도의 상업등기절차가 필요 없으므로 사업장을 갖추고 사업장 소재지의 관할세무서에 사업자등록을 신청하여 영업을 개시하면 된다. 다만, 영위하고자 하는 업종이 법령에 의한 허가사업인 경우에는 사업자등록 신청 전에 사업허가증을 발급받아야 한다.

개인기업의 사업자등록은 다음과 같이 신청하면 된다. 먼저 사업장이 확보되고 소관관청으로부터 사업허가증이 나오면 소정의 서류를 갖추어 본인의 사업장소재지 관할세무서에 사업자등록을 신청하면 되고, 등록증은 신청일로부터 3일 이내에 교부 받게 된다. 사업자등록 신청기간은 사업 개시일로부터 20일 이내이며, 필요한 경우 사업개시 전에도 사업자등록을 신청할 수 있다. 사업자등록증 신청서류는 다음과 같다.

① 사업자등록신청서 1부
② 시업허가증 사본 1부(약국, 음식점, 개인택시 등 법령에 의한 허가 혹은 등록을 해야 하는 사업의 경우)
③ 주민등록등본 1부
④ 임대차계약서사본 1부

사업자등록신청서에 기재할 사항으로는 인적사항과 사업의 종류(업태, 종목 등), 개업일, 종업원 수 등과 사업장 명세(자가, 타가 및 임대인 명세, 임차료 지급사항), 부가세 과세유형(일반과세자, 간이과세자)등을 기재하여야 한다. 사업자등록신청서 기재사항에 있어서 업태 및 종목의 구분은 향후 부가가치세 신고 및 종합소득신고 시 세액의 결정에 영향을 줄 수 있으므로 본인이 영위하는 사업이 어떤 업종, 어떤 종목에 속하는지를 면밀히 검토하는 것이 좋다. 이 부분에 대해서는 세무서에서 상담을 받으면 된다. 또한 일반과세자로 할 것인지 아니면 간이과세자로 할 것인지에 대해서도 본인이 영위하고자 하는 사업의 종류 및 형태와 연간 공급대가 예상액을 고려하여 부가가치세 과세유형을 적용하여야 할 것이다.[69]

(2) 법인기업의 창업절차

법인기업은 개인기업과는 달리 법인 그 자체가 독립된 인격체로 모든 권리와 의무의 주체가 되는 형태의 회사를 말한다. 따라서 법인을 설립하기 위해서는 회사의 실체를 구성하는 절차를 거쳐 최종적으로 관할 법원에 설립등기를 함으로써 그 효력이 발생하게 된다. 주식회사의 경우에 법인설립 과정을 좀 더 구체적으로 살펴보면, 발기인을 구성하여 정관을 작성하고 공증을 받은 다음에 주식발행 사항과 관련된 여러 가지 회사 실체 구성절차를 거치게 된다. 법인설립 절차는 개인기업 창업과는 달리 그 절차가 다소 복잡하기 때문에, 대부분 법무사, 변호사 혹은 공인회계사 사무실에 설립절차 대행을 의뢰하게 되는데, 이 경우 회사에서 사전에 준비할 서류와 소요비용을 보면 다음과 같다.

---

69 창업길라잡이 제3판, 김영문외, 2011, 집현재, pp. 61~62.

첫째, 회사에서 준비할 서류는 다음과 같다.

① 회사설립사항 명세서(상호, 본점소재지, 사업목적, 자본금 등)
② 발기인 인적 사항 및 주식인수사항
③ 이사, 감사 인적사항
④ 인감증명서 및 주민등록등본(발기인, 이사, 감사 등)
⑤ 주주납입증명서

둘째, 법인설립 시 소요되는 비용으로는 세금(등록세, 지방교육세)과 채권매입비용 및 기타 부대비용(공증인의 인증료, 법무사 수수료, 기타 제세금과 실비 상당액 등)이 들게 되는데, 이들 비용 중 가장 많은 부분이 세금으로 지출된다. 법인설립 시 부과되는 세금은 지방세에 속하는 등록세 및 지방교육세로서 이 세금은 설립등기 과정에서 본점소재지 관할 시군구에 납부하여야 하는데, 기본세율은 등록세가 자본금의 0.4%, 지방교육세는 등록세의 20%이며, 이를 합한 총세금은 자본금의 0.48%에 해당한다.

셋째, 등록세가 3배 중과되는 경우가 있다. 등록세가 3배 중과되는 경우란 서울특별시를 포함한 수도권(일부지역 제외)에서 법인을 설립하는 경우를 말한다. 따라서 본인이 법인을 설립하고자 하는 지역이 수도권에 해당되는지를 사전에 검토하는 것이 좋다. 법인설립지가 수도권이라 할지라도 업종이 지방세법상 등록세 중과규정 적용이 배제되는 경우에는 등록세가 기본세율만 적용된다.

넷째, 법인기업의 사업자 등록신청은 다음과 같이 하면 된다. 소정의 절차에 따라 법인을 설립하여 설립등기가 완료되면, 사업장소재지 관할세무서에 다음 서류를 갖추어 사업자등록 신청을 하여야 한다. 다만, 영위하고자 하는 사업이 법령에 의한 허가 사업의 경우에는 사업자등록 신청 전에 사업허가증을 발급 받아야 한다.

① 법인설립신고 및 사업자등록신청서(소정양식)
② 법인등기부등본 1부
③ 정관사본 1부
④ 개시 대차대조표 1부
⑤ 주주 또는 출자자 명세서 1부
⑥ 현물출자명세서(현물출자시)
⑦ 사업허가증 사본(법령에 의한 허가 사업의 경우)

이렇게 법인기업의 경우에는 개인기업과는 달리 설립절차가 복잡한 것이 사실이다. 먼저 법인을 설립한 다음에 사업자등록을 해야 하는데, 개인창업자가 모든 업무를 처리하기에는 시간이 많이 소요되고 각종 서류를 만들어야 한다. 그렇기 때문에 법인 설립은 법무사, 세무사, 공인회계사, 변호사 등의 도움을 받는 것이 좋다.[70]

(3) 법인설립 및 사업자등록 신청 절차

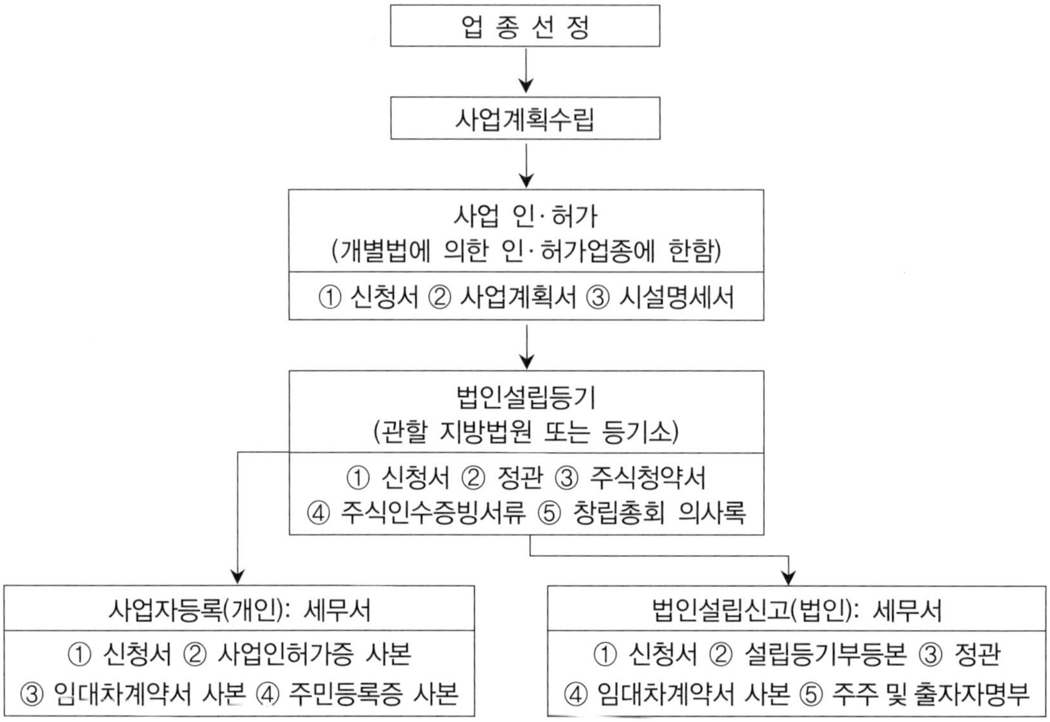

---

70 창업길라잡이 제3판, 김영문외, 2011, 집현재, pp. 63~65.

제12장
프렌차이즈 사업

1) 프랜차이즈의 역사

프랜차이즈는 권리 또는 자유를 뜻하는 프랑스어를 어원으로 한다. 중세에 프랜차이즈라는 단어는 특권 또는 단순히 권리를 뜻하는 단어에 지나지 않았다. 그 당시에는 지역의 영주가 市場이 서도록 허락하거나 지역의 나루터의 운영과 자신의 땅에서 사냥을 할 수 있도록 허락해 주는 것이 프랜차이즈로 설명될 수 있는 일들이었다. 프랜차이즈의 개념이 조금 넓어지면서 길을 새로 닦는 일이나 술을 만들 수 있는 이로가 같은 사업이 국왕에 의해 권리가 주어졌으며, 이것 역시 프랜차이즈의 시작이라 할 수 있다. 즉 국왕이 누군가에게 어떠한 사업을 독점할 수 있는 권리를 수여하는 것이 프랜차이즈였다. 이러한 프랜차이즈를 관리하는 법 조항들은 모두 유럽통합법(European Common Law)에 채택되었다.

몇 세기가 지나면서 각국의 경제발전과 함께 프랜차이즈의 개념도 바뀌었다. 1840년 독일에서 유명한 양조장들은 몇몇 술집만이 자신들의 술을 팔 수 있는 권리를 주었다. 이것이 바로 현재의 프랜차이즈의 시작이라 할 수 있다.

한편 프랜차이즈의 역사는 아라비아 상인들의 활동에서 시작되었다고 보기도 하고, 중국에서 시작되었다고도 하며, 중세의 유럽에서 비롯되었다고 보는 입장도 있다. 그러나 프랜차이즈가 사업화되기 시작한 것은 미국인만큼 프랜차이즈의 역사는 미국 프랜차이즈의 역사라라고 해야 할 것이다.[71]

---

71 창업학의 이해, 이덕훈, 비앤엠북스, 2012, p. 319.

2) 한국의 프랜차이즈

한국의 프랜차이즈산업은 1979년 롯데리아가 개점한 이후 발전하기 시작했다. 그 후 1980년대 해외 유명 브랜드의 한국 진출이 가속화되어 외식업을 중심으로 프랜차이즈산업이 성장 발전하였다. 특히 1986년 서울 아시안게임 및 1988년 서울올림픽게임을 계기로 한국의 외식 및 프랜차이즈산업은 성장의 기반이 마련되었다.

한국의 프랜차이즈산업은 프랜차이즈 시스템이 도입된 지 약30년이라는 짧은 시간에도 불구하고 급속한 성장을 보이고 있다. 이렇게 짧은 시간 안에 급성장한 배경을 사회·경제·문화·기술적 측면에서 살펴보면 다음과 같다.

첫째, 사회적 요인으로서 대량생산, 대량판매에 이어 대중소비사회가 정착되고 있으며, 소비자의 라이프스타일 변화, 가치관의 변화, 소비의식구조의 변화가 일고 있다. 특히 여성의 사회 진출 확대는 외식행위의 결정 요인인 수요증대를 가져와 외식 프랜차이즈산업의 발전에 기여하였다. 핵가족화 역시 외식 수요를 증가시키는 요인으로 볼 수 있다. 또한 명퇴, 정년, 취업난으로 창업시장의 확대도 외식 프랜차이즈산업의 발전에 큰 영향을 미치고 있다.

둘째, 경제적 요인으로서 국민소득의 증가에 따른 가처분 소득과 생활수준의 향상, 주5일 근무제에 따른 여가 시간의 확대 그리고 대기업들이 외식시장 진출, 소비문화의 질적 향상과 소비패턴의 다양화, WTO 등 시장개방 등이 있다.

셋째, 문화적 요인으로서 간편식 위주에 대한 수요 증가, 식생활 패턴의 서구화, 여가문화 향유와 해외기업에 대한 가치관의 변화 등이 외식 형태의 변화뿐만 아니라 외식시장 전반에 큰 영향을 미치고 있다.

넷째, 기술적 요인으로서 컴퓨터와 주방기기의 현대화 등 기술적 환경변화 요인은 외식산업을 공업화/산업화하는 계기가 되고 있고, 정보화산업의 발달에 따른 다양한 형태로 외식산업에 대한 정보를 얻을 수 있게 되었다.

3) 프랜차이즈 시스템과 본부의 장점

프랜차이즈 시스템을 채택함으로써 본부(가맹점 본부)는 대자본 없이도 빠른 시간 내에 사업 확대가 가능하고, 가맹점들은 브랜드 인지도가 높은 상호와 높은 효율의 경영기법을 이용함으로써 단기간 내에 초대의 매출을 올릴 수 있다.

(1) 가맹점 본부의 장점

① 자원조달과 사업 확대의 용이성
가맹점 본부 사업의 가장 좋은 점 중의 하나는 자원도달의 용이성이다. 가맹점 본부는 사업 확장이나 시장의 개척에 많은 자금과 인력을 투자하지 않아도 된다. 가맹점에 의한 수익으로 사업 확장이 가능하다.

② 규모의 경제와 비용 절감
가맹점 본부는 물류, 광고 등에 있어 규모의 경제를 달성하여 비용을 절감할 수 있다. 또한 과도한 관리업무를 줄일 수 있으며 일부 영업비용을 가맹점들에게 전가시킬 수 있다.

③ 지역사회의 수용도 제고
현지 주민이 가맹점을 운영하면 외부 상품에 대한 지역사회의 수용도가 높아지고 노사 문제도 완화될 수 있다.

④ 프랜차이즈 프로그램의 개발용이
가맹점 본부는 사업에 직접 참여하지 않으므로 프랜차이즈 프로그램의 새로운 개발에 몰두할 수 있으며 사업 확장을 통한 적절한 관리구조의 개발에도 열중할 수 있다.

⑤ 노사문제 해결
가맹점들이 직접 사업을 하므로 노사문제에 조정이 가능하고 노사 전문가들을 고용하지 않아도 된다.

⑥ 해외 진출의 용이성
가맹점사업은 해외직접투자보다 위험이 적고 신속하게 해외시장에 진출할 수 있는 방법이다. 해외에서 가맹점을 모집함으로써 수출이 불가능하게 되지도 않으며, 국내 산업의 공동화로 인한 고용 감소의 위험도 적다

(2) 가맹점 본부의 단점

가맹점 본부의 성공률은 생각보다 높지 않다. 미국의 경우 최근 12년 내에 75%가 실패하였다는 것을 보더라도 신중하게 접근하여야 한다.

① 초기투자비용의 증가
가맹점 본부는 브랜드 인지도가 높은 상호와 상표 등에 대한 광고와 새로운 사업노하우 개발 등으로 초기에 투자비용이 증가할 수 있어 초기투자 실패 시에 많은 부담이 된다.

② 신속한 대처 미비
프랜차이즈 시스템의 경우 급격한 시장 환경의 변화에 신속한 대응이 어려울 뿐만 아니라 계약 기간 중에는 실적이 부진한 가맹점을 일방적으로 퇴출하기 어렵다.

③ 사업 확장과 통계
점포 확장을 하다 보면 가맹전들이 본부와 떨어져 있어 통제하기 어렵고, 통제하려면 많은 비용이 들기 때문에 적절한 관리시스템이 필요하다.
④ 점포 확장과 노하우
점포 확장에 따라 원래의 맛과 서비스에 떨어지는 경우가 많으므로 이에 신경을 써야 한다.

4) 프랜차이즈 가입의 장단점

(1) 장점

① 쉬운 창업
가맹점 본부로부터 제품, 서비스, 매장 디스플레이 종업원 교육까지도 지원을 받을 수 있어 누구든지 쉽게 창업할 수 있다.
② 창업 실패율과 도산률 저지
개인이 독립적으로 창업을 할 경우에는 창업 실패율과 도산률이 높지만 인지도와 경쟁력이 높은 가맹점에 가입하면 수익성과 도산률을 낮출 수 있다.

(2) 단점

① 독립적 경영의 제한
가맹점들의 경우 본부의 제품 서비스 등의 제약을 받으므로 독립적인 경영이 제한을 받는다.
② 계약의 불안정성
성공적인 프랜차이즈일수록 많은 개인들이 가입하려 하므로 수수료의 인상 등 더 많은 반대급부를 요구할 가능성이 커진다. 그리고 계약권을 본부에서 갖고 있으므로 계약 갱신의 어려움도 있다.[72]

5) 프렌차이즈 성공사례

(1) 토종커피의 성공신화와 카페베네

카페베네는 스타벅스 등 골리앗 브랜드가 즐비한, 그것도 이제는 많은 이가 레드오션으로 여겼던 커피 전문점 시장에서 놀라운 만큼의 성공을 거뒀다. 이전에는 스타벅스 등

72 창업학의 이해, 이덕훈, 비앤엠북스, 2012, pp. 330~332.

몇몇 메이저 브랜드들이 운용하는 방식대로 따라 하기 급급하던 토종브랜드들이 이제느 자기만의 성공방정식을 만들려고 한다. 카페베네는 커피업계에 스타마케팅을 최초로 도입했고 천편일률적인 인테리어에 변화를 주는 등 다른 회사와 다른 접근법으로 토종커피의 새로운 스타일로 주목받고 있다.

카페베네의 창업자인 김선권은 '추풍령감자탕'브랜드로 묵은지를 히트시키며 2년 사이에 매장을 300개까지 늘렸다. 그런데 음식장사라는 것이 베끼기 쉬웠다. 묵은지가 인기면 순식간에 묵은지 파는 식당이 우후죽순 생긴다. 그래서 생각한 것이 커피였다.

창업 3년 8개월 만에 점포 12개에서 점포 720개, 연매출 2천4백만원에서 2,000억원의 성공신화를 쓴 카페베네의 김선권대표는 한국 커피업계의 신화로 꼽히고 있다. 20~30대 중심의 선호스타일, 회벽의 질감을 살리고 원목과 블루의 느낌을 강조한 새롭고 젊은 인테리어, 붙박이 의자에 노트북용 전원 콘센트 설치, 유럽풍의 편안한 분위기 등으로 기존시장과 차별화를 하고 있다.[73]

〈카페베네 매장 수 및 매출〉

	2008년	2009년	2010년	2011년
매장수	12개	116개	451개	720개
매출(본사)	0.24억원	223억원	1,022억원	2,000억원

자료: 카페베네

73 창업학의 이해, 이덕훈, 비앤엠북스, 2012, p. 340.

제13장
인터넷 창업과 스마트 창업

요즈음 외식업과 더불어 가장 인기 있는 창업분야라고 한다면 단연 인터넷창업 혹은 인터넷비즈니스라고 할 수 있다. 외식업이 많은 자금과 점포가 반드시 필요하다고 한다면, 인터넷창업분야는 소자본으로 시작할 수 있으며, 별도의 점포 없이 재택형태로 창업을 할 수 있다는 장점이 있다. 사실, 컴퓨터와 인터넷에 대한 실무지식만 갖추면 인터넷창업은 본업뿐만 아니라 투잡스(two jobs)로도 가장 좋은 분야라고 할 수 있다.

1) 인터넷창업의 이해

(1) 인터넷창업의 정의

인터넷창업 혹은 인터넷비즈니스는 인터넷을 매개로 하여 서비스를 제공하거나 인터넷을 잘 사용할 수 있게 지원하면서 그것에 대한 대가를 수익의 모델로 삼는 사업이라고 할 수 있다(강현순, 2006). 이러한 인터넷을 이용한 창업은 기존 오프라인에서 진행하는 사업관념에서 벗어나 인터넷이라는 새로운 환경 속에서 개인의 능력을 시험하고 발전시킬 수 있는 영역으로 각광을 받고 있다. 또한 창업아이템의 가치에 따라 자금으로 인한 사업기회의 상실 없이 계획하였던 목적을 달성하게 된다. 예를 들어 제휴 마케팅(affiliate marketing)과 같은 분야에서는 무자본으로 창업이 가능하다는 것이며, 오픈마켓(open market) 창업 역시 몇만 원에서 몇십만 원으로도 충분히 창업이 가능하다는 것이다. 한편, 인터넷을 이용한 창업은 크게 두 가지로 나누어진다.

> ① 순수하게 인터넷만 존재하는 가상기업(cyber corporation, 순수가상기업)
> ② 기존의 회사를 인터넷의 영역 속으로 확장한 가상기업(확장된 가상기업)

벤처의 붐이 시작되었을 때에만 해도 첫 번째 형태의 가상기업이 많이 출현하였으나, 그 이후에는 두 번째 형태의 가상기업들이 많이 늘어나고 있다고 할 수 있다. 또한 향후에는 온라인에서만 존재하는 기업보다는 온라인과 오프라인을 결합하는 형태의 기업들이 많이 나타날 것으로 예상되고 있다.

(2) 인터넷창업의 의미

한국에서는 1997년 11월에 IMF로부터 구제 금융을 받은 이후 인터넷창업이 폭발적으로 늘어났는데, 산업사회에서의 창업이라는 의미의 뿌리를 송두리째 흔들었다고 할 수 있다. 이러한 측면에서 인터넷 창업은 기존의 창업형태와는 달리 다음과 같은 차이가 있다고 할 수 있다.

① 기존 사업의 발전을 위하여 인터넷을 이용하여 새로운 사업을 만드는 것으로서, 인터넷을 이용하여 관리하고 마케팅을 담당할 수 있는 사업을 의미한다. 예를 들어, 기존 업체에서 인터넷 사이트를 운영하는 경우라고 할 수 있다.
② 인터넷을 이용하는 네티즌의 욕구(needs)를 충족시킬 수 있는 새로운 사업을 만들어 가는 것인데, 요즈음의 포털사이트들이 그 예이다.
③ 네티즌의 잠재적 욕구를 이끌어 낼 수 있는 사업체를 만드는 것이다. 예를 들어, 네트워크 게임 및 소프트웨어 업체들이 그 예이다.
④ 인터넷을 이용하여 새로운 차원의 사업을 준비하는 것을 말한다.

위에서 언급한 사항들을 종합해 보면 인터넷을 이용한 창업이란 결국 창업자가 새로운 아이디어를 가지고 자본을 동원하여 특정 상품과 서비스를 생산하는 것을 의미한다. 그와 동시에 인터넷과 관련 새로운 정보통신의 수단을 통해서 소비자의 수요 충족 및 창출을 위해 행해지는 이윤추구행위 모두를 가리킨다.

(3) 인터넷을 이용한 창업의 필요성

인터넷을 통하여 삶을 보다 향상시킬 수 있다. 사람들의 궁극적인 목적의 하나가 삶의 질을 향상시키는 일이라고 한다면, 왜 인터넷을 이용한 창업이 필요한지를 자연스레 알 수 있다는 것이다. 사실, 인터넷을 이용한 창업은 자체를 창업의 핵심수단 혹은 전략적 도구로서 사용하는 것이다.

① 인터넷은 새로운 사업기회를 제공하고 있는 미지의 신대륙이다. 인터넷을 이용한 상거래 자체가 미개척 분야로서 지금까지 개발된 분야보다 앞으로 개발되어야 할 분야가 너무도 많다는 것이다.
② 새로운 사고방식과 아이디어가 사업성을 갖는다. 인터넷의 상업적 활용이 장기적인 측면에서 혁신적인 일로 인정된 이후부터 인터넷 상거래시장은 사람들의 관심과 더불어 점차 그 규모를 확대시키고 있다.
③ 기존 사업과 비교하여 창업비용과 마케팅 비용을 획기적으로 줄일 수 있다. 창업자금이 많이 들어갈수록 비용에 대한 리스크(risk)가 증가한다.

인터넷을 이용한 창업의 가장 큰 장점은 자신의 노력 여하에 따라 잠재 고객이 너무도 많다는 점이다. 요즈음은 온라인상에 무료로 수십 개의 사이트도 개설하여 운영할 수 있는데, 이로 인한 홍보효과도 매우 크다는 것이다. 1차 도메인으로 사이트를 개설할 수도 있고, 카페와 블로그를 이용하여 다양한 사이트를 운영할 수도 있다는 것이다. 온라인에서 활동하는 네티즌들이 폭발적으로 늘어나면서 수많은 사이트가 매일 개설되고 있는 실정이다.

2) 인터넷창업의 특징과 구성요소

(1) 인터넷창업의 특징

오프라인에서 이루어지는 기존 창업과는 달이 인터넷이라는 온라인상에서 이루어지는 인터넷창업은 오프라인 창업과는 확실히 차별되는 특징이 있다.

① 무한한 시장 가능성: 국내 및 전 세계를 대상으로 비즈니스를 할 수 있다는 장점이 있다. 또한 사이버 공간에서 다양한 시장의 개척이 가능하다. 이러한 점을 고려하면 한국에 도메인을 사용하는 것이 과연 바람직한가에 대해 다시 한 번 생각해 볼 필요가 있다.
② 인터넷 창업에 관심이 있는 사람이면 누구에게나 개방: 최소한의 장비만 있으면 누구에게나 인터넷창업의 길은 열려 있다. 컴퓨터 1대만 있으면 누구나 시작할 수 있는 것이 인터넷 창업이라고 할 수 있다.
③ 부가가치 창출의 용이: 한 분야에서 성공을 하면 여려가지 사업에 뛰어들기가 쉽다. 예를 들어, 인가가 있는 사이트는 여러 가지의 부가사업을 진행하면서 많은 수익을 확보할 수 있다. 인터넷이라는 공간에서는 일단 많은 회원을 확보하고 있는 경우에 다양한 수익모델을 만들 수 있다는 것이다.

④ 선점의 중요성: 누가 빨리 시장에 뛰어들어서 고객을 선점하는가 하는 것이 매우 중요하다. 예를 들어, 다음(www.daum.net)은 무료 메일계정을 제공함으로써 현재까지 고객의충성도가 매우 높은 사이트로 남아 있고, 옥션(www.auction.co.kr)은 경매시장을 선점함으로써 현재 오픈마켓 시장에서 절대강자의 자라를 차지하고 있다.

⑤ 누구나 인생역전을 이룰 수 있다. 인터넷을 효과적으로 활용함으로써 돈이 없어도, 권력이 없어도, 명예가 없어도 인생역전을 이룰 수 있다는 것이다. 인생역전을 로또, 주식 등으로 하려고 하지 말고, 인터넷 기술에 자신의 아이디어를 접목시키면 된다는 것이다.

⑥ 기술보다는 아이디어가 중요 : 인터넷창업에서는 누가 좋은 기술을 개발하느냐 하는 것보다는 어떤 참신한 아이디어로 창업을 하는가 하는 것이 더 중요하다. 새로운 기술을 개발하기보다는 기존에 개발된 기술을 어떻게 활용할 것인가에 초점을 맞추는 것이 더 중요하다고 할 수 있다.

(2) 인터넷창업의 구성요소

인터넷창업을 하려고 할 때에 필요한 최소한의 구성요소는 다음과 같다.

① 인적요소: 파트너(partner)와 같이 일할 사람(people)이 있어야 하는데, 좋은 협력자와 공존해야만 인터넷 세계에서 살아남을 수 있다.

② 기술적인 유소: 자체적으로 혹은 아웃소싱(outsourcing)을 통해서 창업에 필요한 기술을 확보해야 한다.

③ 상품: 고객과 같이 만드는 상품이 필요한데, 고객에게 무엇을 팔 것인가를 생각해야 한다. 유형 혹은 무형의 상품(제품)으로 세분하여 생각할 수 가 있다.

④ 자금동원: 사실 무점포 재택형태로 진행하는 인터넷창업의 경우에는 초기에 큰 자금이 소요되지 않지만, 창업규모가 커짐에 따라 지속적인 자금의 유입이 있어야 한다는 것이다.

⑤ 온라인 사이트 : 웹사이트를 제작할 수도 있고, 무료로 제공되는 카페 혹은 블로그를 개설할 수도 있다. 요즈음은 적어도 한 개 이상의 사이트를 운영하는 창업자들이 많은데, 그만큼 홍보효과가 크다는 장점이 있다.

위에서 언급한 요소 외에 한 가지 더 언급한다면 끈기라고 할 수 있다. 사실, 인터넷창업은 단기적인 성과보다는 장기적인 성과를 노리는 것이 중요한데, 끈기를 갖고 노력하는 것이 중요하다는 것이다.

3) 인터넷창업의 고려사항과 성공전략

(1) 인터넷창업의 고려사항

가) 인터넷 창업을 할 때에 고려해야 할 사항들은 다음과 같다.

① 창업할 분야의 비전과 중요성 : 장기적인 면에서 자신이 창업할 분야의 비전과 장래의 중요성을 염두에 두고 창업을 해야 한다.
② 창업시 회사의 규모 : 개인회사 혹은 법인으로 할 것인가를 고려해야 한다.
③ 기술개발력 : 아이디어가 상품이나 서비스로 제공될 수 있는 기술력이 필요하다.
④ 마케팅방법 및 능력 : 인터넷마케팅에 대한 전문적인 지식이 필요하며, 온라인 및 오프라인 마케팅에 대한 실무지식이 요구된다.
⑤ 관리운영능력 : 경영자로서 다양한 관리 및 운영능력이 필요하다.
⑥ 고객지향적 사고 : 사용자에 대한 편의를 고려해야 하고, 고객감동의 경영이 필요하다.

나) 또한 인터넷 창업을 할 때에는 아래의 사항들을 유의해야 한다.

① 무한한 가능성만을 믿지 말아야 한다.
② 업종 선택에 유의해야 한다.
③ 경쟁업체가 적은 아이템을 선택하는 것이 좋다.
④ 대기업과의 경쟁을 피하도록 한다.
⑤ 막대한 자금이 소요되는 업종에 대한 투자에는 신중을 기하는 것이 좋다.
⑥ 시대의 흐름을 잘 파악해야 한다.
⑦ 혼자서 인터넷을 이용한 창업을 모두 감당하기는 쉽지 않다. 그렇게 때문에 뜻을 같이하는 파트너를 찾아서 공동의 작업을 하는 것이 시너지 효과를 얻을 수 있다.
⑧ 외부 자금에 너무 의존하지 않는 것이 좋다.
⑨ 단기적인 효과를 기대하지 말아야 한다.
⑩ 모든 네티즌들이 자신의 사이트를 좋아할 것이라는 기대를 가지지 말아야 한다. 그렇기 때문에 사이트에 맞는 타겟 고객을 선정하고, 이러한 타겟층을 기반으로 웹사이트를 고정적으로 방문할 수 있는 고객층을 확대하는 것이 필요하다.

여기에서 좀 더 심각하게 고민해 봐야 할 것 중의 하나가 바로 창업아이템으로서 인터넷쇼핑몰 창업인데, 아직도 막연한 기대로 인해 뛰어드는 예비창업자들이 많다는 것이다. 실제로 저자가 2006년 4월부터 5월까지 총 500명의 대학생들을 대상으로 인터넷쇼핑몰의 이용실태를 조사한 결과를 보면, 대학생들의 인터넷쇼핑몰 이용은 상당이 증가하고 있는 것으로 조사되었다. 하지만, 대학생들의 84.2%는 대기업이 운영하는 종합쇼핑몰을 이용하고 있는 것으로 조사되었는데, 2005년 3월의 79.1%에 비하여 5.1%가 증가된 것으로 나타났다는 것이다. 즉 인터넷쇼핑몰을 이용한 구매는 날로 늘어나고 있지만, 대기업이 운영하는 종합쇼핑몰로 집중화되는 경향이 높게 나타나고 있다는 것이다. 그로 인해서 개인이 소호(SOHO) 형태로 창업하는 인터넷쇼핑몰의 매출이 날로 떨어지고 있다는 것도 생각해야 할 것이다.

최근에는 오픈마켓(open market)에 대한 열풍이 불면서 개인 쇼핑몰이 더욱 더 위축되고 있는 실정이다. 그렇기 때문에 막연히 인터넷쇼핑몰 창업을 하겠다고 생각해서는 안되며, 어디에서 무엇을 판매할 것인가에 대한 체계적인 분석과 조사가 선행되어야 한다는 것이다.

(2) 인터넷창업의 성공전략

인터넷창업에서 성공하기 위해서는 다음과 같은 전략이 필요한데, 초창기 인터넷 창업의 시대와 비교해 보면 많은 변화와 발전이 있다고 할 수 있다. 따라서 다음에 제시하는 성공전략 역시 변화되어야 할 것으로 판단된다.

① 정확한 시장 예측(prediction) : 향후에는 모두가 네티즌이 될 것이다. 그렇기 때문에 일반적인 사람들을 위해서 무엇이 필요한가를 정확하게 예측하고 미리 준비한다면 충분한 시장성을 가지게 될 것이다.

② 창의력(creative idea) : 한번 더 생각해서 고객이 불편해 하는 것을 편리하게 만드는 창의력을 가져야 성공할 수 있다.

③ 확실한 아이템을 선정 : 고객을 창조하고 고객을 유지하는 끊임없는 마케팅 전략이 필요하다. 인터넷창업을 위한 아이템을 선정하기 위해서는 국내 혹은 해외 도매시장을 자주방문해 보는 것이 좋다.

④ 고객의 확보 : 고객과 긴밀한 관계를 맺는 것이 곧 성공의 조건이 될 수 있는데, 단순히 상품만을 판매한다는 생각보다는 고객에 대한 서비스를 판매한다고 생각하는 것이 더 좋을 것이다. 고객을 편리하게 만들어 주는 서비스, 고객을 행복하게 만들어 주는 서비스, 고객의 불편함을 덜어 주는 서비스를 판매해야 한다는 것이다.

⑤ 공동체 의식의 형성 : 고객에게 공동체 의식을 심어준다. 즉, 고객들이 서로 통한다는 연대감을 만들어 내는 것이 필요하다. 나는 판매자이고, 당신을 내 상품을 구매하는 소비자라는 생각보다는 가족과도 같은 공동체 의식을 형성하는 사이트로 발전시켜야 한다.

⑥ PR의 중요성 : PR(Public Relations)을 이용한 홍보를 통해 브랜드 이미지를 심어주어야 하는데, 단순히 상품의 판매 외에 공익적인 사업에도 관심을 가지는 것이 좋다.

요즈음 많은 기업들이 다양한 복지사업에 뛰어들고 있는데, 결국은 자사의 브랜드 인지도를 높이는 전략의 하나로 볼 수 있다. 여기에서 한 가지 언급할 것은 어떤 아이템을 선정할 것인가 하는 것이다. 예를 들어, 저자가 2006년 4월부터 5월까지 총 500명의 대학생들을 대상으로 인터넷쇼핑몰의 이용실태를 조산한 결과를 보면, 2005년 3월의 조사(57%)에서와 같이 대학생들의 57.7%가 의류/패션/잡화, 도서/음반, 화장품/미용제품의 세 가지 품목을 집중 구매하고 있는 것으로 조사되었다. 즉 타겟으로 하는 고객층이 인터넷쇼핑몰에서 많이 구매하는 아이템으로 창업을 하는 것이 좋다는 것이다. 물론 주부 혹은 남성 직장인을 대상으로 하는 경우에는 인터넷쇼핑몰에서 구매하는 상품이 다를 수 있을 것이기 때문에 사전 면담 및 설문조사 등이 필요할 것이다.

(3) 인터넷쇼핑몰 창업, 왜 실패하는가?

인터넷쇼핑몰 창업자의 80%가 6개월을 기점으로 폐점하고 있고, 실질적으로 매출을 올리는 쇼핑몰은 불과 10% 미만이라고 할 수 있는데, 이렇게 인터넷쇼핑몰 창업이 실패하는 이유에 대해서 강현순(2005)는 다음과 같은 5가지 이유를 지적하고 있다.

① 전반적인 지식 부족

쇼핑몰사업을 하는데 있어서 많은 지식을 필요로 하고 있다. 예를 들어 상품정보, 쇼핑몰시스템에 관한 이해, 고객에 대한 이해, 고객관리능력, 세금관련, 마케팅 이해와 방법론, 사업의 흐름을 읽는 능력 등이 작은 기업을 운영하는 데 필요한 필수지식이라고 할 수 있다.

② 사업에 대한 스스로의 믿음의 상실

사업을 진행하다 보면 계획에 없던 일들이 종종 생기게 되며, 그때마다 문제점과 난관에 봉착하게 되지만, 문제가 있으면 반드시 해결책이 있기 마련이다. 사업은 나 자신 스스로의 믿음에서부터 시작된다.

③ 마케팅 활동 부재

대부분의 회사들은 마케팅에 대한 계획 없이 사업에 임하게 된다. 그러나 마케팅이 없이는 아무리 좋은 상품을 개발한들 시장에서 팔리지 않는다. 상품은 시장의 니즈(needs)에 의해서 나오게 되므로 마케팅은 회사의 필수 과정이며, 반드시 사업 전에 점검해야 할 사항이다.

④ 웹 기획에 대한 부족

지금의 사업 환경은 인터넷이며, 인터넷을 대표하는 것은 웹이다. 즉, 웹 기획이란 웹 환경에 맞춰진 기획을 한다는 말과 같다. 사람들은 웹을 통하여 정보를 습득하고, 물건을 사고팔고, 기타 서비스를 이용한다. 그러므로 고객의 행동양식이나 소비패턴을 파악하여 웹 기획을 해야만 고객의 접근을 쉽게 만들고, 서비스이용을 쉽게 만들어줄 수가 있다. 다시 말해 매출과 연관성이 크다는 말이다.

⑤ 초기 아이템 선정에 대한 잘못됨

대부분의 사업실패의 원인의 남의 것만 따라 한다는 것이다. 사업에 성공을 하려면 트렌드를 잘 읽어야 하고, 고객이 될 소비자들이 무슨 생각을 하고 있는지, 외부환경이나 정책들은 어떻게 변화하고 있는지 등을 늘 체크하고 연구해야 한다. 사업아이템의 선정은 사업의 성패를 좌우하는 중요한 부분이므로 반드시 짚고 넘어가야 할 부분이다.

(4) 인터넷쇼핑몰 창업의 성공전략 5가지

예비창업자가 소호(SOHO) 혹은 투잡스(two jobs) 형태로 인터넷쇼핑몰 창업에서 성공하기 위한 전략 5가지를 제시하면 다음과 같다.

전략1 : 구매력을 갖춘 목표고객을 설정하라

구매력이 없는 고객은 아무리 많아도 소용이 없다. 그렇기 때문에 내가 구축하는 인터넷쇼핑몰은 어떤 고객을 대상으로 운영할 것인가를 결정해야 한다는 것이다. 즉, 구매력을 갖춘 목표고객(target market)을 설정하고, 그 고객에 맞는 쇼핑몰을 구축해야 한다는 것이다.

전략2 : 종합쇼핑몰보다는 전문쇼핑몰로 승부하라

목표고객들이 빈번하게 구매하는 상품을 중심으로 하되, 개별 품목에서 다양한 구색의 상품을 준비할 수 있도록 한다. 즉, 소호 혹은 투잡스의 경우에는 주로 재택 형태로 1~2명의 인력이 운영하기 때문에 너무 많은 종류의 상품을 취급하는 것은 오히려 쇼핑몰의 경쟁력을 약화시킬 수 있다는 것이다.

전략3 : 브랜드 인지도를 높이도록 홍보를 강화하라

브랜드 인지도를 높이며, 특히 충성도가 높은 고객을 많이 확보하도록 해야 한다. 이를 위해서는 회원관리프로그램 혹은 CRM(customer relationship management, 고객관계관리) 솔루션의 도입이 절대적으로 필요하다.

전략4 : 온라인 상담 및 A/S, 상품의 배송 서비스를 향상하라

쇼핑몰 이용자들이 가장 만족하지 못해 하는 온라인 상담 및 A/S, 상품의 배송 서비스를 강화시킨다. 단순 게시판 혹은 메일상담 기능보다는 콜센터(call center) 혹은 화상상담기능을 제공하고, 상품 배송과정에 대한 정보도 수시로 메일 혹은 문자메시지로 제공해야 한다.

전략5 : 음성과 동영상 서비스를 강화하라

단순히 이미지 및 텍스트 중심의 쇼핑몰에서 현재 홈쇼핑 채널의 컨셉트를 최대한 도입한다. 즉, 음성 및 동영상 쇼핑몰의 구축을 통해서 실제 백화점에서 상품을 보면서 구매하는 것과 같이 현실감이 넘치는 쇼핑몰을 구축하도록 한다.[74]

4) 전자상거래의 핵심요소

본격적으로 인터넷이 일반 대중에게 보급된 시기는 인터넷을 통해 쉽게 정보를 공유할 수 있는 웹 환경이 구축되면서부터라고 할 수 있다. 웹 이전의 인터넷 환경은 주로 연구소나 고등교육기관에 속한 사람들의 전유물이었다면 웹의 등장과 함께 인터넷의 상업적 활용 가능성이 확대되면서 점차 일반 대중으로 그 영역이 확대되었다고 볼 수 있다.

값싸고 성능 좋은 PC의 보급과 함께 전 세계 컴퓨터에 보관되어 있는 많은 정보를 쉽고 편리하게 이용할 수 있는 웹 환경이 구축되면서 더욱 많은 사용자들이 네트워크에 연결되었고 이것은 다시 더욱 많은 비즈니스 가능성을 높이게 되어 오늘날 우리가 경험하고 있는 많은 새로운 형태의 비즈니스 모델들이 탄생되었다. 또한 기존의 전통적인 기업들 역시 네트워크의 활용을 통해 비용을 절감하고 더욱 효율적으로 기업 운영을 할 수 있게 되어 인터넷을 도입하는 기업은 가히 폭발적으로 늘어나게 되었고 오늘날에는 어떠한 형태로든 인터넷을 활용하지 않는 기업은 없다고 해도 과언이 아닐 정도가 되었다. 이러한 비즈니스 환경의 변화는 전통적인 시장의 개념을 넘어 시공간의 제약을 극복한 글로벌 시장 환경을 기업에게 제공하였고 기업은 더욱 확대된 시장에서 기존보다 더욱 효과적으로 전 세계 고객들을 상대할 수 있게 되었다. 전 세계 기업들과 동일한 환경에서 더욱 치열하게 경쟁해야 하는 것 또한 네트워크가 가져온 기업 환경의 변화라 할 수 있다.

웹 환경도 자세히 살펴보면 끊임없이 진화하고 있다는 것을 알 수 있다. 마치 살아있는 생명체인 것처럼 늘 새로운 서비스로 우리가 알지 못했던 편리함과 가치를 제공하고 있는 것이다. 기업에 있어서도 웹이 가져다 준 이러한 새로운 환경에 적응하고 끊임없이 변화할 것을 요구 받고 있다. 이러한 변화에 순응하지 못하는 기업의 경우 시장의 차가운 외면을 경험하게 되고 심할 경우 그 존재자체를 위협받게 되는 시대에 이르렀다.[75]

(1) 웹사이트(Web Sites)

예비창업자에 의한 웹사이트 이용률이 상당히 증가하고 있다. 오늘날 중소기업의 90% 이상이 웹사이트를 운영하고 있다. 그렇지만 주요 중소기업과 창업자는 양질의 웹사이트를 운영하고 구축하기 위한 기술적 능력을 가지고 있지 않다. 좋은 웹사이트에 대한 핵심의 하나는 사용의 편리성이다. 이에 부응하는 미국의 대표적인 웹사이트가 Amazon,

---

74 창업길라잡이 제3판, 김영문외, 2011, 집현재, pp. 421~430.

75 전자무역과 웹비즈니스, 류건우 외, 계명대학교 출판부, 2011, p. 181.

American Eagle Outfitters, Banana Republic, Talbots, Cosco, Comp USA 등이다.

창업자가 웹사이트를 개발하는 경우 커뮤니케이션 통로라는 것을 잊지 말아야 하며 다음과 같은 질문에 기인되어야 한다.

- 누가 고객인가?
- 웹사이트에 대한 목표는 무엇인가?
- 웹사이트를 방문하는 고객에게 원하는 것이 무엇인가?
- 웹사이트가 벤처(사업)의 전체 커뮤니케이션 프로그램의 통합 부분인가?

위와 같은 질문과 아울러 창업자는 목표시장에 효율적으로 접근하기 위해서 정보를 조직화하고 웹사이트를 구조화할 필요가 있다. 이를 위해서 새로운 기능과 내용이 추가되어 참신한 느낌이 있어야 하며 가능한 시각적이고 널리 알려질 수 있어야 한다. 모든 웹사이트의 가장 중요한 특성 중의 하나는 탐색기능이다. 즉, 기업이 인터넷을 통해서 제공되고 있는 제품과 서비스를 쉽게 찾을 수 있는 기능이다.

다른 기능은 모든 전자상거래 웹사이트에서 유용하게 이용되는 쇼핑 카트(shopping cart), 보안접속, 신용카드결제, 고객에 대한 피드백 등이다. 또한 고객의 피드백을 기업에 보낼 수 있도록 허용하는 이메일반응시스템도 중요한 기능이라고 볼 수 있다. 성공적인 웹사이트의 특성은 첫째도 속도, 둘째도 속도, 셋째도 속도이다. 아울러 웹사이트는 특정 목표시장에 대해 고객중심이어야 하고 쉽게 다룰 수 있다면 제품, 서비스, 정보를 쉽게 찾을 수 있을 것이다. 인터넷의 가장 큰 장점은 차별화된 시장세분화를 위해서 웹사이트 내용을 단순하게 고객화 할 수 있다는 것이다. 만약 어떤 기업이 미국 이외의 지역에는 제품을 팔지 않겠다는 계획을 가지고 있다면 미국 내에서만 제품을 배달할 수 있다는 것을 웹사이트에 분명히 명시해야 한다. 반대로 해외시장을 목표로 하고 있다면 번역에 관한 문제, 문화적 적응 등이 고려되어져야 한다. 웹사이트를 구축하는 디자이너는 기술적인 측면에서 인터넷 방문자에 의해서 이용되어지는 플랫폼(platform)과 차별화된 브라우저를 보장해야 한다. 웹사이트가 운영된다는 것은 회사의 명칭, 주소, 회사광고 등과 같은 마케팅 자료들이 표출되기 때문에 매우 중요하다.

(2) 고객정보 추적

전자데이터베이스는 개별화된 일 대 일 마케팅전략을 뒷받침한다. 데이터베이스는 산업, 세그먼트(segment), 기업의 활동을 추적할 뿐만 아니라 개별적인 고객을 목표로 하는 개별마케팅을 지원한다. 고객정보를 추적하는 이유는 고객화된 일 대 일 마케팅으로 고객의 관심을 사로잡기 위해서라고 볼 수 있다. 주의할 점은 개인의 사생활을 보호하는 법률에 따라서 처리해야 한다는 것이다.[76]

5) 사물인터넷을 통한 초연결 창조사회

(1) 국가 정보화 비전, 초연결 창조사회

정부가 새로운 국가 정보화 비전으로 '인간 중심의 초연결 창조사회'로 정하였다. 정부는 2020년까지 약 4,500억 원을 투입해 '스마트미디어' 시장을 본격 육성하기로 확정하였다. 기존 2조 원대에서 13조 원대 시장으로 키운다는 계획이다. 아울러 정부 차원에서 중장기 전략을 마련해 '양자정보통신'을 글로벌 선도 국가 수준으로 끌어올린다는 방침을 설정하였다.

정부는 2014년 12월 5일 판교 테크노밸리에서 국무총리 주재로 '제3회 정보통신 전략위원회'를 열고 다음과 같은 내용을 심의 확정했다. 확정된 안건은 스마트미디어 산업 육성계획, 양자정보통신 중장기 추진전략, 데이터산업 발전 전략, 정보통신기술(ICT)법 · 제도 개선방안, 초연결 창조사회 비전 등 총 5가지다.

정부는 우선 '세계 최고의 스마트미디어 강국' 실현을 목표로 기술개발과 벤처 지원 등에 오는 2020년까지 총 4,515억 원을 투입한다. 1,494억 원을 투입해 1인이나 중소벤처 등이 아이디어 제안부터 개발, 상용화, 유통단계까지 원스톱으로 지원하는 체계를 만든다. 특히 창의적인 아이디어를 가진 1인 창작자를 발굴해 파워 크리에이터로 키운다는 방침으로서, 기술 선점을 위해 인터넷 오브 미디어, 공간 미디어, 감성미디어, 실감 미디어, 광고 프레임워크 기술 개발에 1,418억 원을 투자할 계획이다. 그 대신 걸림돌이 되는 규제는 대폭 완화하기로 했다. 인터넷동영상서비스(OTT)를 포함한 이머징 미디어는 네거티브 최소 · 자율규제 원칙을 적용한다. 또 디지털 사이니지 등 과도한 규제로 투자가 어려운 분야는 '진흥법' 제정을 통해 풀기로 하였다.

정부는 미디어육성 계획으로 관련 일자리 10만8,000개가 늘어나고 시장 규모는 종전 2조7,000억 원에서 13조6,000억 원으로 11조원 가까이 늘어날 것으로 추산했다. 또 향후 20

76 창업론, 도서출판 청람, 이상석, 2011, pp. 127~129.

년 동안의 새로운 국가정보화 비전을 '인간중심의 초연결 창조사회'로 정하고 구체화 작업에 나선다. 지난 20년 동안 세계 최고의 ICT 인프라 마련 등에 중점을 뒀다면 앞으로는 사람을 잇는 IT로 '2025년까지 초연결 창조사회로 진입'한다는 목표이다. 상상력이 꽃피는 디지털 토양 마련, 미래 성장 기반확충, 소프트 창의역량 강화, 초연결 기술 고도화, 글로벌 리더십 확보 등 총 5가지 전략과 10가지 의제를 통해 구체적으로 추진한다. 2020년까지는 글로벌 선도 국가 진입을 목표로 '양자정보통신' 육성에 본격 나선다. 양자암호분배기술 상용화, 세계 1등 기술 5개 확보, 양자정보통신 분야 전문 인력 3,000명 양성을 목표로 삼았다. '양자정보통신'이란 더 이상 작게 나눌 수 없는 최소단위 입자인 '양자'를 정보통신분야에 적용한 것으로 보안, 초고속 연산 등 기존 정보통신의 한계를 뛰어 넘는 차세대 정보통신기술을 말한다.

또 국내 데이터 산업 활성화를 위해 산업 분야별 데이터 활용 성공 사례 개발과 표준모델을 보급하는 등대 프로젝트 등을 가동한다. 또 법률 자문기구인 '데이터 클리어링 센터'를 운영해 데이터 보안에 대한 국민의 우려를 최대한 불식시키고 데이터 유통과 활용을 촉진한다는 계획이다. 총 16건의 ICT 관련 법 제도 개선도 추진한다. 전자파로 인한 위해도가 낮은 전자제품 10개 품목에 대해서는 적합성 평가를 면제하거나 시험 항목을 축소한다. 해당 제품은 USB 전원을 사용하는 조명등, 스탠드, 가습기, 충전기와 디지털체중계 등 배터리 전용 전기제품 10종이다. 아울러 중소기업 육성을 위해 내년 1분기 선정기준을 개선해 국방 관련 핵심 기술과 무기 체계 개발업체 선정시 국산 소프트웨어(SW)를 적용할 경우 평가 배점을 상향 조정한다. 또 전자파로 인한 위해도가 낮은 전자제품 10개 품목에 대해서는 적합성 평가를 면제하거나 시험 항목을 축소하는 방안을 마련한다.[77]

미래창조부는 5대 전략 일환으로 공간미디어 · 감성미디어 등 스마트미디어 5대 기반기술 개발에 1,418억원을 투자할 예정이다. 이를 바탕으로 2018년 평창 동계올림픽에서 올림픽 개인방송 서비스와 동계올림픽경기 종목 실감체험 서비스를 시범 적용, 상용화 계기로 활용한다는 계획이다. 이외에도 미래창조부는 문화부, 방통위, 중기청과 협력해 중소벤처 서비스 사업화 지원과 1인 창작자 콘텐츠 글로벌 유통 지원 등을 통한 글로벌 미디어벤처 육성에도 착수한다. 스마트광고, 디지털 사이니지, 실감미디어 등 새로운 시장으로 부각되는 이머징 미디어 성장 기반 강화, 미디어 생태계의 상생 · 개방화, 스마트

77 머니투데이 배규민 기자, 홍봉진 기자 글 인용, 2014.12.05.

미디어 산업 진흥에 걸림돌이 되는 규제 해소 등 융합산업 제도화 등도 본격 추진하기로 하였다.

이와 함께 산업별 데이터 활용 성공 사례 개발과 표준모델 보급을 골자로 하는 '등대 프로젝트'와 가정, 교통, 병원, 에너지 등 7대 분야에서 데이터를 활용한 서비스를 실증하는 '스마트 챌린지 프로젝트' 등을 통한 데이터 산업 발전도 추진하기로 했다. 또 기업의 새로운 시장과 기술 개발 도전에 걸림돌이 되는 ICT 분야 법 · 제도 16개를 내년 4분기까지 단계적으로 개선하기로 결정했다. 한편, 정부는 미래 국가 정보화 방향성을 담은 '인간중심의 초연결 창조사회 실현'이라는 새로운 국가 정보화 비전을 선언했다.[78]

(2) 스마트 미디어로 진화하는 디지털 사이니지 시장 전망

디지털 사이니지가 다양한 스마트 기술을 접목하며 제4의 미디어, 스마트 미디어로 빠르게 진화하며, 새로운 비즈니스 모델과 시장기회를 만들어내고 있다. 단방향 옥외광고물에서 디지털기술과 통신의 결합으로 DID로 발전하였고, 최근에는 IT · 콘텐츠 기술과의 융합으로 사용자와의 양방향 커뮤니케이션 도구로 진화하면서 디지털 사이니지가 디스플레이 시장의 확대라는 하드웨어적 측면보다, 새로운 콘텐츠의 소비 플랫폼으로서의 역할이 부각되면서 소프트웨어적 시장가치가 주목을 받고 있다.

2014년 글로벌 디지털 사이니지 시장은 140억 달러로 추정되고, 2017년에는 171억 달러 규모로 성장할 것으로 전망되고 있는 가운데 특히, 한국 일본 중국 등에서의 높은 성장세와 함께 신흥국에서의 시장 보급 확대도 예견되고 있다. 이에 국내에서는 스마트 미디어와 스마트 광고산업 발전을 위한 제도적 기반과 육성전략을 마련하여 연구개발과 보급 확대를 지원하고 있으며, 특히 디지털 사이니지를 성장동력 유망분야로 선정하고 집중 육성하는 로드맵을 마련하고 있다.

최근 미국 뉴욕의 타임스 스퀘어 같은 옥외광고물 자유표시구역 설치 등을 주요내용으로 한 '옥외광고물 등 관리법' 개정 법률안이 국무회의에서 의결되면서, 디지털 광고물에 대한 규제도 변화돼 LED 전광판, 터치스크린 등 네트워크와 첨단 디스플레이 연결해 정보 · 광고를 제공하는 '디지털 사이니지'를 활용한 광고시장은 더욱 확대 할 것으로 전망된다. 디지털 사이니지 시장은 대기업들이 주도하고 있는 디스플레이 등 하드웨어 분야 보다는 중소기업들이 주요 역할을 담당할 소프트웨어 영역에서 높은 성장성이 예측되고 있다.

---

78 김원배 기자 글 인용, adolfkim@etnews.com

공항, 터미널 등에서 일반화 되었던 사이니지가 어느새 금융, 외식, 유통산업에 이어, 병원, 교육, 헬스 시상 등에서도 활용되고, 미술관 · 박물관, 공연시설의 필수 디바이스로 자리 잡고 있으며, 재난/안전 분야에서의 공익적 기능이 부상하는 가운데, 패턴분석을 통해 이상 행동자를 감별해 냄으로써 범죄를 방지하는 역할도 수행하는 사례도 등장하고 있다.[79]

(3) 디지털 사이니지 생산유발 효과

산업연구원(KIET)이 22일 발표한 '디지털 사이니지의 진화 방향과 경제적 효과' 보고서에 따르면 '디지털 사이니지' 산업은 오는 2020년 13조 원대 생산 유발 효과와 5만5,000명의 일자리 창출 효과를 낼 수 있을 것으로 추산됐다. '디지털 사이니지'란 키오스크나 패널, 건물외벽, 홀로그램 등 네트워크와 연결된 디스플레이로 옥내외 대중공간에서 광고를 포함한 각종 정보를 보여주는 디지털 미디어를 말한다. 산업연구원(KIET)은 현재의 잠재성장률과 물가상승률을 바탕으로 전체 산업이 매년 5.5%의 명목성장률을 이어가고, SW나 콘텐츠 분야는 연 평균 30% 성장할 경우 오는 2020년까지 생산유발효과는 12조 5,763억원, 고용창출효과는 5만5,777명에 이를 것으로 전망했다.

보고서는 디지털 사이니지 산업의 강점으로 여러 산업이 결합해 파급효과를 극대화시킬 수 있다는 것을 꼽았다. 디지털 사이니지 구현을 위해서는 디스플레이 및 각종 제어를 위한 하드웨어, 소프트웨어와 솔루션, 단방 · 양방 통신을 가능케 하는 네트워크, 시스템 통합, 광고를 포함한 콘텐츠 등 5개 산업의 결합이 필요하다. 앞으로 디지털 사이니지는 다양한 스마트 기술을 접목해 새로운 방향으로 진화할 것으로 전망된다. 초기에는 옥외광고물에 디지털화와 통신이 결합되며 콘텐츠를 원거리에서 전달하는 단방향 노출화면이었다가 지금은 IT · 콘텐츠 기술과의 융합으로 사용자와의 양방향 커뮤니케이션이 가능해졌다. 이에 따라 앞으로는 미술관과 박물관에서 사람 형태의 인공지능 홀로그램이 큐레이터 역할을 하고, 관람객과 이야기를 나누고, 행인이나 군중의 성향 · 특성을 파악해 맞춤형 광고를 투사할 수 있다. 디지털 사이니지 산업은 엄청난 성장 잠재력을 갖고 있지만 아직은 육성책이 미흡한 것으로 평가된다.

산업연구원은 디지털 사이니지 산업을 육성하기 위해 현재와 같이 옥외 광고물에 국한하지 말고 스마트 정보기기나 심미적 조형물 등을 적극 활용해야 한다고 지적하고 있다.

---

79 출처: 씨에치오 얼라이언스, 뉴스와이어 배포자료(www.newswire.co.kr)

또한 디지털 사이니지의 스마트화로 개인정보 수집·활용이 용이해지면서 나타나고 있는 개인정보 보호 간의 상충관계를 해결하는 방안도 서둘러야 할 것으로 나타났다. 최광훈 KIET 부연구위원은 "디지털 사이니지 산업의 소관 부처는 지나치게 분산돼 있고 협력도 미흡하다"며 "정책 융합 및 체계적 집행을 위해 부처간 역할 분담을 통한 유기적 대응이 필요하다"고 강조했다.[80]

(4) 디지털 사이니지와 광고시장

대도시의 거리를 걷거나 공항이나 지하철 같은 대중교통 시설, 관공서를 이용하다 보면 디스플레이 광고판이 눈에 먼저 들어온다. 매스컴에서는 연일 디지털 사이니지, 클라우드, 빅데이터 같은 생소한 디지털 용어들이 소개되고 있다. 우리의 눈과 귀를 사로잡는 디지털 사이니지는 생각보다 우리 곁에 가까이 와 있다.

국내 스타트업 기업 노크(www.knowck.com)는 인터넷이 연결된 곳이면 언제 어디서든 스마트폰 모바일로 운영 관리가 가능한 클라우드 미디어 플랫폼 '클라우드 비전'을 선보이며 주목을 받고 있다. 디지털 사이니지(Digital Signage, LED나 LCD를 활용한 디스플레이 광고)의 발달은 해외뿐 아니라 국내 광고 마케팅 시장에도 큰 변화를 몰고 왔다. 특히 윈도우 기반의 디지털 사이니지 운영 시스템이 점차 클라우드 기반의 모바일 서비스로 확대되며 보다 많은 사용자층을 넓혀 가고 있는 중이다.

클라우드 비전을 이용하면 리눅스, 윈도우, PC, 스마트폰 등을 통해 외부 디스플레이와 네트워크로 상호 연결이 가능하다. 기존 윈도우 시스템에 비해 별도의 서버 구축이 필요 없어 비용 절감에도 큰 효과가 있다. 이미 우리의 일상생활에 익숙하게 자리잡은 스마트 디바이스의 장점을 최대한 활용해 사용하기 편한 인터페이스의 장점까지 갖췄다. 검색 엔지니어 출신의 김정호 대표는 전자상거래와 클라우드 시스템 구축 등의 분야에서 수십 년간 일해 오다가, 지난 2011년 회사를 별도 설립했다. 대학 시절부터 영화감독이 꿈이었던 김 대표는 영화보다 더욱 리얼리티한 세계 시장을 무대로 하는 온라인 서비스에 뛰어들었다. 김정호 대표는 "로드 브라우저 개발 당시부터 통합형 웹 서비스에 관심이 컸습니다. 클라우드 비전은 클라우드와 안드로이드 OS 기반의 누구나 쓰기 편한 스마트 미들웨어 플랫폼"이라고 말했다.

스마트 폰의 다양한 응용프로그램처럼 사용성을 높이는 것이 이 서비스의 핵심이다.

---

80 뉴시스 이상택 기자 글 인용(2014.09.22), lst0121@newsis.com

안드로이드 기반 앱 개발사들의 판로 확대에도 나서고 있어 현재 30여종의 핵심 앱을 구축 중이며 내년에는 100여종 이상으로 확대할 계획이다. 또한 독립적인 소프트웨어 개발과 함께 내년에는 디스플레이가 포함된 하드웨어 패키지 상품을 출시해 최적화된 통합 운영 시스템을 선보일 예정이다. 김 대표는 "현재 삼성전자와 SKT, KT, LG 이통3사, 디스플레이 제조사, 셋톱 박스, 콘텐츠 회사 등 다양한 기업으로부터 기술 및 서비스 제휴가 활발하게 진행되고 있다"며 디지털 사이니지 시장의 밝은 미래를 예견했다.[81]

(5) 디지털 사이니지 기업활용 사례

스마트 사이니지TV로 방문하고 싶은 사업장 만들기

"헤어 디자이너와 손님 간 의사소통 창구 역할"

파라곤헤어 조경원 원장이 디지털 사이니지TV를 이용해 고객과 헤어 스타일링 상담을 하고 있다. "어떤 헤어스타일을 원하세요?" 헤어 디자이너의 질문에 한 번에 명쾌하게 대답하기는 쉽지 않다. 헤어 디자이너 역시 고객이 원하는 스타일을 정확하게 알기 어렵다. 만족스러운 서비스를 위해서는 의사소통이 가장 중요하다. 서울 청담동에 있는 파라곤헤어 조경원 원장은 이러한 소통의 문제를 '디지털 사이니지TV'로 해결하고 있다.

"디자이너의 세련된 감각과 테크닉은 헤어숍의 기본 요건이다. 세련되고 안락한 분위기를 유지하기 위해서도 노력한다. 헤어숍은 아름다움을 추구하는 공간이므로 작은 부분에서도 고객 만족을 위해 애써야 한다. 인테리어에 신경 쓰는 이유도 여기에 있다. 불필요한 동선을 줄이고 상담부터 머리 손질까지 모든 단계에서 편안함을 추구한다. 헤어 스타일링을 하려면 짧게는 10~20분, 길게는 30분 정도고객이 대기하게 된다. 이때 고객이 지루함을 느끼지 않도록 하는 것이 중요하다. 최근 '디지털 사이니지TV'를 설치했는데 최신 헤어스타일 정보와 이벤트 소식, 헤어 관련 동영상을 제공해 고객들에게 좋은 반응을 얻고 있다."

"고객과 대화하면서 원하는 스타일을 파악하려고 노력한다. 최신 유행 스타일을 추천하기보다 고객이 원하는 스타일을 기반으로 다양한 사진과 자료를 보며 의견을 나누면서 절충한다. 특정 연예인 스타일로 해달라고 하는 경우 개인별로 머리카락 길이와 굵기, 컬러가 다르기 때문에 스타일링 결과가 차이가 날 수 있다는 것을 충분히 설명한다. 이때 필요한 것이 사진 자료다. 스타일링을 여러 각도로 볼 수 있도록 디지털 사이니지TV를

---

81 AVING 남정완 기자 글 인용(www.aving.net), 2014.11.21.

이용해 사진과 영상을 보여준다. 큰 화면을 통해 헤어스타일을 보여주면 스타일링북보다 이해하기 쉽고 자세히 볼 수 있어 고객과 의견을 나누기에 수월하다."

"스타일링 상담을 위해 시각적인 자료를 많이 사용하는 편이다. 디지털 사이니지TV는 대화면 디스플레이로 단번에 시선을 끄는 효과가 있다. 주목도가 높은 만큼 디자이너와 고객 모두 집중해 상담하기 편리하다. 매장 오픈과 동시에 폐점 시간까지 디지털 사이니지TV는 영업시간 내내 가장 많이 활용되는 시스템 중 하나다. 기존에 사용하던 스크랩북보다 화질도 훨씬 뛰어나고 다양한 각도의 사진이나 영상을 통해 헤어스타일을 확인할 수 있어 고객들도 스타일링 선택에 큰 도움이 된다고 얘기한다. 펌이나 염색은 아주 미세한 차이에서 고객의 만족도가 결정되는 경우가 많다. 특히 염색 색상은 디지털 사이니지TV로 보면 인쇄된 사진으로 볼 때보다 더 선명하게 확인할 수 있어 좋다. 매직인포 익스프레스를 이용하면 200여 가지가 넘는 탬플릿에 헤어스타일에 따라 앞과 뒤 그리고 옆모습은 물론 영상까지 자유자재로 다양한 정보를 구성할 수 있어 스타일링 상담이 더 수월해졌다. 디지털 사이니지TV는 우리 매장을 대표하는 우수 직원이라고 부를 정도로 없어서는 안 될 시스템이 됐다."

"스마트 사이니지TV 설치 후 숍 곳곳에 붙여 놨던 포스터를 없앴다. 덕분에 매장이 한층 깔끔해졌다. 시간대별로 플레이되는 정보를 구분해 설정할 수 있는 기능은 특히 마음에 든다. 고객층이 시간별로 조금씩 다르기 때문이다. 아침에는 주로 펌이나 염색을, 저녁에는 커트나 세팅을 원하는 고객이 많다. 해당 시간대에 맞춰 스타일링 이미지를 설정하면 고객들이 이미지를 보고 원하는 스타일을 미리 체크해 둔다. 덕분에 상담에 필요한 시간이 크게 절약됐다." "시각적인 정보를 제공하는 것이 중요한 사업장에 추천한다. 네일숍이나 의류 매장은 물론 카페나 레스토랑에서도 제품 정보와 스타일링 샘플을 보여주는 데 유용할 거라고 생각한다. 선명하고 큰 화면으로 필요한 정보를 공유할 수 있다는 점에서 백 마디 말보다 훨씬 효과적인 광고홍보 수단이다."[82]

82 하현정 기자 글 인용, happyha@joongang.co.kr

Ⅲ

창업유지 및 사업 확산 전략

제14장 사업유지를 위한 경영기초지식

1) 창업자가 알아야 할 세금
2) 창업자가 알아야 할 장부정리

제15장 재무제표의 이해

1) 재무제표의 의의
2) 대차대조표(Balance Sheet)
3) 손익계산서(Profit and Loss)
4) 이익잉여금처분계산서 / 결손금처리계산서
5) 자본변동표
6) 현금흐름표

제16장 창업기업의 성패를 좌우하는 마케팅

1) 마케팅과 기업가정신
2) 창업마케팅의 구조
3) 벤처기업마케팅의 개념적 틀

제14장
사업유지를 위한 경영기초지식

1) 창업자가 알아야 하는 세금

창업을 시작하려는 사람이 알아야할 세무에 대한 기초적 내용과 유의할 점을 살펴보면 다음과 같다.

(1) 개인사업자

개인사업자가 창업을 할 때 알아야 하는 가장 중요한 세금은 소득세와 부가가치세이다.

① 소득세란 어떤 세금인가

소득세라는 것은 사업을 통해 얻은 소득에 대해 내는 세금을 말하는데, 여기서 소득이란 연간 총수입금액(매출액)에서 그 수입을 얻기 위하여 지출한 경비를 공제한 금액을 말한다. 한편 주민세는 소득세와는 별도로 소득세액의 10%를 과세하는 지방세로서 소득세 신고서에 함께 기재해 신고 · 납부해야 한다.

소득금액 = 연간 총수입금액 - 필요경비

② 부가가치세란 어떤 세금인가

부가가치세란 물건 값에 부가가치세가 포함되어 있어, 물건을 팔 때 받은 세금에서 물건을 살 때 지불한 세금을 차감한 금액을 납부하는 것이다. 개인사업자는 매출규모, 업종, 지역에 따라 일반과세자와 간이과세자로 구분되는데 이는 영세한 소규모 개인사업자의 신고편의 및 세 부담 경감을 위해 간이과세 제도를 통하여 세금부담을 경감해주고 있다. 개인사업자의 경우, 부가가치세 대상이 되는 사업자는 다음과 같이 일반과세자와 간이과세자로 구분하여 부가가치세 산출을 달리하고 있다.

- 일반과세자 : 부가가치세 납부세액 = 매출세액(매출액 × 10%) − 매입세액(매입액의 10%)
- 간이과세자 : 부가가치세 납부세액 = 매출세액(매출액 × 업종별 부가가치율 × 10%) − 공제세액(세금계산서에 기재된 매입세액 × 해당업종별 부가가치율)

③ 기타 세금

종업원에게 급여를 지급할 때는 원천징수를 한다. 즉 매월 급여를 지급할 때마다 간이세액표에 의해 소득세를 떼어 납부하고, 다음해 연말 정산을 해야 한다. 이 밖에도 종업원에게 퇴직금을 지급하거나, 상금 등 기타소득을 지급할 때도 세금을 원천징수 해야 한다.

(2) 법인사업자가 알아야 하는 세금

법인사업자에게 가장 중요한 세금은 부가가치세와 법인세이다. 종업원에게 급여 등을 지급할 때 원천징수는 개인사업자와 동일하다.

① 부가가치세

법인사업자의 부가가치세도 개인사업자의 일반과세자 부가가치세와 마찬가지이며, 법인사업자의 부가가치세의 산출방법은 매출세액(매출액 × 10%)에서 매입세액을 차감하여 신고 · 납부한다.

부가가치세 납부세액 = 매출세액(매출액 × 10%) − 매입세액(매입액의 10%)

② 법인세

법인세는 주식회사와 같이 법인형태로 사업을 하는 경우 그 사업에서 생긴 소득에 대하여 내는 세금이다. 각 사업연도 소득에 대하여 법인세를 납부하여야 하고, 지가급등지역으로 고시된 지역에 소재한 토지 등을 양도하는 경우 토지 등 양도소득에 대한 법인세를 추가로 납부하게 된다.

각 사업년도 소득 = 총익금 − 총손금

- 익금 : 사업에서 생기는 수익금액 외에 사업과 관련하여 발생하는 자산의 양도금액, 자산의 평가차익, 무상으로 받은 자산의 가액 등도 익금에 포함된다.
- 손금 : 제품의 원가 및 인건비 외에 사업과 관련하여 지출한 접대비, 복리후생비 등을 포함하며 세법에서 특별히 인정하는 특정손금이 있다.

법인세 신고방법은 '법인세 과세표준 및 세액신고서'를 작성하여 납세지 관할세무서장에게 신고하여야 하며, 법인세 신고서에 기재된 납부세액을 신고기한 내에 가까운 은행 또는 우체국에 납부하여야 한다.

(3) 세금과 관련된 유의사항

① 간이과세와 일반과세 선택문제

직장을 그만두고 사업을 시작하려는 사람들은 대개 세율이 높고 설립하기 까다로운 법인기업보다 개인기업을 택하게 된다. 그러나 사업자등록을 할 때 간이과세자로 할 것인지 일반과세자로 할 것인지 망설이게 된다. 이 경우 소규모 사업을 하려는 사람은 간이과세자를 선택하는 것이 세금 면에서 유리하다.

그러나 사업종류 등에 따라 일반과세가 유리할 수도 있다. 예를 들어 원자재 비중이 높아 부가가치세 매입세액 공제를 받을 일이 많은 경우나 세금계산서 발급이 꼭 필요한 업종 등에서는 일반과세자를 선택하는 게 오히려 유리할 수 있다. 이밖에도 각종 조세지원 규정을 잘 알아서 활용할 필요가 있다.

② 사업자등록을 신청

사업자는 사업을 시작한 날로부터 일정기간 안에 사업자등록을 신청하지 않으면 가산세를 물게 된다.

③ 세금계산서를 꼭 챙겨라

부가가치세법에 따라 매입 세액 공제를 받기 위해서는 지출된 모든 비용에 대하여 세금계산서를 반드시 챙기는 것이 필요하다. 특히 세법에서는 사업준지 단계에서 지출한 비용도 매입 세액 공제를 받을 수 있게 돼 있다. 따라서 만약 사업 시작 전이라도 실내장식을 하거나 비품을 구입하는데 지출된 비용에 대해서는 사업자등록을 하지 않았기 때문아 사업자등록번호가 기재된 세금계산서를 받지 못하더라도 주민등록번호를 기재해 받아 놓으면 추후 매입세액 공제가 가능하다.

④ 사업장을 빌린 경우 확정일자

건물을 빌려 사업할 때 임대료 인상, 임대기간 연장 등 건물 주인과 사업자 간에 분쟁이 발생하면 대부분 사업자가 불이익을 받는다. 이런 경우에 대비해 확정일자를 받아놓는 게 좋다. 확정일자는 건물 소재지 관할 세무서장이 임대차계약서의 존재사실을 인정, 임대차계약서에 기입한 날짜를 말한다. 이는 등기와 같은 효력을 갖기 때문에 건물이 경매에 넘어가도 보증금을 우선 변제 받을 수 있다.

2) 창업자가 알아야 하는 장부정리

사업을 시작하게 되면 모든 사업자는 장부에 기록하는 부기(簿記)가 필요하게 되며, 장부를 비치 기장하여야 한다. 사업자는 사업규모에 따라 복식부기장부 또는 간편 장부를 비치 기장하여야 하고 이를 이행하지 않으면 여러 가지 불이익을 받게 된다.

부기는 장부에 기록하는 요령이나 기술로서 단식부기와 복식부기로 구분할 수 있다. 개인이나 기업에서 장부를 기록 관리하는 이유는 돈의 입 · 출금과 재산의 증가와 감소, 상품의 입 · 출고 등의 내용을 기록 · 정리하여 일정시점의 회사 재무상태의 파악과 일정기간의 영업활동 결과인 경영성과를 파악하고 장래의 경영전략 수립을 위한 자료로 활용하는데 있다.

그러나 부기, 특히 복식부기는 기록하는 방법이 까다롭고 전문적인 지식이 어느 정도 필요하기 때문에 법인사업자나 일정규모 이상의 기업을 제외하고는 많은 개인사업자들이 장부작성를 기피하고 있는 실정이다. 특히 소사업자의 경우 복식부기를 하기 위한 비용의 지출과 소규모 사업의 영세성 등을 감안할 때 더욱 어렵다고 할 수 있다.[83]

83 창업론, 조경동 외, 형설출판사, 2011, pp. 306~309.

제15장
재무제표의 이해

1) 재무제표의 의의

재무제표(financial statements)란 기업의 거래를 측정, 기록, 분류, 요약하여 작성되는 회계보고서로서, 기업의 재무상태, 경영성과, 현금흐름 등을 나타내는 표이며, 기업의 경제적 활동을 최종적으로 요약하는 표이다. 대표적인 재무제표는 대차대조표(재무상태표), 손익계산서, 이익잉여금처분계산서(또는 결손금처리계산서), 자본변동표, 현금흐름표로 구성되면 주석을 포함한다.

기업이 재무제표를 작성할 때에는 회계상 판단의 근거로 해야 할 7개의 재무제표 작성과 표시의 일반원칙이 있다.[84]

- 계속기업의 전제 : 경영자는 재무제표를 작성할 때 기업의 존속가능성을 평가하여야 하며, 기업이 경영활동을 청산 또는 중단할 의도가 있거나, 경영활동을 계속할 수 없는 상황에 놓인 경우를 제외하고는 계속기업을 전제로 재무제표를 작성한다.
- 재무제표의 작성책임과 공정한 표시 : 재무제표의 작성과 표시에 대한 책임은 경영자에게 있다. 재무제표는 경제적 사실과 거래의 실적을 반영하여 기업의 재무상태, 경영성과, 이익잉여금처분(또는 결손금처리), 현금흐름 및 자본변동을 공정하게 표시하여야 하며, 기업회계기준에 따라 적정하게 작성된 재무제표는 공정하게 표시된 재무제표로 본다.
- 회계정책의 결정 : 기업은 기업회계기준이 허용하는 범위 내에서 회계정책을 선택할 수 있다. 회계정책은 기업이 재무보고의 목적으로 선택한 기업 회계기준과 그 적용방법을 말한다.
- 재무제표 항목의 구분과 통합표시 : 중요한 항목은 재무제표의 본문이나 주석에 그 내용을 가장 잘 나타낼 수 있도록 구분하여 표시하며, 중요하지 않은 항목은 성격이나 기능이 유사한 항목과 통합하여 표시할 수 있다.

84 기업회계기준서 제21호(재무제표의 작성과 표시 I)
85 (1) 기업회계기준에 의하여 재무제표 항목의 표시와 분류의 변경이 요구되는 경우

- 비교재무제표의 작성 : 재무제표의 기간별 비교가능성을 제고하기 위하여 전기 재무제표의 모든 계량정보를 당기와 비교하는 형식으로 표시한다.
  또, 전기 재무제표의 비계량정보가 당기 재무제표를 이해하는 데 필요한 경우에는 이를 당기의 정보와 비교하여 주석에 기재한다.
- 재무제표 항목의 표시와 분류의 계속성 : 재무제표의 기간별 비교가능성을 제고하기 위하여 재무제표 항목의 표시와 분류는 예외적은 경우85를 제외하고는 매기 동일하여야 한다.
- 재무제표의 보고양식 : 재무제표는 이해하기 쉽도록 간단하고 명료하게 표시하여야 하며, '기업회계기준서 제21호의 부록3'에 예시된 재무제표의 양식을 참조하여 작성한다. 예시된 명칭보다 내용을 잘 나타내는 계정과목명이 있을 때는 그 계정과목명을 사용할 수 있다.

재무제표는 경영자가 의사결정을 하는데, 금융기관으로부터 자금을 융통하는데, 투자자들이 회사의 주식을 구입할 것인지의 여부를 판단하는데, 원자재의 외상구입 한도를 책정하는데, 그리고 국세청에서 적절한 세금납부 여부를 검토하는데 필요하다.

2) 대차대조표(재무상태표)

대차대조표(Balance Sheet: B/S)는 특정시점에 기업이 자금을 어디에서 얼마큼 조달하여 이러한 자금을 어떠한 자산에 얼마만큼 투자하였는지를 보여주는 보고서이다. 회사가 영업활동을 위해 보유하고 있는 자산이 어느 정도인지(총자산의 규모), 그리고 자산의 유형별(유동자산, 비유동자산)로 어떤 자산을 보유하고 있는지, 보유하고 있는 자산은 필요할 때 현금으로 쉽게 바꿀 수 있는지, 이러한 자산을 취득하기 위해 다른 사람으로부터 돈을 얼마나 빌렸는지(부채의 규모), 회사를 설립하기 위해 주주들이 투자를 얼마나 했는지(자본금의 규모), 그 동안 이익은 얼마나 발생해서 어떻게 보유하고 있는지 (이익잉여금) 등 기업의 재무상태를 나타낸다.

(2) 사업결합 또는 사업중단 등에 의해 영업의 내용이 중요하게 변경된 경우
(3) 재무제표 항목의 표시와 분류를 변경함으로써 기업의 재무정보를 더욱 적절하게 전달할 수 있는 경우

(1) 대차대조표의 구조

(차변)		(대변)	
자 산		부채 및 자본	
자산	Ⅰ. 유동자산 1. 당좌자산 2. 재고자산 Ⅱ. 비유동자산 1. 투자자산 2. 유형자산 3. 무형자산 4. 기타비유동자산	부채	Ⅰ. 유동부채 Ⅱ. 비유동부채
		자본	Ⅰ. 자본금 Ⅱ. 자본잉여금 Ⅲ. 자본조정 Ⅳ. 기타포괄손익누계액 Ⅴ. 이익잉여금(또는 결손금)
자금의 운용 상태를 표시		자금조달 원천을 표시	

(2) 대차대조표의 작성기준

대차대조표를 작성할 때는 다음 원칙에 따른다.

① 대차대조표는 자산·부채 및 자본으로 구분하고, 자산은 유동자산 및 비유동자산으로, 부채는 유동부채 및 비유동부채로, 자본은 자본금, 자본잉여금, 자본조정, 기타포괄손익누계액, 이익잉여금(또는 결손금)으로 각각 구분한다.

② 자산·부채 및 자본은 총액에 의하여 기재함을 원칙으로 하고, 자산의 항목과 부채 또는 자본의항목과를 상계함으로써 그 전부 또는 일부를 대차대조표에서 제외하여서는 아니된다.

③ 자산과 부채는 1년을 기준으로 하여 유동자산 또는 비유동자산, 유동부채 또는 비유동부채로 구분하는 것을 원칙으로 한다.

④ 대차대조표에 기재하는 자산과 부채의 항목배령은 유동성배열법에 의함을 원칙으로 한다.

⑤ 자본거래에서 발생한 자본잉여금과 손익거래에서 발생한 이익잉여금은 혼동하지 말아야 한다.

⑥ 가지급금 또는 가수금 등의 미결산항목은 그 내용을 나타내는 적절한 과목으로 표시하고, 대조계정 등의 비망계정은 대차대조표의 자산 또는 부채항목으로 표시하여서는 안 된다.

(3) 계정과목 해설

(가) 자산(assets)

기업의 자산에는 기업이 가지고 있는 현금, 재고자산, 토지 등과 같은 각종 유형의 자산과 외상매출금, 대여금, 미수금 등과 같은 채권 및 무형의 권리 등이 포함된다. 자산은 이용가능한 자원의 유동성의 정도에 따라 크게 유동자산과 비유동자산으로 분류하고, 유동자산은 당좌자산과 재고자산으로, 비유동자산은 투자자산, 유형자산, 무형자산, 기타비유동자산으로 구분된다.

① 유동자산(current assets)

유동자산이란 1년 이내에 현금으로 전환되거나 판매 또는 소비될 것이 합리적으로 예상되는 자산을 말한다. 여기에는 현금 및 현금성자산, 상품 등과 같이 일반적인 상거래에서 순환적으로 발생하는 자산과 비순환적이지만 대차대조표일(대차대조표 작성기준일)로부터 1년 이내에 현금화할 수 있는 자산을 포함한다.

따라서 유동자산은 기업에 조달된 자금의 운용형태로는 운전자본(working capital)에 투하된 부분이며 또한 운전자본을 구성하는 요소이므로 유동성분석에 있어 중요한 지표가 된다. 이러한 유동자산은 그 성질 내지는 기능에 따라 당좌자산, 재고자산으로 세분된다.

- 당좌자산: 현금 및 현금성자산, 단기금융상품, 단기매매증권, 매출채권, 단기대여금, 미수금, 미수수익, 선급금, 선급비용, 기타 당좌자산
- 재고자산: 상품, 제품, 반제품, 재공품, 원재료, 저장품, 기타의 재고자산

② 비유동자산

- 투자자산: 장기금융상품, 만기보유증권, 지분적용투자주식, 매도가능증권, 투자부동산, 장기대여금
- 유형자산: 토지, 건물, 구축물, 기계장치, 선박, 차량운반구, 건설중인 자산
- 무형자산: 영업권, 부의 영업권, 산업재산권, 개발비, 저작권, 기타 무형자산
- 기타 비유동자산: 이연법인세자산, 임차보증금, 장기매출채권, 장기미수금

(나) 부채(liabilities)

기업에 투입된 총자본은 그 원천에 따라 타인자본인 부채와 자기자본으로 나누어지며 부채는 유동부채와 비유동부채로 이루어진다. 자기자본은 주주지분 또는 소유주지분이라고도 하는데 기업의 총자산에서 총부채를 차감한 잔여분을 말하며 자본금, 자본잉여금, 자본조정, 기타포괄손익누계액, 이익잉여금으로 구성된다.

① 유동부채
매입채무, 단기차입금, 미지급금, 선수금, 예수금, 미지급비용, 선수수익, 미지급법인세, 기타의 유동부채
② 비유동부채
사채, 장기차입금, 판매보증충당부채, 퇴직급여충당부채, 장기매입채무, 장기선수금, 기타의 고정부채

(다) 자본(stockholders' equity)

자본은 발생의 원천, 법적 제약, 확정여부 등에 따라 자본금, 자본잉여금, 자본조정, 기타포괄손익누계액 및 이익잉여금으로 분류한다.

① 자본금

회계상 주식회사의 자본금은 상법에서 규정하는 법정자본(legal capital), 즉 발행주식의 액면총액(상법 제451조)을 말한다. 상법이 이와 같이 주식회사의 자본을 법정하여 등기하도록 요구하는 것은 채권자를 보호하려는 것이다.

즉, 주식회사의 주주는 회사에 대하여 출자를 한도로 유한책임을 지기 때문에 회사채권자의 담보가 되는 것은 오직 회사 자산뿐이다. 때문에 상법은 회사가 보유하여야 할 순자산의 최저기준을 자본액으로 등기하여 공시할 것을 요구하는 것이다.

또한 상법은 수권자본제도를 채택하고 있어 회사가 발행할 주식의 총수를 정관에 정하고 그 범위내에서 필요에 따라 이사회결의로 주식을 발행하도록 하고 있다. 그러나 회사의 설립을 위하여는 수권자본의 4분의 1이상을 발행하여야 한다(상법 제289조). 따라서 회계상 자본금으로 되는 것은 발행한 주식의 액면총액이며 수권자본은 아니다. 수권자본은 금액에 의하는 것이 아니고 주식수에 의하여 표시되는 것이므로 회계의 대상이 될 수 없다.

자본금은 보통주자본금, 우선주자본금 등으로 분류하며, 회사가 발행한 주식의 총수로서 1주의 금액 및 발행한 주식의 수와 당해 회계연도 중에 증가, 감자, 주식배당 또는 기타의 사유로 자본금이 변동한 경우에는 그 내용을 주석으로 기재한다.

② 자본잉여금

주식발행초과금, 감자차익, 자기주식처분이익

③ 자본조정

주식할인발행차금, 감자차손, 자기주식, 자기주식처분손실

④ 기타포괄손익누계액

매도가능증권평가손익, 해외사업환산손익

⑤ 이익잉여금

법정적립금, 임의적립금, 미처분이익잉여금

3) 손익계산서

손익계산서(Income Statement: I/S, Profit & Loss Statement)는 기업의 일정기간 경영성과를 나타내는 동태적 보고서이다. 수익, 비용, 차익, 차손으로 구성되어 있으며 매출액, 매출원가, 판매비와 관리비, 영업외수익, 영업외비용, 계속사업손익법인세비용, 중단사업손익의 순으로 나열하여 당기순이익을 산출한다. 중단사업손익이 없을 경우에는 계속사업손익법인세비용 대신 법인세비용의 과목으로 나타낸다. 중단사업손익이 없을 경우의 손익계산서 양식을 예시하면 다음과 같다.

(1) 손익계산서 구조(중단사업 손익이 없는 경우)

매출액
−매출원가
매출총이익(Gross Profit)
−판매비와 관리비
영업이익(Operating Profit)
+영업외수익
−영업외비용
법인세비용차감전순손익
−법인세비용
당기순이익(손실)
주당손익

(2) 손익계산서 작성기준

손익계산서는 다음과 같은 원칙에 따라 작성된다.

① 모든 수익과 비용은 그것이 발생한 기간에 정당하게 배분되도록 처리하여야 한다. 다만, 수익은 실현시기를 기준으로 계상하고 미실현수익은 당기의 손익계산서에 산입하지 아니함을 원칙으로 한다.
② 수익과 비용은 그 발생원천에 따라 명확하게 분류하고 각 수익항목과 이에 관련되는 비용항목을 대응 표시하여야 한다.
③ 수익과 비용은 총액에 의하여 기재함을 원칙으로 하고 수익항목과 비용항목을 직접 상계함으로써 그 전부 또는 일부를 손익계산서에서 제외하여서는 안 된다.
④ 손익계산서는 매출총손익, 영업손익, 법인세비용차감전순손익과 당기순손익으로 구분 표시하여야 한다. 다만, 제조업, 판매업 및 건설업 이외의 기업에 있어서는 매출총손익의 구분 표시를 생략할 수 있다.

(3) 손익계산서 계정과목 해설

① 매출액(sales)

매출액은 상(제)품의 매출 또는 용역의 제공에 대한 수입금액으로서 반제품, 부산품, 작업폐물, 수출액, 장기할부매출액 등을 포함한 총매출액에서 매출환입액 및 에누리액을 공제한 순매출액을 말한다. 매출은 실현주의원칙에 따라 상(제)품을 인도한 날 또는 용역을 제공한 날에 실현된 것으로 계상하나 예외적으로 건설업이나 조선업의 미완성공사는 공사가 진행된 정도에 따라 수익이 실현되는 것으로 인식할 수 있다.

② 매출원가(cost of sales)

매출원가는 매출을 실현하기 위한 생산이나 구매과정에서 발생된 재화나 용역의 소비액 및 기타 경비를 말한다. 판매업에 있어서의 매출원가는 기초상품 재고액과 당기상품매입액의 합계액에서 기말상품재고액을 차감하여 산출되며 제조업에서는 기초제품재고액과 당기제품재조원가의 합계액에서 기말제품재고액을 차감하여 산출한다.

제품의 제조원가는 일반적으로 인정된 원가계산기준을 적용하여 산정한다. 제조업이 당기 중에 생산한 제품의 취득원가를 당기제품제조원가라 한다. 당기제품제조원가는 원가계산 기준에 따라 제조원가명세서를 작성하여야 한다.

당기제품제조원가는 당기총제조비용과 기초재공품재고액과의 합계액에서 기말재공품재고액을 공재하는 형식으로 기재한다. 제조업에서의 제품의 취득원가는 재료비, 노무비, 제조경비로 이루어지나, 당기 중 생산된 제품의 취득원가에는 당기 중 투입된 재료비, 노무비, 제조경비 외에도 전기말에 미완성으로 남아있던 재공품의 원가(기초재공품재고액)을 가산하고 이것에서 당기의 미완성 상태인 재공품의 원가(기말재공품재고액)를 차감한 금액으로 결정된다.

기초재공품재고액은 반제품형태의 재료로 당기에 투입, 가공되어 제품으로 완성되므로 당기제품제조원가에 가산하고, 기말재공품재고액은 미완성이므로 당기제품제조원가에서 차감하는 것이다(기초재공품재고액이나 기말재공품재고액도 세밀히 보면 재료비, 노무비, 제조경비로 구성되어 있다). 이를 제조원가명세서의 형식으로 표현하면 다음과 같다.

Ⅰ. 당기투입재료비
Ⅱ. 당기투입노무비
Ⅲ. 당기투입경비
Ⅳ. 당기총제조비용(= Ⅰ + Ⅱ + Ⅲ)
Ⅴ. 기초재공품원가
Ⅵ. 합계(Ⅳ + Ⅴ)
Ⅶ. 기말재공품원가
Ⅷ. 유형자산(또는 타계정)대체액
Ⅸ. 당기제품제조원가(= Ⅵ - (Ⅶ + Ⅷ)

당기총제조비용 중 고정자산 등 다른 계정으로 대체한 금액이 있는 경우에는 기말재공품 재고액 다음에 당해 금액을 기재하여 당기총제조비용에서 공제하여 표시한다. 당기총제조비용은 기업이 채용하는 원가계산방법에 의하여 재료비, 노무비, 경비의 요소별로 구분하여 기재하거나 직접재료비. 직접노무비, 제조간접비로 구분하여 기재할 수 있다.

한편 보충적 주석사항으로 제조원가에 포함된 급여, 퇴직급여, 복리후생비, 임차료, 감가상각비, 제세공과 등 부가가치계산에 필요한 계정과 금액은 주석으로 기재하여야 한다.

제조원가명세서에서 당기 중 생산된 제품의 취득원가가 위와 같이 산출되나 재료비, 노무비, 제조경비를 실제로 집계하고 계산하는 것은 여러 가지 원가계산과정을 통하여 이루어진다 . 쓰이는 원가계산과정은 원가계산방식이 개별원가 계산방법이냐 종합원가 계산방법이냐에 따라 다소 차이가 있다.

③ 판매비와 관리비(selling & general administrative expense)

급여, 퇴직급여, 복리후생비, 임차료, 접대비, 감가상각비, 무형자산상각비, 세금과공고, 광고선전비, 연구비, 경상개발비, 대손상각비(bad debts expense)

④ 영업외수익·영업외비용

⑤ 계속사업손익법인세비용(또는 법인세비용)

⑥ 중단사업손익

4) 이익잉여금처분계산서/결손금처리계산서

(1) 이익잉여금

① 이익잉여금의 성격

이익잉여금(retained earnings)이란 손익거래, 즉 영업활동결과 발생한 순이익의 일부가 처분되지 않고 기업 내부에 유보된 금액을 말하며, 법정적립금, 임의적립금, 미처분이익잉여금 등이 있다. 이익잉여금은 그 발생원천이 자본이여금과 다르며, 또한 법률적인 특별한 제한이 있는 경우를 제외하고는 기업이 임의로 처분이 가능하다는 점에서 자본잉여금과 다르다. 특별히 제한이 있는 경우는 법정적립금인 이익준비금과 기타법정적립금으로서 상법, 세법 등에 의해 그 적립과 처분이 제한되어 있다.

② 이익잉여금의 처분

이익준비금, 임의적립금, 배당금

③ 이익잉여금처분계산서

(2) 이월결손금

① 이월결손금의 계정체계

손익계산서의결과 당기순손실이 발생하면 전기이월이익잉여금과 상계한 후 잔액이 마이너스인 경우는 이월결손금계정에 대체한다. 이월결손금계정은 이월이익잉여금과 반대로 자본의 차감항목으로서, 회계정보이용자에게 결손금의 규모와 결손금의 처리내용을 보고하게 된다.

② 이월결손금 처리

기업회계기준은 결손금의 처리순서를 임의적립금이입액, 기타법정적립금이입액, 이익준비금이익액, 자본잉여금이입액 등의 순서로 하도록 하고 있다. 상법의 자본충실의 원칙에 E라 법정자본금은 최종적으로 결손금처리를 위해 사용되며 결국은 감자절차를 거쳐 자본금이 감소하게 된다.

③ 결손금처리계산서

당기순손실이 누적되어 미처리결손금이 발생한 경우에는 결손금처리계산서을 작성하여야 하는데, 결손금처리계산서는 미처리결손금의 발생과 이익잉여금 또는 자본잉여금에 의한 결손보전내역을 표시하는 보고서이다.

미처리결손금은 전기이월미처리결손금(또는 전기이월미처리이익잉여금)에 회계정책의 변경으로 인한 누적효과(비교재무제표의 최초회계기간 직전까지의 누적효과), 중대한 전기오류 수정손익(비교재무제표의 최초회계기간 직전까지의 누적효과), 중간배당액 및 당기순이익(또는 당기순손실)을 가감하여 산출한다. 결손금의 처리는 임의적립금이입액, 기타법정적립금이입액, 이익준비금이익액, 자본잉여금이입액의 순으로 한다.

5) 자본변동표

자본변동표는 한 회계기간 동안 발생한 소유주 지분의 변동을 표시하는 재무보고서이다. 자본을 구성하고 있는 자본금, 자본잉여금, 자본조정, 기타포괄손익누계액, 이익잉여금의 각 항목별로 기초잔액, 변동사항, 기말잔액을 표시한다.

자본금의 변동은 유상증자(감자), 무상증자(감자)와 주식배당 등에 의하여 발생하며, 자본금은 보통주자본금과 우선주자본금으로 구분하여 표시한다. 자본잉여금의 변동은 유상증자(감자), 무상증가(감자), 결손금처리 등에 의하여 발생하며, 주식발행초과금과 기타자본잉여금으로 구분하여 표시한다.

6) 현금흐름표

현금흐름표는 기업의 현금흐름을 나타내는 표로서 현금의 변동내용을 명확하게 보고하기 위하여 당해 회계기간에 속하는 현금의 유입과 유출내용을 적정하게 표시하여야 한다. 현금흐름표는 일정기간에 현금의 증감변동, 즉 현금의 유입과 유출에 관한 내용을 명확히 보고하는 계산서이다. 따라서 현금흐름표는 일정기간 현금을 증가시킨 거래와 감소시킨 거래 모두를 추출하여 요약한 현금기준의 수지계산서라 할 수 있다. 따라서 현금흐름표는 다음과 같은 의문에 대한 해답을 제공한다.

① 기업은 현금을 어디서 얼마나 조달했는가?
② 기업은 현금을 어디에 얼마나 사용했는가?
③ 일정기간 기업의 현금은 얼마나 증감했는가?

오늘날 재무제표 이용자들은 기업이 현금을 어디서 조달(유입)하여 어디에 사용(유출)하고 얼마나 남아있는지 현금흐름에 대하여 많은 관심을 갖게 된다. 특히 채권자나 투자자들은 그 기업의 일상 영업활동에서 조달되는 현금창출능력에 가장 큰 관심을 가질 수밖에 없다. 왜냐하면, 원리금을 적시에 상환하고 배당금을 지급할 수 있는 능력은 실제 그 기업의 미래현금흐름에 좌우되기 때문이다. 물론 손익계산서상의 당기순이익이 중요한 업적평가지표는 되지만 실제 이익을 내고서도 일시적 자금사정의 악화로 원리금이나 배당금을 제때에 지급하지 못하는 경우는 종종 있기 때문이다. 특히 만성적인 자금압박에서 운영되는 기업인 경우 더욱 현금흐름에 대한 관심은 높을 수밖에 없다. 현금흐름상 현금이란 개념은 현금과 예금 외에 현금성자산까지를 포함한다.

현금흐름표는 영업활동으로 인한 현금흐름, 투자활동으로 인한 현금흐름, 재무활동으로 인한 현금으로 구분하여 표시하고, 이에 기초의 현금을 가산하여 기말의 현금을 산출하는 형식으로 표시한다. '영업활동'이란 손익활동을 의미하는 것으로 유입액은 수익의 발생거래에서 유입되는 현금을 뜻하며 유출액은 비용의 발생거래로 유출되는 현금을 뜻한다. '투자활동'이란 자산의 증감활동을 의미하는 것으로 유입액은 현금 이외 자산의 감소거래에서 유입되는 현금을, 유출액은 현금외 자산의 증가거래로 유출되는 현금을 가각 뜻한다. '재무활동'이란 부채나 자본의 증감활동을 의미하는 것으로 유입액은 부채나 자본의 증가거래에서 유입되는 현금을, 유출액은 부채와 자본의 감소거래로 유출되는 현금을 가각 뜻한다.

〈현금흐름표(간접법)〉

Ⅰ. 영업활동으로 인한 현금흐름
1. 당기순이익(손실)
2. 현금의 유출이 없는 비용 등이 가산
3. 현금의 유입이 없는 수익 등의 차감
4. 영업활동으로 인한 자산·부채의 변동
Ⅱ. 투자활동으로 인한 현금흐름
1. 투자활동에서의 현금유입액
2. 투자활동으로의 현금유출액
Ⅲ. 재무활동으로 인한 현금흐름
1. 재무활동에서의 현금유입액
2. 재무활동으로의 현금유출액
Ⅳ. 현금의 증가(감소) Ⅰ+Ⅱ+Ⅲ
Ⅴ. 기초의 현금
Ⅵ. 기말의 현금

이와 같이 현금의 흐름을 활동별로 구분함으로써 이러한 각각의 활동이 그 기업의 재무상태와 현금흐름에 준 영향을 정보로 제공하여 활동 상호간의 연관성을 분석 가능하게 한다.

구체적인 작성실무에서는 현금의 흐름을 각 활동별로 구분하는데 있어 하나의 거래가 두 가지 이상의 활동으로 구분되어 분류되는 경우가 있어 주의를 요한다.

예를 들어 차입금의 원리상환거래는 원금과 이자로 나누어져 원금부분은 재무활동으로, 이자부분은 영업활동으로 각기 분류되어야 한다. 또한 하나의 활동거래가 두 계정으로 고정자산의 처분거래는 고정자산의 감소와 고정자산처분손익이 각기 나뉘어 기재되므로 이를 총액으로 표시하도록 조정이 필요하다.[86]

86 중소기업창업론, 김철교 외, 탑북스, 2010, pp. 397~420.

제16장
창업기업의 성패를 좌우하는 마케팅

신규 창업기업에게 마케팅은 필수적 도구이자 절차이며 노하우이다. 스포츠에 있어서 성공하려면 단지 타고난 소질만 가지고는 불충분한 것처럼 마케팅도 자질만 가지고는 성공할 수 없다. 비즈니스를 창업하고 이를 성공적으로 영위한다는 것은 아마추어의 수준을 넘는 진정한 프로의 세계인 것이다. 고도의 스포츠경기처럼 탁월한 기법을 습득하고 실행하는 것이 필요하다는 뜻이다. 마케팅은 창업기업의 성공을 좌지우지하는 부동의 핵심요소이기 때문이다. 창업기업에 있어서 마케팅의 중요성을 단적으로 보여주는 몇 가지 자료를 살펴보자.

200여개의 기업에 자금을 투자하고 후원해준 미국의 캐피탈 리스트들을 대상으로 조사한 결과 신생기업의 성공을 위한 요소들 중 마케팅이 7점 만점에 무려 6.7점으로 평가되었다. 이들은 창업단계에서 사전에 시장조사를 실시한다면 기업의 실패율을 60%나 방지할 수 있다는 진술에 동의하였다. 미국에서 초고속 성장하는 500대 기업의 강약점을 조사한 결과 다음과 같이 초고속으로 성장하는 기업들 중 절대다수가 판매 및 마케팅에서 강점을 보이고 있다.

〈표 19-1〉 초고속 성장기업의 경영부문별 강·약점

부 문	강 점	약 점
판매 및 마케팅전략	145	19
인사관리	112	89
재무전략	53	75
정보기술	28	19
제품혁신	12	2
기타	59	35

이상의 조사결과들은 창업기업들에게 마케팅 활동이 얼마나 중요한 것인지 실감케 해준다. 흔히 창업자에게 마케팅이 무척 어려운 과업이다. 마케팅을 제대로 수행하기 위해서는 정밀한 절차들을 동반하는 전문성이 필요하기 때문이다. 이러한 어려움에 대처하는 방안으로서 두 가지의 마케팅활동이 필수적이며 이는 바로 시장을 제대로 분석하고 그 시장을 점령하는 일이다.

1) 마케팅과 기업가정신

지난 20년 동안 새로운 마케팅 분야인 창업마케팅이 연구 분야에서 뿐만 아니라 새로운 강의주제와 새로운 마케팅으로서 점진적으로 주목을 받아 왔다. 특히 기업가정신(entrepreneurship)이 사회에서 점차 더 필요해 지고 아울러 경제성장이 여러 국가에서 절실해짐에 따라 더욱 그 필요성이 높아지고 있다. 또한 대기업이 다운사이징을 하면서 직원을 감원할 때에 중소기업 부문이 더욱 중요해진다. 판별기준은 다소 다르지만 우리나라의 경우 전 기업의 99%, 미국기업의 99.7%가 중소기업이다. 또한 국내고용의 88%를, 미국사회고용의 90%를 중소기업이 차지하고 있다.

최근까지 마케팅과 기업가정신은 두 개의 독립적인 학문영역으로 존재하였다. 지난 10년간 기업가정신 연구의 양적 증가는 마케팅 지식을 향상시키는 수많은 발견을 초래해왔다. 일반적으로 마케팅은 대기업 내부의 관행과 과정을 이해하는데 초점을 맞추어왔다. 그러나 중소기업 부문과 전 세계적인 기업가적 형태에 대한 관심의 증대에 따라 중소기업과 창업마케팅측면의 중요성도 함께 증가해왔다.

기업가적 형태와 창업마케팅이 물론 대기업과도 관련이 있지만 전통적으로 중소기업 부문과 연결되어 있었다. 오늘날 대부분의 기업들이 리스크가 증가하고 예측능력이 감소하는 급변하는 환경 속에서 운영된다. 조직경제는 점차 불명확해지고 있으며, 더 유동적인 조직구조와 네트워크 속에서의 기업경영은 종종 거미줄 망처럼 보이기도 한다. 이와 같은 기업환경에서 기업 리더들은 전통적인 경영원리들을 버리고 변화를 사용할 뿐만 아니라 시장에서 필요한 변화를 스스로 만들어내는 새로운 사고와 새로운 행태로 기존의 행태는 대체해야 한다. 기업가정신이 당연히 이를 위한 도구이며, 마케팅은 기업규모에 무관하게 매우 중요하다. 먼저 이 분야의 역사적 배경과 근원을 제시한 후에 창업 마케팅이 다루는 영역을 논의하고 창업마케팅의 중요 측면들을 검토해보자.

(1) 새로운 연구흐름의 탄생

새로운 연구 분야의 탄생을 확인하는 것은 항상 어려운 일이다. 언제 그것이 확립되었고 학문적으로 정당성을 부여받았는가를 판정하는·중요한 하나의 단계는 조직화된 컨퍼런스와 그에 이은 논문발간이 정기적으로 행해질 때이다. 1983년에 AMA(미국마케팅협회)와 소기업 비즈니스에 관한 국제회의(International Council for Small Business)의 공동후원을 받은 심포지엄 후에 마케팅과 기업가정신의 상관성 연구(Research in the Marketing & Enterpreneurship Interface, Hulls, Bamaby & Duffus, 1983)라는 프로시딩이 발간되었다. 몇 년간의 공백 후에 1987년에 심포지움들이 조직되었다. 1989년 이래로 심포지움이 연례적으로 혹은 6개월마다 한 번씩 정기적으로 개최되었다. 이 심포지움에서 발표된 몇몇 논문들은 학술지에 발표되었다.

오늘날 기업가정신 트랙은 정기적으로 개최된다. 몇 가지 예를 들면 미국에서 개최되는 AMA의 하계 및 동계 교육자 컨퍼런스(Educator's Conference), 영국의 마케팅 학술 컨퍼런스(Academy of Marketing Conference), 호주와 뉴질랜드의 ANZMAC 회의 등이 있다. 최근에 독일에서 두 차례의 국제회의가 조직되었으며, 이 회의에서 혁신과 마케팅 및 기업가정신의 융합에 관해 논의되었다. 그러한 컨퍼런스의 결과로 기업가적 마케팅에 대한 상당한 지식이 창출되었으며 그로인해 지난 10년 동안 이 분야에서 수많은 교재가 발간되었다.

(2) 마케팅에 대한 기업가적 접근방법

마케팅과 기업가정신에 대한 정의들이 상당히 다르고, 모든 것을 포괄하는 기업가적 마케팅에 대한 단일한 정의를 발견한다는 것은 어려운 일이다. 초기에는 창업마케팅에 대한 정의가 연구자들만큼이나 많이 존재하였다. 현재의 연구범위를 충족시키는 현대적 정의는 모리스 외(Morris et al., 2002)의 것이다. 그들에 따르면 창업 마케팅은 "리스크관리, 자원 활용극대화 및 가치창출을 위한 혁신적 접근방법을 통하여 수익을 제공하는 고객들을 확보 및 유지하고 나아가 그러한 가치를 능동적으로 확인하고 활용하는 활동"이다.

본서에서는 창업마케팅을 "창업기업들이 시장에 신제품이나 새로운 서비스를 성공적으로 출시하고 관리하는 활동"이라고 간략히 정의한다. 따라서 창업마케팅은 일반기업이 아닌 창업기업이 주체가 된다는 점, 신제품 혹은 서비스를 마케팅 대상으로 한다는 점, 그리고 출시활동을 중시한다는 점에서 기존의 마케팅과 다르다고 할 수 있다. 신규창업기업이 주체이므로 주로 소규모 기업이고, 창업자의 기업가정신이 중요하게 발휘되며,

신제품출시를 위주로 하므로 하이테크 마케팅 및 혁신 지향적이다. 오늘날 창업마케팅 아이디어를 전통적 마케팅 이론이 적용될 수 있는 분야라고 주장하는 사람은 거의 없다. 수많은 연구자들은 이 분야는 근본적으로 다른 어떤 것이라고 주장한다.

힐(Hills, 1995)은 과거에 여러 연구자들 사이에 중소기업은 대기업에서 사용되는 세련된 마케팅 기법의 단순화된 버전을 필요로 할 뿐이라는 생각이 만연해 있다고 기술하고 있다. 그러나 오늘날 중소기업에서의 마케팅은 대기업에서의 마케팅과 근본적으로 다르며 중소기업마케팅은 대기업보다 중소기업에서 더 성공적이라는 것이 명백해져가고 있다. 부분적으로 이것은 마케팅 실행이 기획이나 전략보다 성공에 더 중요할 수 있기 때문이다.

창업마케팅 행태를 관찰하면 많은 성공기업들은 전통적인 마케팅 문헌, 특히 미국의 마케팅 연구 문헌에서 기대되는 것과 명백히 달리 행동한다. 그러나 이 기업들 중 많은 기업들은 상당한 성공을 거두었다. 힐과 홀트만(Hills & Hultman, 2005)은 실증적 연구들을 종합하여 창업마케팅의 특징을 다음과 같이 제시하였다.

- 마케팅이 기업의 모든 수준과 기능적 영역들에 침투해있다.
- 마케팅 의사결정은 개인적 목표 및 장기적 성과와 연결되어 있다.
- 시장에 대한 유연한 고객맞춤형 접근
- 고객 선호의 변화에 대한 신속한 반응
- 작은 틈새시장 활용
- 마케팅 전술은 보통 고객과 쌍방향적이다.
- 비전과 전략은 전술적 성공에 의해 추동된다.
- 창업자 및 기타 핵심인물들이 마케팅의 중심이 된다.
- 일상적 접촉과 네트워크에 근거한 마케팅 의사결정
- 공식적인 마케팅 조사는 드물다.
- 시장을 능동적으로 창출하고 활용하는데 초점을 둔다.
- 기회의 인식에 대한 타고난 관심 집중
- 직관과 경험에 의존
- 제품/사업 개발이 상호작용적이고 점진적이고 비공식적이며 조사나 분석 활동은 거의 없다.
- 열정, 열망, 몰입의 역할이 중요하다.
- 고객을 선도하려고 노력한다.
- 관계와 동맹을 통한 가치 창출
- 개인적인 명성, 신뢰 및 신용에 근거한 마케팅
- 제품/서비스 및 전략에서의 혁신
- 판매와 프로모션에 대한 집중적 관심

또한 이상의 속성들을 요약해 보면 창업자 개인적 특징, 소규모 시장, 고객중심, 시장조사취약, 기회포착, 관계중시 등이 키워드임을 알 수 있다. 표준 마케팅 교재에서 알고 있는 대기업 마케팅과 많은 차이가 있다. 그러나 몇몇 발견들은 마케팅 및 네트워크관련 기존이론과 강한 상관관계를 보여주고 있다. 카슨(Carson, 1993)이 확인했듯, 기업가적 의사결정과 공식적 마케팅 기획간에 그리고 경영역량과 접촉 네트워크간에 유사성과 차이점들이 있다. 기업가적 의사결정은 본질적으로 비공식적, 우연적, 창조적, 기회주의적, 그리고 때로는 수동적 혹은 적극적인 반면에 마케팅 의사결정은 공식적, 순차적, 체계지향적, 규율적이고 구조화되어 있다. 다른 한편, 기업가와 마케팅 매니저간에 개인적 접촉 네트워크의 구축과 활용에 있어서 유사성이 있다. 분석적, 판단적 및 적극적 사고, 혁신, 창조성 등과 같이 기업가들이 필요로 하는 몇몇 스킬들은 유능한 마케팅 매니저에게 요구되는 스킬들과 유사하다.

(3) 기업가적 마케팅 행태는 기업가적 사고로부터 나온다

창업마인드와 그 특징이 창업마케팅 영역을 결정한다. 밀러와 프리슨(Miller & Frisen, 1983) 과 코빈과 슬레빈(Covin & Slevin, 1994)은 기업가(entrepreneur)의 특성에 대하여 다음과 같은 요약하였다.

- 혁신적(innovative)
- 계산된 위험 감수자(calculatid risktakers)
- 적극적(proactive)
- 기회 지향적(opportunity-oriented, Kizner, 1973)

이러한 특징들은 창업마케팅이 왜 경영자들에 의해 결정되는 전통적인 마케팅과 다른지를 결정적으로 보여주는 기본적 요소들이다. 경영자들은 기업가들과 달리 행동하고 달리 의사결정을 한다. 그 근거는 관찰된 창업마케팅 행태의 주요 특면들은 경영자적 마케팅이 규정하는 것과는 일치하지 않기 때문이다. 그러나 이들이 창업한 기업들은 상당히 성공적이다. 이런 점에서 창업마케팅 이론은 마케팅을 어떻게 수행해야 하는가에 대한 기존의 견해를 보다 풍부하게 해주는 가치 있는 추가 지식을 제공한다. 매우 단순하게 표현하면, 창업마케팅에서 〈그림 1〉이 보여주듯이, 경영자와 비교해서 기업가들이 시장에 적용하는 요소들의 내용과 구성이다. 여기에서 규모의 경제 논리가 마케팅 행태를 지배하는 시장에서보다는 매우 경쟁적이고 불안정한 시장과 같은 기업환경에서 창업마케팅 행태가 더 적합하다는 점이 지지되고 있다.

창업마케팅 형태는 기업가적 사고와 의사결정에 따라 결정된다.

〈그림 18-1〉 기업가적 사고의 의사결정

기업가적 사고	창업 마케팅 행태(6Ps)
• 적극적(proactive) • 위험감수(Risk-taking) • 혁신적(Innovative) • 기회 지향적 (opportunity-oriented)	• 제품(Product) • 장소(Place) • 프로모션(Promotion) • 가격(Price) • 직원(Personal) • 정치(Politics)

(4) 중소기업 마케팅과 창업마케팅

어떤 학자들은 창업마케팅을 중소기업 마케팅과 동의어로 보고 있다. 코틀러(Kotler, 2003)는 창업 마케팅을 마케팅 관행이 공식화되어가는 방식에 근거해있는 것으로 본다. 코틀러(Kotler)에 의하면 대체로 조직이 성장함에 따라 세단계의 마케팅 관행이 확인된다.

첫 번째 단계는 창업마케팅이다. 대부분의 기업들은 일정한 직업 없이 그럭저럭 살아가는 사람들에 의해 창업이 된다. 그들은 기회를 마음속에 떠올리면서 주목을 끌기 위해서 모든 문을 노크한다. 코틀러(Kotler)는 기업가가 대규모 의사소통 예산도 없이 어떻게 성공하는지를 보여주는 좋은 사례를 제시하고 있다. 최고로 잘 팔리는 생맥주인 사뮤엘 아담스(Samuel Adams) 맥주를 만드는 보스톤 맥주(Boston Beer) 회사의 창업자인 Jom Koch는 1984년에 창업한 후 바텐더들을 설득하기 위해서 Samuel Adams 맥주병들을 들고 이 바에서 저 바를 돌아다녔다. 10년 동안 그는 광고에 예산을 쓸 여력이 없었다. 그는 직접 판매와 풀뿌리 PR을 통해서 맥주를 팔았다. 오늘날 그의 사업은 2.1억 달러를 벌어들이면서 생맥주 시장의 선두주자로 자리 잡고 있다.

그 후에 더 성숙한 단계에서 마케팅 관행은 공식화된 마케팅(formulated marketing)이 된다. 중소기업들은 성공함에 따라 불가피하게 더 공식화된 마케팅으로 옮겨가게 되는 것이다. 보스톤 맥주(Boston Beer)는 오늘날 TV광고에 상당한 돈을 쓰고 있고, 수백 명의 외판원을 고용하고 있으며, 정교한 마케팅조사를 수행하고 있다. 그 회사는 지속적인 성공을 위해서는 역량 있는 마케팅 부서를 설치 관리하는 것이 필요하다는 것을 발견하였다.

마지막으로, 조직이 너무 많은 공식화된 마케팅 관행에 빠져들어 기업가적 단계의 게릴라 마케팅의 창조성과 열정을 결여하게 된다. 그런 기업들은 사내기업가적 마케팅(intrepreneurial marketing)이 필요하다. 이는 브랜드 매니저 및 제품매니저들에게 사무실을 벗어나 고객들과 생활하기 시작하고 고객들의 삶에 가치를 부가해줄 새로운 방식을 마음속에서 상상하는 것이다.

코틀러(Kotler)의 문헌에서, 창업마케팅은 기업가정신 수준이 높고 마케팅 관행의 공식화 정도는 낮은(그런 관행이 아직 발전되기 않았기 때문에) 초기발전단계와 관련이 있다. 기업이 성장함에 따라 더 많은 사람들이 관련이 되면서 표준화된 루틴이 점차로 필요해지기 때문에 공식화의 수준은 일반적으로 높아진다. 어쨌든 기업가정신은 기업성장과 별개의 것이며 성장대비 감소하거나 상당한 기간 동안 높은 수준으로 유지될 수 있다.

보통 창업기업과 중소기업과는 근본적 차이가 있다고 주장된다. 본질적으로, 그 차이는 기업가적 행태와 관련이 있다. 많은 기업들은 소규모로 출발해서 그 소유주/경영자들이 성장학자 하는 동기가 없거나 성장을 지향하지 않을 때 소규모의 상태로 그대로 남아있다. 그런 기업들은 사업행위가 금전과 생활양식의 측면에서 경영자의 개인적 동기와 관련이 있기 때문에 때때로 생활양식 기업으로 불린다. 개인적 목표가 충족되면 더 확장하고자 하는 동기가 상실되고 그 기업은 현 운영수준을 그대로 유지한다.

다른 기업들은 실제로 성장하며 성장에 대한 갈망이 그들의 모든 사고와 행위에 스며든다. 그런 기업들은 계속 성장한다. IKFA는 이의 좋은 서례이다. 창업자인 인그바 캠프래드(Ingvar Kamprad)는 평생 사업가로서 계속해서 성장을 추구하고 있다. 후자 범주의 기업들이 기업가적이라고 간주된다. 그런 기업들이 동종 산업 내의 다른 기업들보다 더 많이 성장한다는 단순한 사실이 그 기업들을 다르게 만들며, 그 기업들은 성장하고 확장하며, 그라고 그들이 기업가적이고 본 장의 뒷부분에서 정의된 바와 같은 창업 마케팅을 실천할지라도, 공식화된 루틴을 도입할 필요가 있다.

창업마케팅과 비교하여 중소기업 마케팅에 대해서도 동일한 구분을 할 수 있다. 창업마케팅은 성장 및 기업가적 행태와 관련이 있는 반면에 중소기업 마케팅은, 그 기업들의 기업가적 지위와 관계없이, 중소기업에서의 마케팅 행태와 관련이 있다. 이 문제를 더 상세하게 탐구하기 전에, 마케팅과 기업가정신간의 인터페이스에 대해서 천착할 것이며 혁신개념이 그 논의에 포함될 것이다.

(5) 창업마케팅의 이론적 연계

이 주제를 이해하는 유용한 방식은 창업마케팅을 마케팅과 기업가정신간의 인터페이스, 즉 두 학문분야가 공통의 애플리케이션과 규범적 진술을 공유하는 공집합으로 간주하는 것이다.

카덴(Carden, 1994)의 인터페이스에 대한 일반적 정의는 "어떤 두 시스템이나 학문분야가 동일한 개념, 목표 및 목적 지향적 행위를 공유하는 영역"이라고 말한다. 예컨대 마케팅과 행태과학이 구매/소비 의사결정의 틀에서 개별 소비자에게 초점을 맞추는 소비자 행태론이라 한다면 마케팅 관리는 매니저들이 마케팅을 성공적으로 관리하기 위해서 어떻게 행동해야 하는가에 특별히 주목하는 마케팅과 관리간의 연계의 또 다른 예이다.

이러한 입장에서 우리는 기업가적 행태와 마케팅간의 연계와 양자가 상호간에 미치는 영향을 이해할 수 있다. 이러한 이론적 인터페이스에서의 연구는 마케팅과 기업가정신 학문분과간의 융합을 추구한다. 각 학문분과의 근본적 특징을 검토하고 그들의 공통점과 차이점에 초점을 맞추면서 그 둘을 하나로 취급하는 목적은 마케팅에 대한 혁신적 접근방법을 제공하는데 있다.

이 인터페이스에는 차이를 나타내는 것과 중첩되는 독특한 영역이 있다. 차이로는 시장 조건이 연속적이고 기업이 명확하게 지각된 소비자 니즈를 충족시키고 있는 일관된 환경 속에서 작동하는 전통적인 마케팅 관리와 시장조건이 연속적이지 않고 시장의 니즈가 여전히 불명료한 불확실한 환경에서 작동하는 순수 기업가정신 사이에서 발생한다. 한편, 중첩은 많은 영역에서 존재한다. 그러한 중첩 중의 하나는 시장여건이 연속적이고 기업가정신이 아직 인식되지 않은 고객 요구를 파악하는 과정을 돕는 영역이다. 또 다른 중첩은 새로운 환경에서 기존 니즈를 개발하기 위해서 기업가정신이 마케팅 전략에 길잡이 역할을 해주는 불연속적 시장에서 발생한다. 이 두 주제는 성격상 변화-집중적이고 기회주의적이며 관리에 대한 접근방법에 있어서 혁신적이다. 이 두 주제는 또한 본질적으로 과정-기반적이며(process-driven) 시장-추동적(market-driven)이다. 기업가들이 수행하는 많은 행위들이 마케팅 이론에서 핵심 컨셉들이며, 이 컨셉들은 성공적인 마케팅은 제품/서비스를 시장에 출시하기 위해서 새로운 기회를 파악하고 혁신적 기법을 적용하며 선택된 표적시장의 필요성을 성공적으로 충족시킨다는 점을 시사한다.

(6) 인터페이스의 일부로서의 혁신

혁신은 인터페이스의 핵심이다. 혁신은 발명을 상업화하는 현상 혹은 과정으로 이해

된다. 가드너(Gardner, 1994)는 "기업가적 행태와 마케팅의 인터페이스는 혁신을 시장으로 가져오는 그 영역이다. 그렇다면 혁신에서 마케팅의 역할은 지속가능한 경쟁우위를 달성하기 위해서 혁신과 시장 포지셔닝간의 격차를 줄이기 위한 개념, 도구 및 하부구조를 제공하는 것이다"라고 말하고 있다.

다른 측면에서 그 문제를 바라본다면, 혁신은 시장에서의 변화를 야기하는 도구로 볼 수도 있다. 혁신이 잠재적 구매자들에게 기존의 해결책보다 큰 가치를 제공해준다면, 변화를 야기하기 위해서 혁신을 이용할 수 있다. 사실 혁신의 의도적 이용을 통해서 이득을 얻고 성장하는 많은 기업가적 기업들이 많이 있다.

(7) 변화와 파괴적 행위(Change and Disruptive Behavior)

창업마케팅의 핵심적 측면은 변화를 다룰 수 있는 능력, 특히 자신에게 유리하도록 변화를 마스터할 수 있는 역량이다. 안정된 시장에서 파괴적 영향을 만들어내는 것으로 변호를 사용한다는 아이디어는 새로운 것이 아니다. 앤소프(Ansoff)는 기업가적 조직은 과거를 보존하기 보다는 현상에 대하여 끊임없는 변화를 추구한다고 말하고 있다. Ansoff는 조직의 기업가적 행태를 전형적인 점증적 행태와 대조시키고 있다. 많은 조직들은 기업가적으로 행동하며 변화를 통해서 의도적으로 성장을 추구한다.

가드너(Gardner, 1994)는 인터페이스는 역동적이고 활동적이어야 한다고 말한다. 인터페이스는 확실히 정적이지는 않다. 인터페이스의 역동적 성격을 다음의 두 요인으로 설명할 수 있다. 첫 번째 요인은 제품 라이프사이클의 성격과 변화에 대한 기업가적 반응이다. 혁신이 성공적인 것으로 입증될수록 그것은 모방과 경쟁을 불러오며, 이 두 가지는 성장에 대한 요구와 더 많은 기회를 동반한다. 두 번째 요인은 바로 시장 자체의 혼돈이다. Gardner는 인터페이스의 역동성을 다루는 관건은 혁신이라는 라이프사이클 단계마다 핵심적인 성공요인들을 이해하고 급변하는 환경하에서 미래를 예측하고 발전할 수 있는 유연성과 역량을 확보하는 것이라고 말하고 있다. 이와 관련하여 연구자들은 마케팅의 새로운 패러다임으로써 인터페이스를 거론한다. Carson(1995)은 인터페이스에 대한 연구는 여전히 초보단계에 있지만, 마케팅 학문 분야가 기업가정신 학문분야와 기본적으로 상이한 것으로 인식될 만큼 진전되었다고 주장한다.

마케팅, 기업가정신 및 혁신의 세 영역의 시각을 통합함으로써 나타나는 인터페이스가 창업 마케팅의 연구영역이다. 그 목적은 성공적인 창업조직들이 역동적인 시장에서 어떤 방식으로 행위를 취함으로써 매우 오랜 기간 동안 지속적인 성장을 창출하고 있는지를 이해하는데 있다. 본질적으로 인터페이스는 불균형을 불러일으키고, 혁신적이며, 기회-추동적/추구적(opportunit driven/seeking)이고, 변화를 성장을 위한 도구로 사용하는 마케팅에 관한 것이다.

(8) 마케팅에서 Schumpeter와 kirzer 연구의 전략적 이용

오무라 외(Omura et al, 1994)는 키르저와 슘페터(Kirzer & Schumpeter)의 기업가정신 개념을 정의하는데 마케팅/기업가정신 개념을 정의하는데 마케팅/기업가정신/혁신 인터페이스를 사용한다. 결론적으로, 그들은 자신들의 프레임워크에서는 마케팅과 기업가정신은 구별되는 영역을 지니고 있다고 말한다. 전통적인 마케팅은 시장에서의 기회에 따라 반응하기 때문에 배제된다. 기업가정신은 니즈를 창출한다는 점에서 적극적이며 "불균형 상태 위에서 작동하거나 불균형상태를 야기함으로써 시장에서의 불균형을 야기"한다. 전통적 마케팅과 순수 기업가정신의 이종 교배적(hybrid)입장, 기회주의적 인터페이스, 그리고 전략적 인터페이스가 마케팅과 기업가정신간의 인터페이스를 구성한다. 이것은 창업 마케팅의 시각에서 경쟁우위에 대한 논의를 위한 중요한 출발점이다.

주류 마케팅에서, 경쟁우위를 얻기 위한 가장 확고한 전략은 Ansoff(1957)와 Porter(1980)의 연구에서 비롯된다. 다음은 Ansoft의 유명한 제품/시장 메트릭스에 따른 네 가지 대안을 서술한 것이다.

- 시장침투
- 시장개발
- 제품개발
- 다변화

또한 Porter로부터 우리는 다음과 같은 상이하지만 기본적인 마케팅 전략을 배웠다.

- 전반적인 원가 우위 전략
- 제품 차별화 전략
- 비용 초점 전략
- 차별화 초점 전략

이 전략들은 모두 판매자의 시각에서 출발하며, 그 목적은 시장에서 안정적이고 지배적인 지위를 차지하는 것이다. 경쟁우위 획득방법에 대해 이와 다른 입장을 Schumpeter와 Kirzner의 연구로부터 도출할 수 있다. Schumpeter(1934)의 견해에 따르면 기업가는 시장의 기존 균형을 불안정하게 만드는 혁신을 도입함으로써 경제에서 불균형을 창출한다는 것이다. Kirzner는 기업가는 다른 사람들이 보지 못하는 기회를 볼 수 있는 능력을 가진 사람이라고 보는 점에서 상반되는 견해를 지니고 있다. 마케팅 용어를 사용한다면, 기업가는 탐구되지 않은 기회나 틈새를 탐구함으로써 경제에 존재하는 불완전성을 감소시킨다.

이 주장을 더 발전시키기 위해서는 '고객가치(customer value)'라는 개념을 도입해야만 한다. 마케팅의 일반이론과 마찬가지로, 창업 마케팅은 가치 창조과정이라고 볼 수 있다. 사실 구매자들이 자신의 고객가치를 실현하기 위해서 사용할 수 있는 어떤 것을 창조하는 것이 마케팅의 궁극적 목표라고 볼 수 있다. 안정된 모든 시장에서 어떤 수준의 지각된 고객가치나, 또는 판매자들간의 고객가치의 차별화는 이에 잘 개념화되어 있으며 이를 가치균형이라 한다. 고객들은 기대를 가지고 있으며, 그 기대가 충족되면 반복적인 구매가 일어나고 판매자는 자신의 시장지위를 유지하게 될 것이다. 전통적인 시장전략은 지배적인 경기자(dominant player)가 되는 것을 지향한다. '기업이 수익을 얻을 수 있는 어느 수준의 기대 고객가치'를 확정하는 것이다. 이를 표현하는 다른 방식은 지배적인 기업이 판매자와 구매자간의 경기규칙을 정해야 한다는 것이다. 경쟁우위를 유지하는 주요전략 중의 하나는 가능한 최대한 시장을 안정화시키고 생산에서는 규모의 경제를 이용하는 행위를 취하는 것이다.

가치균형을 불안정화시키기 위한 혁신의 의도적이고 반복적인 사용이 창업 마케팅 전략에 대한 Schumpeter적 해석이다. 그 목적은 물론 혁신을 통해서 보다 나은 고객가치를 전달함으로써 현존하는 가치기대에 도전하는 것이다. 기업가적 방식으로 규칙에 따라 경기하는 것은 Kirzner적 전략으로써, 현존하는 가치균형 내에서 탐구되지 않은 니즈와 틈새를 확인하고 이용하는 것으로 간주된다.

2) 창업마케팅의 구조

앞에서의 논의는 오늘날의 연구의 복잡성을 강조하였고 창업마케팅과 중소기업 마케팅간의 명확히 구별되는 영역을 확인하기 어렵다는 것을 부각시켰다. 이 분야에 대한 이해를 돕기 위해서 기존의 연구구조를 제시한다. 우선 창업마케팅 영역 내에 기존사고, 경험적 관찰, 신생적 이론(emerging theory)이라는 세 개의 구별되는 집단이 있다.

- 중소기업과 조직발전 초기 단계에서의 마케팅
- 수많은 기존 마케팅 기법과 방법들을 포괄하는 하나의 우산
- 경쟁우위를 획득하기 위한 전략적 지향성

창업마케팅은 초기 발전단계의 마케팅이라고 볼 수 있다. 이런 의미에서 창업 마케팅과 중소기업 마케팅은 같은 맥락이다. 연구를 통해서 그러한 마케팅은 매우 비공식적이고 기업주의 인성과 개인적 목표를 반영한다는 점을 알 수 있다. 종종 공식적 기획과 시장분석 없이 제한된 자원을 가지고 행해지며 기업주의 사적 네트워크와 연결되어 있다는 것을 알고 있다(그것은 피해로 혁신적이고 기회 추동적이지만 항상 그런 것은 아니다). 우리는 이런 마케팅은 중소기업 마케팅이라고 불리기를 원한다.

창업마케팅은 훨씬 더 복잡하고 매우 경쟁적이고 역동적인 환경에서의 마케팅과 관련되어 있다. 이러한 의미에서 모리스 외(Morris et al., 1992)은 창업마케팅을 변화, 복잡성, 혼돈, 모순 및 자원감소의 시대에서의 마케팅으로 통합적 개념화 하라고 제안하였다. 그것은 마케팅 사고의 관행에 있어서 최근 주요 발전 측면들과 기업가정신 분야의 최근 주요 발전 측면들을 하나의 포괄적 구성물로 결합한 것이다. 창업 마케팅에 대한 그러한 관점에서 수많은 마케팅 기법과 방법들을 포괄하는 우산으로 간주될 수 있는 수많은 기존의 방법들이 있는데 이들은 다음과 같다.

- 신 마케팅(Neo-marketing): 기본적 규칙은 낡은 규칙을 깨뜨리는 것이다.
- 파괴적 마케팅(subversive marketing, Bonoma, 1986): 마케터가 혁신적인 마케팅 구조를 수행하기 위해서 회사구조와 관행을 손상시킬 필요성을 가리킨다.
- 환경 마케팅(Environmental marketing, Zeithamel & Zeithamel, 1986): 마케팅 이론은 환경조건의 관리에 대한 적극적이고 기업가적 지향을 명확하게 채택해야 한다. 고객과 시장을 이끌고 외부 운영환경의 중요측면들을 재규정할 필요가 있다. 이들은 환경관리전략 유형론을 제시하고 이 전략들을 재무분석 및 제품 라이프사이클의 제 단계와 연결시킨다.
- 적극적 마케팅(Proactive marketing, Davis, Morris & Allen, 1991): 환경조건과 관련된 마케팅 관행이다. 평온한 시기에 기업들은 점진적 개선과 기존 고객 니즈의 충족에 집중할 수 있다. 기업들간에 강력한 상호 의존성이 존재할 때, 마케터는 경쟁자들의 움직임을 미리 예측

하고 신속하게 반응하는데 더 많은 관심을 기울여야 한다. 급변하는 환경에서 경영자들은 조직 내에 더 높은 수준의 기업가정신을 도입할 필요가 있다.

- 탐험적 마케팅(Expeditionary marketing)[87]: 경쟁자들보다 앞서가는 마케터의 역할을 의미한다. 마케팅은 명확하지 않은 고객의 니즈와 제품의 잠재적 고객들을 확인하여 기업의 "기회 지평"을 확대하는데 도움을 준다. 마케터는 또한 고객을 선도해야 한다.
- 카오스 마케팅(Chaos marketing)[88]: 고도로 역동적인(혼란스러운)시장에서의 마케팅을 말한다.
- 급진적 마케팅(Radical marketing)[89]: 현상유지나 불변의 마케팅 법칙에 도전하는 것으로 간주되는 일련의 접근방법을 가리킨다.
- 게릴라 마케팅(Guerrilla marketing)[90]: 자력추진(bootstrapping), 이용가능한 자원의 창조적 활용, 그리고 특정 타겟을 겨냥한 혁신적인 의사소통기법들의 혼합된 마케팅이다.

아마도 가장 유망한 연구흐름은 기업의 전략적 지향을 중시하며, 이것은 기업의 규모에 관계없이 조직의 경쟁우위를 제고하고 활성화시키기 위해서 의도적으로 기업가정신을 이용한다. Edith Penrose(1959)가 마련한 기반 위에서, 경쟁우위를 획득하기 위한 기초로서 내부자원에의 집중은 강력한 지지를 받아왔다. 이 자원들을 끊임없이 다발로 묶고 다시 묶어서 정교화해서 혁신적인 역동적 역량으로 전환시켜야 한다. 예측가능한 안정적 환경에서는 경영자들이 그런 과정을 관리하고 수행할 수 있다. 급변하는 환경에서는 이것은 잠재적 고객가치를 끊임없이 창조하고 향상시킨다는 궁극적 목표를 가진 창업 과정이다. 앞에서 언급했듯이, Schumpeter와 Kirzner는 역량을 시장에서의 경쟁우위적 지위로 전환시키는 방법을 가리키고 있는 것으로 해석할 수 있다.

3) 벤처기업마케팅의 개념적 틀

벤처기업의 마케팅과 관련하여 네 가지의 중요한 개념적 틀을 생각해 볼 수 있다. 첫 번째가 기업정신인데 이는 마케팅 활동을 통해 사업의 기회를 포착하고 고객가치 창조로 연결되는 중요한 요인이다. 두 번째는 자원(Resource)의 문제이다. 시장 및 고객에게 가치 있는 제품을 제시하기 위해서 반드시 필요하며 이는 기업 자체가 보유하거나 가치창출

87 Hamel & Pralad(1992).
88 Nielson(1995).
89 Hill & Rilin(1999).
90 Levinson(1993).

사슬상의 다른 파트너들과의 협력을 통하여 조달되어야 할 것이며 창업기업의 마케팅에서 중요한 개념이다. 세 번째는 가치창출 과정(Process)의 문제이다. 최적의 가치창출 프로세스를 창조하고 운영하는 과제는 특히 창업마케팅에서 중요한 고려 사항이 된다. 네 번째는 참여자의 문제이다. 창업기업은 고객에 대한 가치창출 과정에서 프로세스상의 파트너들과 협력하지 않을 수 없으며 이러한 과정에의 참여자는 벤처기업마케팅에서 중요한 요인이 된다. 이하에서는 이러한 네 가지 요인들을 기반으로 벤처기업마케팅을 살펴본다.

(1) 벤처기업마케팅에서의 필요자원 확보의 문제

벤처기업의 성장에 대한 여러 연구들에 의하면 벤처기업에서의 고객가치 창출은 기업의 독자적인 활동으로 이루어지지 않으며 많은 다른 기업의 참여가 있었음을 보여준다. 이러한 현상에서는 다음의 몇 가지 이유를 찾아 볼 수 있다.

- 우월한 고객가치 창출을 위해서는 최고 수준의 참가자를 필요로 하며 규모의 경제의 논리는 분야별 전문가를 필요로 한다.
- 벤처기업이 자체 생산 능력이 없거나 경쟁력이 약할 경우 다른 대안이 없다.
- 고객의 수요는 변하하고 확실하지 않으며 유동적이다.
- 시장의 기회를 고려할 때 기업 내부에서 자체적으로 경쟁력을 확보할 시간이 허락되지 안는다.
- 자체 보유 자원이 부족하다. 이상의 특성으로 인하여 소규모의 성장 창업기업에게는 타기업과의 네트워크 형성이 매우 중요하며 이는 그것이 정당화되는 이유이다. 이하에서 우리는 이 문제를 좀 더 살펴보자.

(2) 상호협력을 통한 무한한 자원 확보가능성

21세기의 기업환경에서는 원료, 에너지, 자금, 기계, 정교한 부품, 반제품 및 서비스 등이 고객가치 창조를 위해 반드시 필요하며, 산업이나 제품에 불문하고 기업 수명주기의 모든 단계에 인간의 지식을 필요로 한다. 이러한 모든 자원을 기업내부에서 확보할 수 있는 경우는 매우 드물다. 가치창출 체계의 파트너 기업(예를 들면 하청업자, 컨설턴트, 전통적인 공급업자 등)들을 참여시키고 최신의 혁신기술을 접하기 위해서는, 창업기업은 필요한 자원 확보를 위한 파트너 기업이 필요하다. 산업화 이후 어떠한 형태이건 기업간의 협력은 있었으나, 신 경제의 시대에 이르면서 협력은 생존을 위한 필수 조건이 되었다. 모든 것을 자체 생산하는 기업은 거의 없으며 고객, 공급업자, 하청업자, OEM 공급업자, 컨설턴트 등과 협력체계를 이루고 있다.

따라서 개별기업 단위에서 자원의 문제를 고려할 때 중요한 것은 기업이 자체보유한 자원이 문제가 아니라 가치창출시스템 내에서 필요한 자원을 찾아내고 이러한 자원들을 함께 묶어 낼 수 있는 기업의 능력이다. 이를 구분해 보면 첫째는 어떤 자원이 필요한지 분별해 내는 능력이며, 둘째는 이러한 능력을 보유한 파트너를 찾아내는 능력이며, 셋째는 고객가치창출을 위해 가치창출체계 내에서 이러한 파트너들과 성공적으로 이해관계를 조정해내고 협력을 이루어 낼 수 있는 능력이다. 결국 창업기업에서 진정으로 필요한 능력은 이러한 모든 요소들을 결합해 낼 수 있는 인적 능력이다.

(3) 고객가치 창출에 대한 프로세스적 관점

일반적으로 마케팅에서의 프로세스적인 관점은 기업의 다른 분야로서, 예를 들면 비즈니스 프로세스 리엔지니어링(BPR)이나, 품질관리 분야 등에 비해 덜 주목을 받아왔다. 만약 고객가치창조와 관련된 모든 프로세스를 파악하고자 한다면 수많은 세부 운영과 관련된 프로세스의 늪에 빠지고 말 것이다. 중요한 관점은 고객가치창조를 프로세스적인 관점에서 보는 것이며 역동적인 21세기 신 경제 시대에 성장하는 창업기업의 입장에서 다양한 프로세스 사이에서 어떠한 관계를 기대 할 수 있을까에 관한 논의이다.

마케팅 학자들은 마케팅 활동을 고객가치를 창조한다는 궁극적인 목적하에서 서로 연결된 인풋은 정보, 여러 가지의 유형자원 및 재산 등을 포함하는 무형의 자원이다. 이 프로세스의 산출물(output)은 시장에 제공된 유·무형의 고객가치 및 거래나 관계를 산출하기 위한 행동 등이다. 결과적으로 이는 전통적이고 구조화된 마케팅 모델을 대체하는 의미이다. 비유하자면 창업마케팅은 물속에 흩어진 기름덩이들은 매우 느슨하게 연결되어 있다.

이러한 마케팅에 대한 프로세스적 관점은 전통적인 마케팅 이론이 제시하는 단순함 대신에 복잡하고 끊임없이 변화하는 여러 유형의 프로세스로 되어있다. 이러한 관점에서 보면 창업기업에서의 마케팅 채널이란 가치의 분배 측면에서 볼 때 서로 다른 유용한 행동을 취하기 위해 상호간섭, 경쟁, 협동하는 독특한 형태의 가치체계이다. 여기에서 주도적인 위치에 있는 기업 조직내 의사결정자의 역할을 하거나 자원과 능력이 어떻게 배분되어야 하는지를 결정한다. 그러나 동시에 구체적인 업무 수행차원에서는 더 높은 능률을 창조하기 위해 매일 상호 교류하며 협력해야 한다.

(4) 관계마케팅과 거래마케팅의 상호균형

모든 성공적인 창업기업은 그들의 시장 제공물(offerings)에서 높은 가치를 창조할 수 있었다. 그러나 그들은 높은 가치의 시장 제공물 이외에도 많은 다른 외부 활동을 수행한다. 즉 시장 및 고객과의 거래지향 활동(Transaction)과 관계형성 활동(Relationship)을 하고 있는 것이다. 이 두 가지 범주의 활동은 다음과 같이 정리될 수 있다.

거래지향 활동	관계형성 활동
판매에 초점	고객 유지에 초점
제품 기능에 중점	제품 효능, 편익에 중점
제한적 고객 지원 약속	높은 수준의 고객 지원 약속
적정 수준의 고객 접촉	고객 서비스 강조
품질은 생산부서의 일차적 책임	품질은 전사적인 책임

전통적인 마케팅에서는 거래형성 활동에 초점을 맞추었으나 창업기업에서는 이에 대하여 어떠한 입장을 취해야 할 것인가? 이에 대한 우리의 관점은 거래형성 활동이나 관계형성 활동 모두 다 단독으로는 창업기업 마케팅의 목적을 이루는데 충분하지 않다는 것이다. 성공적인 창업기업은 이 두 가지의 활동을 모두 실행한다는 것이다. 그러나 중요한 것은 이두 가지 활동이 동시에 이루어지기 전에 같은 정도의 집중도를 가지고 행하지는 않는다는 것이다.

기업의 생성에서부터 발전 단계별로 기업의 경영 스타일(기업가적, 관리적, 리더십 적), 마케팅 활동의 초점(거래 지향, 관계 형성), 성장 패턴(관리 지향, 기업가정신 지향), 조직 패턴(공식적 조직, 실질적 조직), 학습 방법(개선 위주, 혁신 위주), 외부와의협력 관점(가치사슬, 가치체계)에서 그 초점이 달라진다는 것이며 이를 다섯 단계로 나누어 본다.

① 1단계: 기업이 생성된 단계이며 이는 기업가정신에 의하여 이루어진다. 이 단계에서 필요한 경영스타일은 관리적이기 보다 리더십 스타일이 요구되며 창업기업가가 실질적인 조직을 만들어야 한다. 거래지향 보다는 관계 형성 마케팅이 요구 되며 전통적인 가치사슬 개념보다 새로운 가치체계를 창출해야한다. 학습활동은 기존의 지식을 활용하는 개선위주의 활동보다는 새로운 혁신 위주의 학습활동이 요구 된다.

② 2단계: 기업이 활동을 시작하고 자체 성장을 하는 단계이다. 이 단계에서는 기업가적인 성장보다 관리적인 성장이 요구되며 리더의 기능보다는 관리의 기능이 중시된다. 마케팅에서 관계형성보다 거래지향의 활동이 더 요구되며 공식적인 조직이 중요시 된다.

외부와의 협력관계에서 가치사슬이 형성되며 개선적인 측면이 강조된 학습이 요구된다. 즉, 구체적인 개선사항에 집중하는 것이 더욱 효과적이며 성공적인 결과를 가져온다.

③ 3단계: 2단계의 성장은 계속 될 수 없으며 곧 경쟁자의 출현이나 소비자의 기호의 변화로 동일한 성공 패턴이 계속될 수 없게 된다. 기업의 구성원들을 동기유발 시키기 위하여 리더십적인 경영스타일이 요구되며 새로운 가치체계의 개발이 요구된다. 즉 두 번째로 기업가 정신이 요구되고 새로운 학습이 필요하며 관계형성 마케팅이 필요하다.

④ 4단계: 두 번째의 기업가 정신에 입각한 경영스타일이 효과를 보이기 시작하며 기업은 성장하기 시작한다. 그러나 아직 실질적인 조직구조에서 리더십 스타일의 경영이 필요하며 관계형성 마케팅에서 거래지향 마케팅으로 변화하기 시작한다.

⑤ 5단계: 이 단계는 상기 2단계의 반복으로 볼 수 있으나 두 번째의 기업가정신이 첫 번째에 비해 오래 지속된다.

위의 논의를 요약하면 기업가 정신이 기업을 이끄는 단계에서는 창업기업(관리적 요소에 대비하여) 성장 패턴을 따르게 된다. 관계형성 마케팅, 리더십 스타일 경영, 실질적인 조직, 혁신적인 학습이 요구되며 기존의 가치사슬보다 새로운 가치체계의 창출이 필요하다. 반면에 관리의 단계에서는 관리적 성장이 이루어지며, 거래지향 마케팅, 관리위주 경영스타일, 공식적인 조직, 개선위주의 학습 활동이 요구된다.

지금까지 거래지향 마케팅과 관계형성 마케팅이 극단적으로 대비되어 논의됐으나 엄밀히 말하면 이 둘은 완전히 분리될 수 없다. 이것은 우선순위의 문제이며 이는 21세기 신 경제의 시대에 기업성장의 각 단계에서 기업이 계속적인 성장을 이루기 위해서는 두 가지의 활동 모두가 필요하다. 기업이 어떠한 단계에서 고객과의 관계가 어느 정도이건 거래지향 및 관계형성 활동은 필요하며 이 둘은 상호보완적이다. 다시 말해 보다 전체적인 관점에서 볼 필요가 있으며 전통적인 마케팅 믹스(4P를 위주로 한) 활동과 동시에 시장에서의 평판을 창출하고 향상시키는 활동, 고객 개인들과의 좋은 관계 및 신뢰를 유지하는 것은 중요하며 이 모두를 함께 고려해야 할 것이다.

(4) 벤처기업의 마케팅 요소

기업가 정신에 입각한 마케팅은 벤처기업마케팅과 기술경영, 벤처기업의 경영측면에서 마케팅적 제반 요소를 모두 포함하고 있는 것이다. 따라서 창업기업의 마케팅은 기업가 정신을 토대로 비전과 목표를 수립하고 시장의 기회를 발견하고 이끄는 마케팅의 전문성을 필요로 한다.

가) 벤처기업 마케팅의 세 가지 제약조건

벤처기업과 대기업이 다른 점은 다음과 같이 벤처기업은 대기업에 비해 기업규모, 자원, 활동범위, 경영진의 전문성과 스타일, 시장에 대한 영향력 등이 크게 부족하다.

① 벤처기업은 자원이 제한되어 있다.
② 창업자는 경영 전반을 책임을 지는 제너럴리스트로서 마케팅 전문성이 취약하다. 보통 기술 분야 출신의 창업자는 경영학을 체계적으로 배우지 않았으며 기업 확장과정에서 생산과 재무 분야를 먼저 보강하고 있다.
③ 판매시장에 대한 영향력이 매우 약하다.

나) 기업가 정신의 관점에서 본 벤처기업마케팅의 일곱 가지 주요논점

21세기 신 경제의 시대에서 성장하는 벤처기업은 기업가정신과 혁신을 통하여 미래를 창조해야 할 것이다. 따라서 전통적으로 통용되는 기업의 가용자원을 배분하는 논리보다 기업가 정신의 관점에서 자원 기반 이론, 프로세스적 관점, 마케팅 리더십, 관리적 리더십에 초점을 두는 등 일곱 가지의 논점이 있다.

① 가치창출과정의 중요사항 이해

미래에 대한 예측은 시간이 갈수록 불확실성이 더 커지고 있다. 짧은 리드 타임에 대응해야 하는 신생 성장 기업은 도전의식이 강한 창업자가 기업가 정신을 기반으로 기업의 비전과 아이디어를 즉각 실행할 수 있는 대응능력을 필요로 한다. 분명한 비전의 실현 의지가 있는 한 창업기업은 프로세스적인 관점에서 계획에 제약을 받지 않고 유연하게 행동을 통제할 수 있다. 마케팅 활동이나 기업 경영에서 프로세스적인 관점을 갖는 것은 가치창출 과정에서의 중점적인 사항에 주의를 집중하며 시장에서 어떤 변화나 손해가 발생하기 전에 적적한 수정을 가하게 한다.

가치체계 내에서 중요한 모든 가치창출 과정을 확인해야 한다. 프로세스를 지속적으로 모니터링하고 필요시 수정해야만 하는데 사전에 자세한 예측은 불가능하다. 행동과 수행결과에 대한 면밀한 추적 점검을 통해 기업 활동 과정에서 잘못된 프로세스가 결정적인 문제가 되지 않도록 하는 사전경고 시스템을 작동할 수 있다. 그러므로 성공적인 비즈니스 리더는 이러한 결정적인 가치창출 과정을 확인하고 활용하는 능력을 반드시 소유해야 할 것이다.

② 최상의 이용 가능한 자원을 활용할 것

가치창출 프로세스를 위하여 기업의 내적 및 외적 자원에 대한 최상의 조합을 이끌어 내는 것이다. 벤처기업에 필요한 가치창출은 외부자원 활용에 있다. 이는 급격하게 변화하는 외부 환경조건에 대한 유연성과 적응성을 높일 수 있는 장점이 있다. 초기 창업기업의 경영진은 가치창조를 위해서 자원이 반드시 확보되어야 한다는 측면과 경쟁력은 자원의 수준에 의하여 결정된다는 점에서 깊은 관심을 기울여야 한다. 그렇다면 자원 활용을 어떻게 할 것인가?

퀸(Quinn)의 견해에 의하면 기업이 시장에서 제시하는 가치제고물이 유형이든 무형이든지간에 가장 중요하게 내부에서 조달해야 하는 활동은 지식 기반의 서비스 활동으로 보았다. 경쟁적인 고객가치 창출을 위한 또 다른 중요한 기업의 당면 과제는 가치창출 체계 내에서 이러한 자원들을 디자인하고 구성하는 기업의 능력 및 내적 능력과 외적 자원 간의 균형을 이루는 것이다.

③ 가치창출 비전의 구현정립과 조기경보피드백(Early alerting feedback)모델 확립

벤처기업에서 가장 핵심적인 프로세스는 어떤 가치를 창출할 것인가 그리고 이를 어떻게 달성할 것인가에 대하여 기업차원의 비전을 정립하는 것이다. 이러한 작업은 일차적으로 기업내부에서 이루어지지만 가치체계 내의 주요 분야에서도 이루어져야 한다. 이 경우에는 비전에 관련된 분야에만 한정해서 이러한 작업이 수행되어야 할 것이다. 한편 지속성장을 원하는 기업은 균형성과지표(BSC: Balanced Score Card)와 같은 다차원적인 방법을 적용함으로써 재무적 관점, 고객 관점, 내부 프로세스 관점, 학습 및 성장(기업내부 및 외부의 인적자원개발) 관점(perspective) 등 네 가지 관점을 지표로 관리하는데 조직 내부 또는 조직 간의 활동을 수행하거나 성과를 추적하는데 활용하기도 한다.

이렇게 관리하는 이유는 대부분 기업에서 가장 중요한 이해관계자가 기업자(주주), 고객, 종업원이기 때문이다. 기업의 경영성과와 마케팅 활동은 이들 이해 관계자의 관계에 영향을 준다. 이를 고려하여 기업의 비전은 명확하게 이해되고 수행되며 평가되어야 한다. 평가 결과에 따라서 총체적인 비즈니스 프로세스가 고객가치를 창출하며, 투자자 및 종업원에 대한 보상을 결정할 것이다. 다음은 균형성표지표내 관점별 주안점이다.

- 재무적 관점은 기업이 현금 및 이익을 얼마나 창출하며 이를 잘 투자자에게 분배해 줄 수 있는가를 보여줄 것이다.
- 고객관점은 기업의 제공물이나 활동을 어떻게 평가하는 지를 반영할 것이다.
- 프로세스 관점은 기업의 업무과정에 초점을 맞춘다.
- 인적자원개발 관점은 기업이 얼마나 인적자원을 효율적으로 관리하고 개발하는 지를 나타낼 것이다.

기업의 비전은 이상 네 가지의 관점별로 전략적 이미지를 구체화하고 이들 사이의 인과관계가 상호작용을 통해 투자자, 고객, 종업원, 가치체제의 이해관계자에게 전달되고 의사를 반영한다. 그 후 지속적인 모니터링 작업으로 기업 전체가 전략적 차원에서 큰 그림을 그릴 수 있는 형태를 갖추게 되며 이러한 전략적인 이미지는 기업이 향후 1-2년 또는 3년-5년 이내에 성장 곡선을 어떻게 보여줄 것인지를 나타낸다.

만일 이러한 전략적 이미지가 상호 독립적으로 존재한다면 전통적 기업이 지금까지 해왔던 방식을 따라하게 되는데 이렇게 될 경우 시장 점유율, 매출, 원가, 이익 등의 전략목표치는 고객의 관점이나 종업원, 전략적 파트너의 관점에서 동떨어진 결과를 내게 된다. 더구나 어떤 전략목표치의 결과측정치가 부정적인 결과를 보일 때 이러한 정보는 다른 관점의 전략에서 적절한 의사결정을 내리기에는 시간적으로 너무 늦고 피해는 이미 발생했으며 기업은 시장 선도적인 위치를 경쟁기업에게 빼앗기는 것이다.

④ 기업적 정신은 게임의 룰을 바꾼다.

기존 시장에서는 항상 어떤 법칙이 존재한다. 즉 어떤 가격에는 어떤 공급자에게 어떤 것을 기대할 수 있는가, 어떤 특정 산업의 비즈니스 로직 등을 우리에게 적용할 수 있는가? 그러나 혁신적인 창업기업은 이러한 룰을 바꿀 수 있다. 소규모의 기업이 혁신을 통하여 대기업으로 성장한 많은 다국적 대기업의 사례로써 Rank-Xerox, Tetra-Pac, IKEA 등을 들 수가 있다.

만약 어떤 자동차 회사가 공해 문제를 완전히 해결하고 환경에 미치는 영향이 전혀 없는 차를 개발했다고 한다면 이들은 '고객이 자동차에서 무엇을 기대하는가'하는 기대치를 완전히 뒤바꾸는 것이며 바로 이것이 게임의 룰을 바꾸는 것이다.

판매자가 이러한 제품의 가능성을 충분히 활용하기 위해서는 구매자들이 이러한 제품의 우월성을 평가할 수 있는 지식과 정보를 가지고 있어야 한다. 즉 고객이 가진 지각적

가치가 구매를 결정하는 것이며 이는 판매자 관점이 아닌 구매자의 관점에서 이루어져야 한다. 이러한 이유로 제품에 있어서 모든 가치가 판매자의 마케팅 활동을 통해 구매자에게 전달되어야 한다. 판매자는 능동적이어야 하며 구매자가 필요를 느끼기 전에 이를 재빠르게 발견해내야 한다.

⑤ 관리와 지휘의 조화

많은 학자들이 관리란 제대로 적용되기만 하면 모든 경영상의 문제를 해결할 수 있는 개념으로 알고 있었다. 즉 훌륭하고 좋은 관리는 다음의 몇 가지 원칙 위에 세워진 것이다.

- 명확한 산업구조의 존재 혹은 매우 안정적인 환경의 존재
- 변화는 많지 않았으며 설령 변화가 있더라도 이는 예측 가능함
- 조직에 계층이 존재하며 최상위 계층은 콘트롤 기능을 수행
- 경영은 주기적인 활동임

그러나 21세기 신 경제의 도래와 더불어 이러한 원칙은 모두 사라졌다. 미래는 주어지지 않았고, 실현되기를 기다리지도 않으며, 지금 이 순간은 창조되기 위해 있는 것이다. 또한 창업기업이 성숙하고 안정을 찾아감에 따라서 관리기능이 점차 리더십 기능을 대체한다. 창업기업은 이러한 리더십과 관리의 두 가지 기능에 있어서 기업의 성장 단계에 따라 그 우선순위가 바뀌면서 상호 균형을 취한다는 것이다.

⑥ 올바른 범위에서 고객의 기대치를 초과: 매출필수 요인과 매출 추동요인

현대의 극심한 경쟁 속에서 열등한 가치를 제시하는 기업은 매우 빠르게 시장에서 사라진다. 대부분 시장에서 살아남는 기업은 고객의 기대수준에 부응하거나 그 이상의 품질수준의 가치를 제시한다. 마케팅의 기본적 결정요소(이른바 4P's) 모두가 형성되고 이들 모두는 그 개념을 형성하는 몇 가지 요인으로 형성된다. 예를 들면 장소(Place)는 계획생산, 조립, 수송 등을 필요로 하게 된다. 때로는 낮은 가격 혹은 특정 성능과 결합된 고품질 등의 요인이 실질 적으로 매출을 발생시킨다.

그러나 많을 경우 훌륭한 브랜드나 안정적인 공급자 이미지가 더 많은 매출을 일으킨다. 즉 구매자가 그 기업을 해당 시장에서 하나의 공급자로 인정하는 수준까지만 필요한

것이었다. 따라서 가치구성요소로서 다음 두 가지 개념 요소를 제시할 수 있다.

- 매출추동 요인 : 실질적으로 매출을 창출하는 요인
- 매출필요 요인 : 시장에서 기업이 경쟁에 참여하기 위해 도달해야 하는 특정 수준에 관련되는 요인

⑦ 복합 마케팅 전략의 통합 및 조화의 필요성

창업기업의 마케팅 활동에 있어서 이상 여섯 가지 요소들은 제품의 특성이나 고객의 선호, 창업기업이 처한 기업의 성장발전단계에 따라서 강조점이 달라질 수 있다. 따라서 창업기업은 복합적 마케팅 전략을 통합하고 그에 따른 적절한 우선순위 및 강조점을 선택하고 조율한다. 특히 리더십 및 관리적 요인 간 조화의 필요성은 상황별 맞춤형 복합전략을 찾는 일이 중요하지만 가이드라인이 없으므로 경험과 노하우를 가진 능력 있는 마케팅 전문가를 필요로 한다.[91]

91 창업마케팅, 서상혁, 도서출판 두남, 2010, pp. 13~43.

참고문헌

김상용(2008). 기업가정신과 조직문화가 조직유효성에 미치는 영향, 학위논문, 용인대학교.

김영문외(2011). 창업길라잡이, 집현재.

김예지(2014). 오마이뉴스 대학통신원 기사 인용.

김정남(2011). 애플, 성공 신화의 비밀, 황금부엉이.

김종재 외(2011). 중소기업의 창업과 경영, 박영사.

김철교(2010). 중소기업창업론. 서울: 탑북스.

김충렬(2007). 창업론. 서울: 형설출판사.

뉴스와이어(2011). 2011년 07월 13일 기사 인용, http://www.shallwead.com

뉴시스(2014). 이상택 기자 글 인용(2014.09.22), lst0121@newsis.com

류건우 외(2011). 전자무역과 웹비즈니스, 계명대학교 출판부.

머니투데이(2014). 배규민 기자, 홍봉진 기자 글 인용, 2014.12.05.

문근찬(2009). 창업론. 서울: 한티미디어.

박정기, 박봉규(2007). 소상공인 창업론. 서울: 대진.

박종수(2012). 무역창업의 이해, 삼영사.

방용성외(2010). 창업경영, 학현사.

서상혁(2010). 창업마케팅, 도서출판 두남.

씨에치오 얼라이언스(2014). 뉴스와이어 배포자료(www.newswire.co.kr)

오마이 뉴스(2014). 유성애 기자 글 인용, http://www.ohmynews.com/NWS_Web/View/at_pg.aspx?CNTN_CD=A0002030661&CMPT_CD=P0001

월트디즈니, http://guard.chodang.ac.kr/wiz/user/media/sub_news_view.php?home_id=media&handle=5&menu_seq=10&menu_seq_open=&state=view&board_seq=468&page=1

위키백과, http://tip.daum.net/question/77216754/77216776?q=%EC%9C%84%ED%82%A4%EB%B0%B1%EA%B3%BC+%EC%82%AC%EB%AC%BC%EC%9D%B8%ED%84%B0%EB%84%B7

이계열(2010). 기업창업론. 광주: 전남대학교 출판부.
이덕훈(2012). 창업학의 이해, 비앤엠북스.
이상석(2011). 창업론. 서울: 청람.
이상윤(2004). 공무원 노조 입법화에 대한 소고. 노동법학, 19.
이석규(1998). 창업 및 사업성 검토, 다산출판사.
이영민(2014). 머니투데이 이슈팀, 기사인용 : 2014.12.03.
이의현(2014). 영삼성 기자 글 인용, 학교 이색학과 총정리, 2014-08-20.
이재훈, 박봉인(1998). 중소기업 경영론, 경세원.
이종호(2002). 특허와 창업개론, 형성출판사.
이티뉴스(2014). 김원배 기자 글 인용, adolfkim@etnews.com
인포머셜 Report(2014). 美, 광고 산업 주도하는 다이렉트마케팅, 2014년 9월25일 제26호.
정대용, 임재석, 엄명철(2010). 창업론. 서울: 형설출판사.
정승화(2004). 벤처창업론. 서울: 박영사.
조관행(1988). 중소기업이야기, 한국경제신문사.
조경동, 박태진, 박인수, 김혜경, 김상용(2014). 창업론, 서울: 형설출판사.
조선비즈, http://biz.chosun.com/site/data/html_dir/2014/05/12/2014051201357.html
조선비즈, http://biz.chosun.com/site/data/html_dir/2014/05/12/2014051201525.html
조영탁(2014). 휴넷 발행인, ytcho@hunet.co.kr
조희영, 박상범(1997). 중소기업경영론, 삼영사.
중소기업청(2014). 2014 중소기업 창업과 정부 지원정책.
중앙일보(2014). 하현정 기자 글 인용, happyha@joongang.co.kr
지용희, 오세종 옮김(2001). 아마하이드 외, 하버드 창업 가이드, 21세기 북스.
창업경영신문(2014). 석병훈 기자 글 인용.
한국경제신문, 2005. 1. 22.
한국벤처창업학회(2012). 창업론. 서울: 명경사.
한국창업경제연구소(2014). 장정용 컨설턴트 글 인용, www.changup.biz
헤럴드경제, 2006. 5. 4.
헤럴드경제(2014). heraldbiz.com, 2014.08.19., happyday@heraldcorp.com
홍성도(1998). 벤처비즈니스의 이해, 학문사.

http://blog.naver.com/opasnet/60203926880

http://limwonki.com/449

http://credu.bookzip.co.kr/Resource/Domestic/PDF/AC20257.pdf

http://biz.chosun.com/site/data/html_dir/2014/05/12/2014051201272.htm

www.changupnet.or.kr

www.creativekorea.or.kr

http://biz.chosun.com/site/data/html_dir/2014/05/12/2014051201357.html

http://sbiznews.com/news/?action=view&menuid=30&no=34034&page=&skey=&sword=&vmode=M

www.mychangup.co.kr

www.kodit.co.kr

www.kibo.or.kr

AVING(2014). 남정완 기자 글 인용(www.aving.net), 2014.11.21.

D. M. Levinson(1998). Accessibility and the journey to work, Journal of Transport Geography, 6(1). 11-21.

E. H. Schein(1965). Organizational Psychology, 3rd edition, englewood Cliffs, N.J., Prentice-Hall.

Levin, L. & Hanson, A.(1999). Mental Health Parity: National and State Perspectives, University of South Florida.

Nielson(1995). Teaching Models in Education of the Gifted. Second Edition. Maker, C. June; Aleene B.

부록(Appendix)

1. 현업 실무 창업계획서 사례(1)
2. 현업 실무 제안서 사례(2)
3. 학생들의 창업 아이템 사례
4. 소상공인 창업자를 위한 모바일 고객관리 시스템: 플러터

1. 현업 실무 창업계획서 사례(1)-쇼핑카트광고92

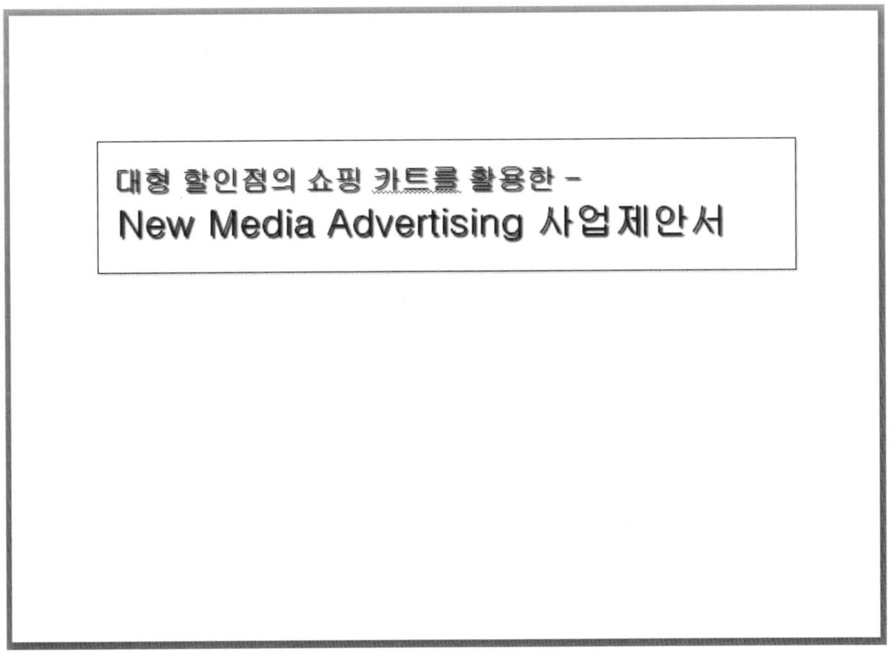

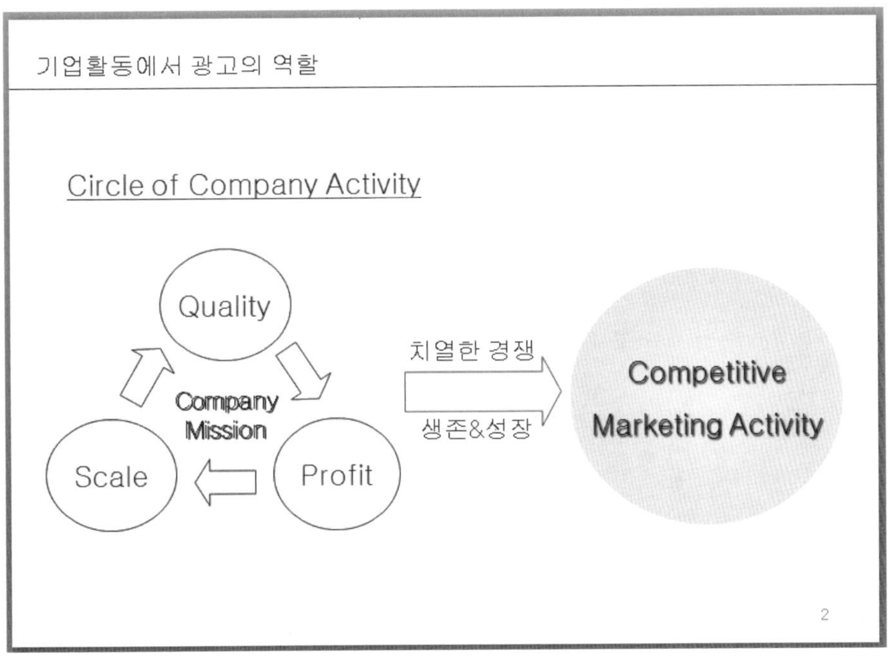

92 올윈커뮤니케이션 제안서 인용(www.allwin.co.kr).

기업의 Marketing은 戰爭
Marketing의 최종목표는 Consumer(소비자)를 얻는 것
Marketing은 경쟁적 상황에서
소비자에게 기업과 제품에 대한 호의적 태도 형성을 통한
구매행위를 얻어내기 위한 지속적인 Relationship Building 활동
광고 활동의 피할 수 없는 존재 이유
3

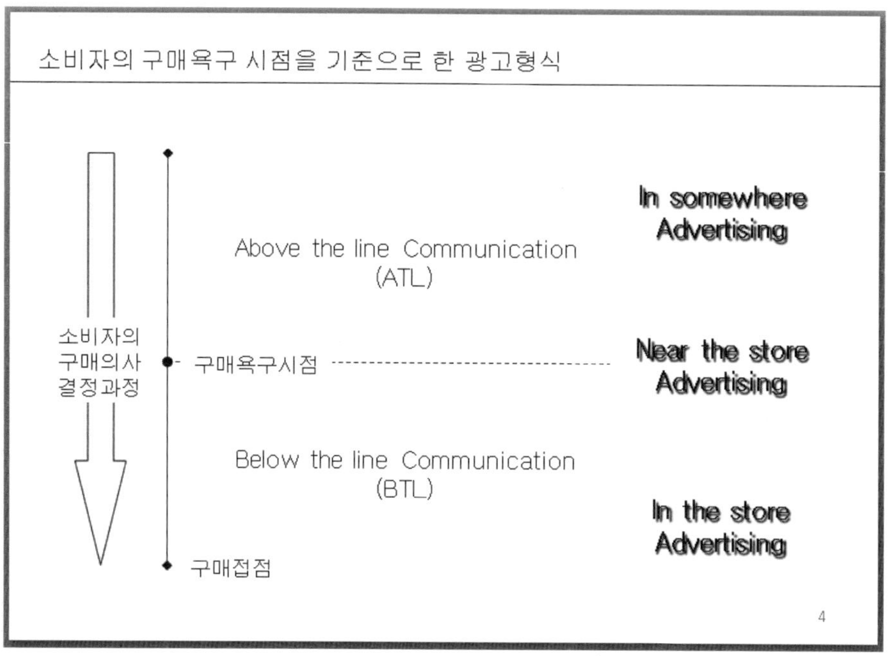
소비자의 구매욕구 시점을 기준으로 한 광고형식
In somewhere Advertising
Above the line Communication (ATL)
소비자의 구매의사 결정과정
구매욕구시점
Near the store Advertising
Below the line Communication (BTL)
In the store Advertising
구매접점
4

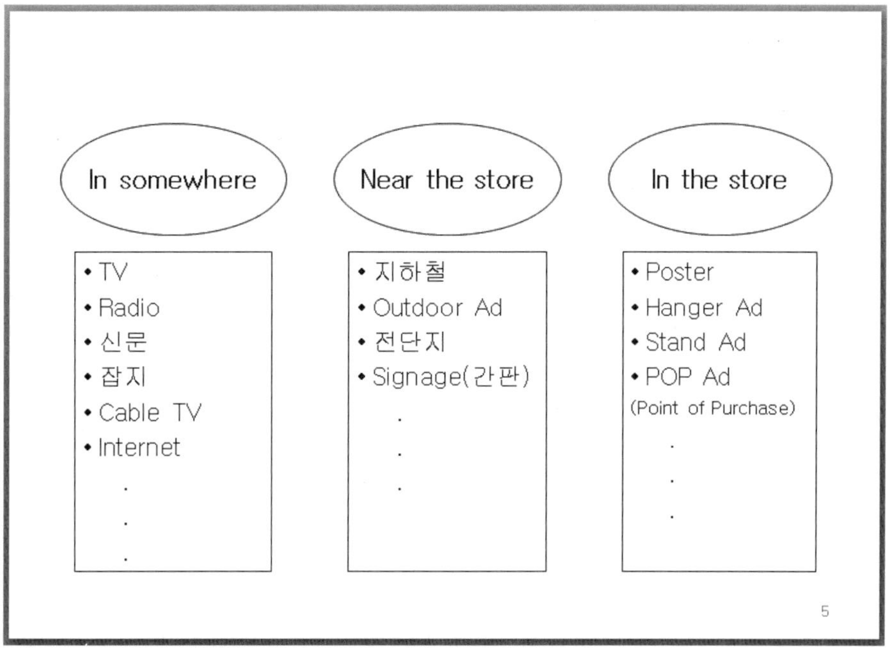
In somewhere
Near the store
In the store
• TV
• Radio
• 신문
• 잡지
• Cable TV
• Internet
• 지하철
• Outdoor Ad
• 전단지
• Signage(간판)
• Poster
• Hanger Ad
• Stand Ad
• POP Ad
(Point of Purchase)
5

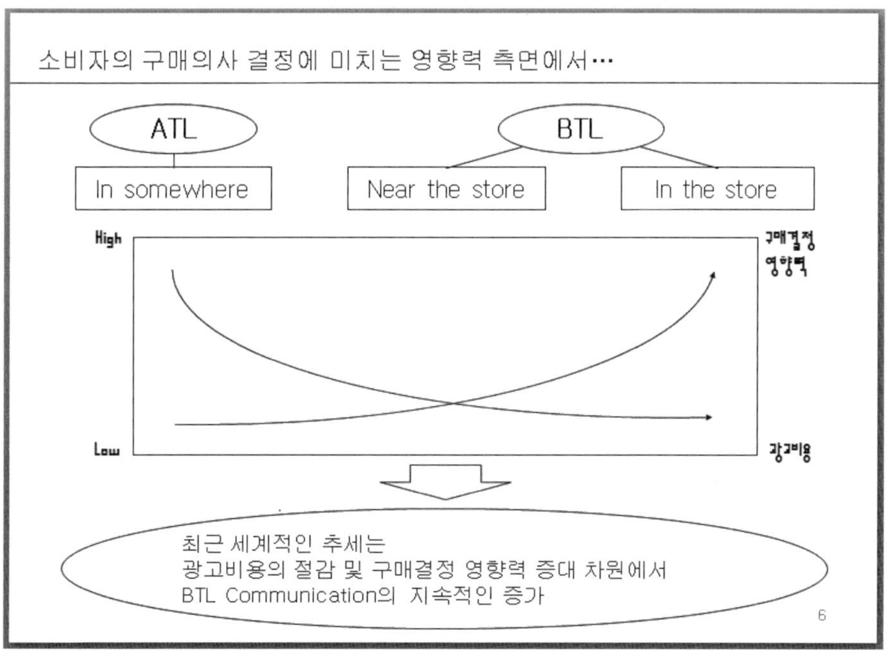
소비자의 구매의사 결정에 미치는 영향력 측면에서…
ATL
BTL
In somewhere
Near the store
In the store
High
Low
구매결정 영향력
광고비용
최근 세계적인 추세는
광고비용의 절감 및 구매결정 영향력 증대 차원에서
BTL Communication의 지속적인 증가
6

In the store 광고(POP 광고)에 대한 소비자 반응

POP(Point of Purchase) 광고는

- 상품의 구매를 촉진한다 ———————————— 89%
- 판매 촉진을 유도한다 ———————————— 87%
- 광고에서 제안하는 제품을 상기시켜 준다 ———————— 86%
- 광고에서 표시된 제품을 인식시켜 준다 ———————— 77%
- 간판광고의 특수성을 전달하는 좋은 도구이다 ———— 79%
- 신제품이 나와 있는지 알려 준다 —————————— 73%
- 간판광고의 장점을 되새겨 준다 —————————— 73%

(자료원 : 2001년 6월 프랑스 MCA조사, 조사표본 수:150명)

7

대형할인점의 성장

소비자 측면에서 보면…

Product Variety	Price Discount	Convenient Shopping	Comfortable Shopping
제품 구색의 다양성	구매 비용의 절감	인근장소, 주차, 24시간 영업 등의 편리성	쾌적한 분위기, 서비스

따라서,

월마트, 까르푸 등의 해외 유명업체를 비롯한 국내의 대형 할인점들이 전국적 규모로서 경쟁적으로 점포 신설 추세

8

대형할인점의 매출 추이 예상

할인점의 매출액은 1999년 7조 8천억원에서 2000년에는 11조 4천억원으로 약 48%의 성장이 기대되며, 향후 2005년까지 연평균 45% 이상의 매출 신장이 예상된다.
(자료원 : 체인스토어 2000.1월)

12

대형할인점에서의 Cart의 기능은?

CART는?

Comfort	소비자가 구매한 무거운 물건들로부터 해방시켜주는 편안한 수단
Aggressive	대용량으로서, 보다 많은 물건을 적극적으로 구매하도록 만드는 구매촉진 수단
Rapid	바퀴를 통해 장소의 이동을 빠르게 해주는 신속한 이동 수단
Together	주부는 물론 남편과 아이들이 함께 쇼핑하는 가족 모임 수단

13

결국, 대형할인매장에서 CART는

소비자의 구매 전체과정에서
(입구에서 출구까지)
항상 함께 동행하는 필수 수단

따라서,

강력한 POP Media(구매시점 광고매체)로서
충분한 가치 존재

14

Shopping Cart Ad Media란?

대형 할인점에서 소비자들이 제품을 구매할 때
구매품을 보관하는 Cart로서, 소비자들이 제품을
최종 구매하는 시점까지 제품을 광고하는 매체.
할인점이 정착된 유럽이나 미주 지역에서는
매체 효과의 탁월성이 입증된 매체임.

15

Shopping Cart Ad Media Image

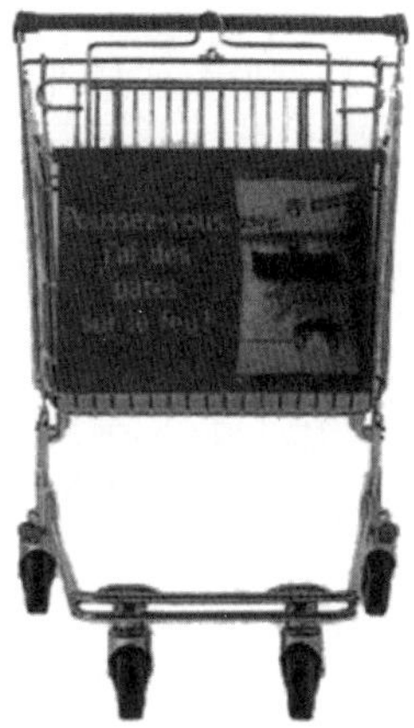

16

Shopping Cart Ad Media의 구성

1. 프레임 : 강력하고 탄력성 있는 PVC로 광고 제작물을 보호

2. 광고제작물 : 최고의 재질로 제품의 선명한 색상 재현이 가능
(광고면은 카트 앞면과 뒷면으로 2면 제작)

3. 쇼핑카트 광고제작물은 실용신안등록이 완료된 상태
(실용신안등록 제0182342호)

17

Shopping Cart Ad Media의 특성

소비자의 최종 구매시점 광고 매체로
제품의 판매촉진에 효과적인 매체임

제품에 대한 광고 주목도 및 인지도가 매우 높음

할인점 내를 순회하는 이동식 광고 매체로
제품의 특성을 반복 소구함

마케팅 취약지역 및 매장을 집중 공략할 수 있는
유연성 있는 매체임

18

Shopping Cart Ad Media 현황 (I)

삼성 홈플러스	
지 역	수 량
1.대구점	1,200대
2.부산점	1,200대
3.안산점	1,200대
4.북수원점	1,200대
5.영통점	1,200대
6.김해점	1,300대
7.창원점	1,200대
합 계	8,500대

월마트코리아	
지 역	수 량
1.강남점	1,000대
2.일산점	1,200대
3.인천점	1,200대
4.용인점	1,200대
5.대전점	1,200대
6.대구점	1,200대
합 계	7,000대

롯데 마그넷			
지 역	수 량	지 역	수 량
1.강변점	1,200대	8.일산주엽점	1,000대
2.잠실월드점	1,200대	9.인천연수점	900대
3.분당서현점	1,200대	10.천안점	800대
4.청주점	1,200대	11.광주상무점	1,000대
5.구미점	1,200대	12.부산사하점	1,000대
6.울산점	1,300대	13.대구내당점	1,000대
7.부평점	1,200대		
합 계	11,600대		

19

Shopping Cart Ad를 위한 잠재 광고주 (Big 10 Lists)

(단위 : 천원)

잠재 광고주	월 전파광고 규모 (2001.5 기준)	제품 Category
1. 매일유업	2,705,872	유제품
2. 농심	2,506,892	라면
3. 롯데칠성음료	2,322,612	음료
4. 제일제당	2,095,712	조미료
5. 동서식품	1,500,746	커피, 프리머
6. 애경산업	1,327,737	비누,샴푸
7. 유한킴벌리	955,100	화장지,기저귀
8. 웅진식품	926,488	음료
9. 한국코카콜라	710,747	음료
10.동원F&B	482,376	냉동, 냉장식품

21

Shopping Cart Ad Media를 통한

New Business Plan(안)

22

Shopping Cart 광고는
대형할인점, 광고주, 광고대행사
3자 모두가
Win-Win-Win이 되는
New Media Ad.입니다.

23

첫째, 광고주 입장에서는...

저렴한 광고 비용으로, 구매직전 시점의
가장 강력한 광고 노출을 통하여
해당 매장에서의 매출 유지 및
매출 증대 효과를 얻을 수 있습니다.

25

예) 매일유업 '장에는 GG'의 경우 (@1,000원, 1회 평균 5개 구입)

- 월 매출액

할인점 월평균 구매자수 500,000명/매장
자사제품 구매확률 10%

500,000명×10%×1,000원×5개 =
250,000,000원

- 월 Cart광고비

Cart 광고비 : @25,000원/월
Cart 광고 100개 집행

@25,000원×100개 =
2,500,000원 (매출액의 1%)

26

타 광고매체와의 가격 효율성 비교(예시)

매 체	평균노출범위(Reach)	평균단가	가격효율 (1명당 비용)
Shopping Cart	500,000명×5회= 2,500,000 (매장 내에서 최소 5회이상 노출)	2,500,000원	1원
TV	1,000,000명×1회= 1,000,000	10,000,000원	10원
신문	300,000명×2.5회= 750,000 (회독률 2.5회)	40,000,000원	53원
잡지	50,000명×6회= 300,000 (회독률 6회)	2,500,000원	8원

- 가격효율성 : 평균단가 ÷ 평균노출범위

27

또한 광고주는 광고대행사로부터 다양한 Service를 제공 받습니다.

- 매월 광고물의 청결한 게재 상태 여부에 대한 Monitoring 및 유지관리 보고서
- 분기별 각 매장에서의 광고를 통한 구매영향도 및 광고 Message에 대한 반응결과 Report (현장조사)
- 각 매장에서의 제품 진열상태 및 경쟁제품들과의 매출액 비교자료 Report

28

둘째, 대형 할인점에서는…

신규로 구입해야 하는 Cart 구입 비용 및 사용 중 분실, 훼손되는 Cart에 대한 유지보수 비용 전체를 광고대행사가 부담함으로써 상당히 큰 비용을 절감시킬 수 있습니다.

30

• 매장당 Cart 신규 구입 비용

@120,000원 × 1,200개 = 144,000,000원

• 매장당 연간 유지보수 비용

@120,000원 × 1,200개 × 30% = 43,200,000원

(연간 훼손율 30% 가정)

예) 20개 매장 운영 시

• Cart 신규구입 비용 144,000,000원 × 20매장 = 2,880,000,000원
• 연간 유지보수 비용 43,200,000원 × 20매장 = 864,000,000원

31

또한 대형할인점은 광고대행사로부터 다양한 Service를 제공 받습니다.

- 매주 각 매장의 Cart를 점검하여, 최적의 Cart 상태로 교환되는 유지보수 Service
- 수시로 열리는 각종 행사와 관련된 광고 전단지 및 POP물에 대한 수준 높은 제작물을 실비로 제공
- 매 분기별 매장에 대한 고객의 목소리를 조사하여 Report Service

32

셋째, 광고대행사 입장에서는…

대형할인점의 Cart를 통한 광고주 제품의
저렴한 유료광고 수입으로
대형할인점의 비용을 충당함과 동시에
많은 신규고용 창출 및 관련업체들의
안정된 사업을 돕게 됩니다.

34

광고대행 수입

매장관리인력 고용창출 (매장당 1.5명)	조사관련기관 고용창출 (매장당 1명)	Cart제조회사 고용창출 (매장당 3명)	광고물제작사 고용창출 (매장당 3명)

Cart 매체 광고사업을 통하여
각 매장당 8.5명의 신규 고용창출 효과

35

Cart 광고대행사의 수입 및 지출 규모

• 20개 매장, 매장당 Cart수 1,200개, 개당 월광고비 25,000원의 경우

월별 광고 수입

20매장×1,200Cart×25,000원×70% (평균 광고 유치율 70% 가정)
420,000,000원

36

• 20개 매장, 매장당 Cart수 1,200개, 개당 월광고비 25,000원의 경우

월별 지출 비용

• 매월 신규 Cart 구입 비용(연간 파손율 30% 가정)
(20매장×@120,000원×1,200개×30%)÷12개월 = **72,000,000원**
• 매월 Cart 유지보수 비용(바퀴 및 도색) = **72,000,000원**
• 각 매장당 관리인원 비용
@2,500,000원×20명 = **50,000,000원**
• 광고물 제작비
(20매장×1,200개×@30,000원×2회)÷12개월 = **120,000,000원**
• 분기별 Research 비용
(20매장×@5,000,000)÷3개월 = **33,000,000원**
• 광고대행사 유지비용 및 수입 = **73,000,000원**

37

결국, 'Shopping Cart 광고'라는 New Media를 통하여…

38

Shopping Cart Ad. Business는
대형할인점의 성장과 더불어,
전파매체, 인쇄매체 등과 함께
광고주에게 확실한
구매시점 광고효과를 제공해 주는
장기적이고 안정된 사업입니다.

39

2. 현업 실무 제안서 사례(2)-옥외전광판 광고제안[93]

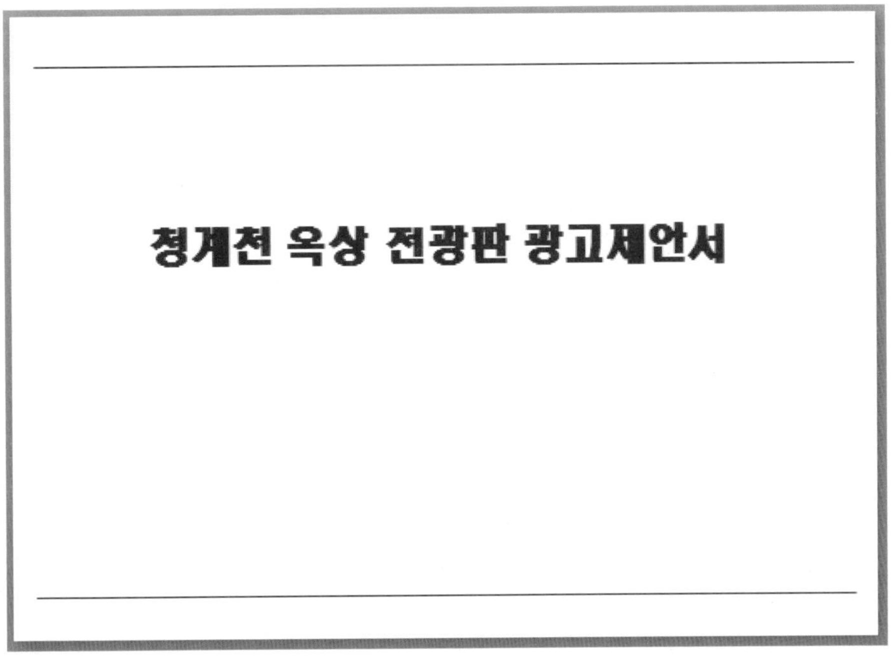

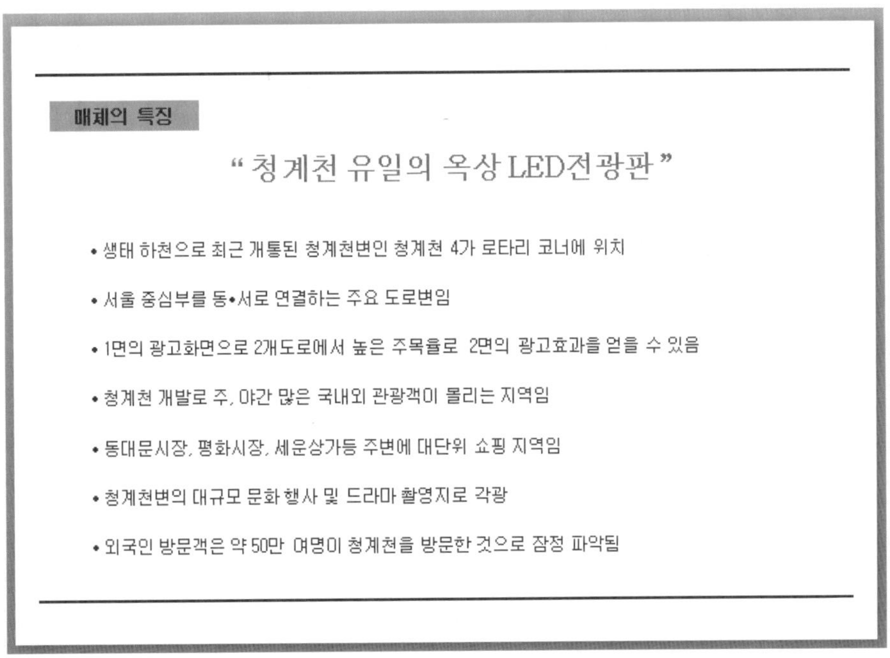

93 애드빅컴의 제안서 인용(www.adbigcom.co.kr)

청계천 방문 현황

■ **청계천 방문 현황(06. 5. 15기준)**

구 분	계	공휴일 (70일)	평일 (157일)
계	**20,515천명**	11,861천명(57%)	8,654천명(42%)
주간 (09 ~ 18)	7,524천명(36%)	4,811천명(23%)	2,713천명(13%)
야간 (18 ~ 24)	12,991천명(64%)	7,050천명(34%)	5,941천명(29%)

- 최다 이용 요일대 : 토요일 5,136천명 (일평균 161천명)

■ 구간별 방문인원

(단위 : 천명)

구분	계	1구간 ([illegible])	2구간 (세운교 ~ 다산교 : 1.63km)	3구간 (다산교 ~ 중랑천 합류부 : 4.02km)
인원	20,515	12,776 (63%)	6,215 (30%)	1,524 (7%)
일평균		56	27	7

(자료출처 : 서울특별시시설관리공단)

■ **월별 이용객 추이**

(단위 : 천명)

구분	계	2005. 10월	11월	12월	2006. 1월	2월	3월	4월	5.15
인원	20,515	6,407	3,795	1,638	1,689	1,091	1,840	2,468	1,588
일평균	90	207	127	53	55	39	59	82	113

■ 지역별 주요 방문인원 현황

구분	계	서울 및 수도권 주민	지방관광객	외국관광객
방문인원	**20,515천명**	14,892천명 (72.5%)	5,130천명 (25%)	513천명 (2.5%)

■ 이용시민 현황 - 연인원 20,515천명

- 주말 및 공휴일 : 연 11,861천명(일평균 169천명)
- 평일 : 연 8,654천명(일평균 55천명)

(자료출처 : 서울특별시시설관리공단)

청계천 특징

- 시민들의 산책 및 아침운동, 초•중•고교의 소풍 및 견학, 지방자치단체 및 각 공공기관들의 벤치마킹, 직장인 및 가족단위의 쉼터 등으로 서울 도심내의 주요한 관광장소이자 휴식공간으로 자리잡고 있다. 수 많은 국내외 관람인파가 찾을 것으로 전망하고 있다.

- 청계천광장은 일반 기업체 및 단체의 크고 작은 문화행사가 열려 이를 시민들에게 다양한 볼거리와 즐길거리 제공을 문화공간으로서도 한 몫을 하고 있다.

- 청계천 전구간이 드라마, CF, 영화등 세트장으로 정착되어가고 있다. 주 인기 장소는 청계광장, 분수시설, 징검다리이고, 소망의벽과 터널분수가 인기가 높다고 할 수 있다. 외국인 방문객은 약50만여명이 청계천을 방문한 것으로 잠정 파악 되었다.

(자료출처 : 서울특별시시설관리공단)

Cityvision 전광판의 특징

- ▶ 동영상의 영상표현
- ▶ 총천연색의 선명한 화질(1,600만 Color)
- ▶ 유동인구가 많은 밀집 지역에 설치
- ▶ 기존의 전광판과는 전혀 다른 형태
- ▶ 경제 활동 인구들이 가장 왕성하게 밀집된 지역에 설치 되기 때문에 TV 보다도 더욱 많은 불특정 다수에게 광고 전달
- ▶ TV 광고에 비해 저렴하게 광고할 수 있고, 더욱 많은 광고 효과를 발휘

광고물 안내도

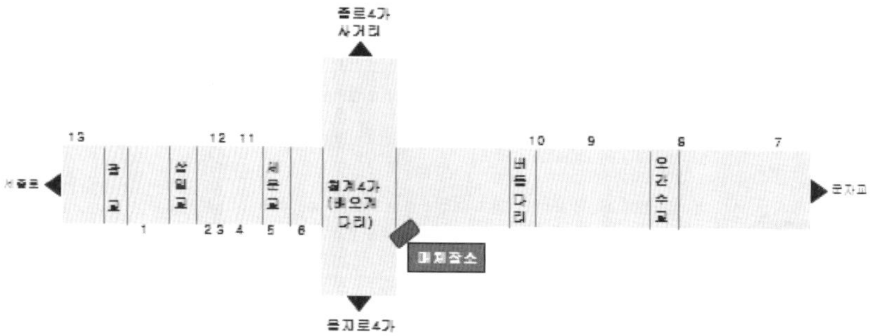

주변 광고물 현황

1.한화 2.롯시 3.무타 4.탐스버그 5.외환카드 6.교통안전공단 7.천비디
8.솔로몬 상호저축은행 9.동대문 10.서울우유 11.오뚜기 12.우리홈쇼핑 13.전광판

STRICTLY CONFIDENTIAL

위 치 도

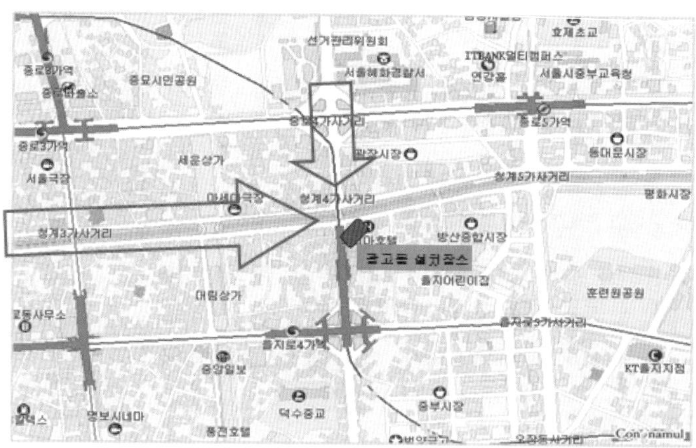

3. 학생들의 창업 아이템 사례

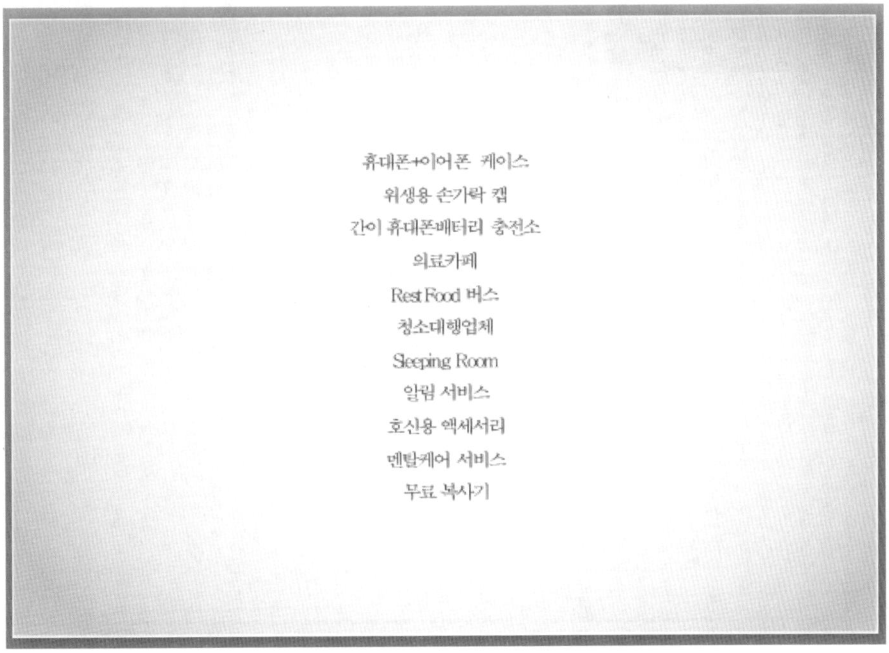

휴대폰+이어폰 케이

위생용 손가락 캡

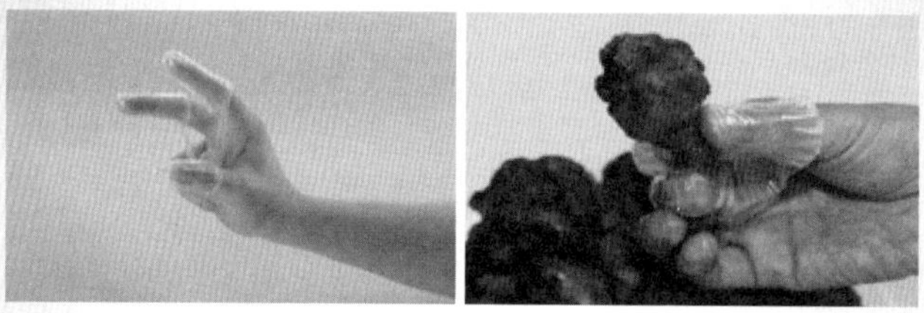

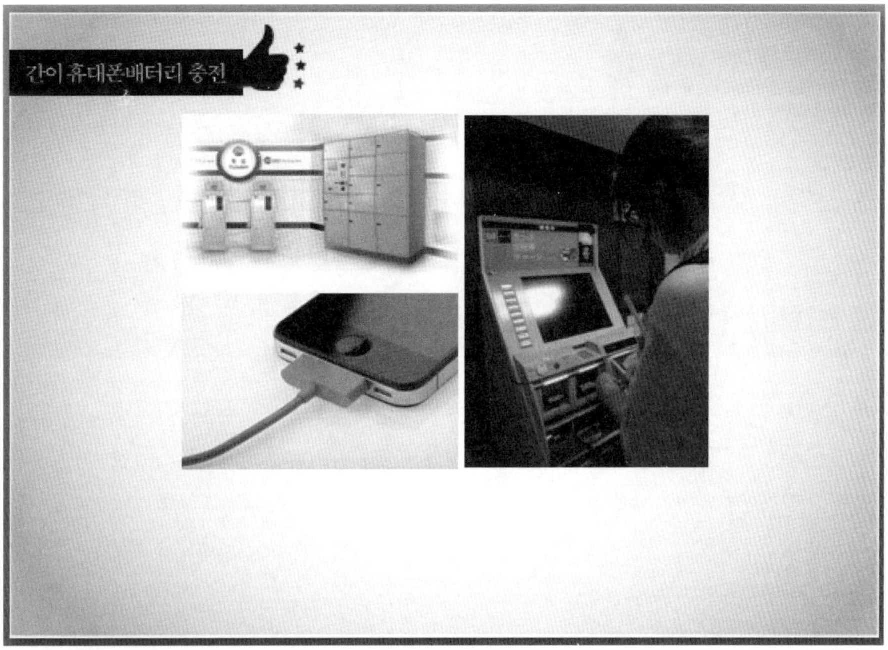
간이 휴대폰배터리 충전

의료 카페
✓몸과 마음에 치유가 필요한 사람들
✓<약국 + 카페> 형태
✓건강에 관련된 다양한 제품 판매 및 정보 제공

Rest Food 버스

✓사람 많은 번화가, 점심시간 회사 근처
✓이제는 길거리에서도 Rest Food를 즐길 수 있다.
✓정해진 시간에 맞춰 루트를 지나가면서 사람들에게 Rest Food를 판다.

청소 대행 업체

✓맞벌이 부부, 청소하기를 귀찮아 하는 사람
✓한번 혹은 정기적으로도 가능
✓고객이 정해준 시간에 찾아가서 대신 청소한다.

Sleeping Room

✓잠이 부족해 일상생활에도 지장이 있는 사람들
✓밤이 아닌 낮 시간 때에 운영
✓최소 1시간에서 최대 5시간 동안 취침이 가능한 슬리핑룸

알림 서비스

✓바쁜 일상 속에서 살아가는 사람들
✓중요한 약속이나 기념일을 잘 잊어버리는 사람들
✓매일 아침 모닝콜에서부터 약속, 기념일 알림 서비스까지

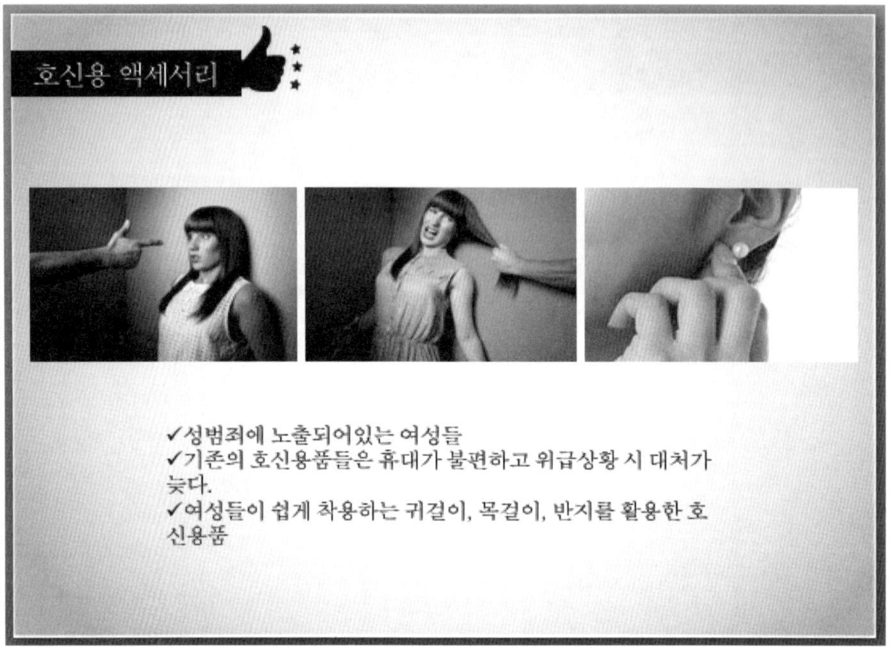
호신용 액세서리
✓성범죄에 노출되어있는 여성들
✓기존의 호신용품들은 휴대가 불편하고 위급상황 시 대처가 늦다.
✓여성들이 쉽게 착용하는 귀걸이, 목걸이, 반지를 활용한 호신용품

멘탈 케어 서비스
✓사소한 것에 스트레스를 많이 받는 현대인들 (멘탈붕괴)
✓정신도 건강의 일부로 관리 받을 필요가 있다.
✓고민상담, 스트레스 해소

무료 복사기

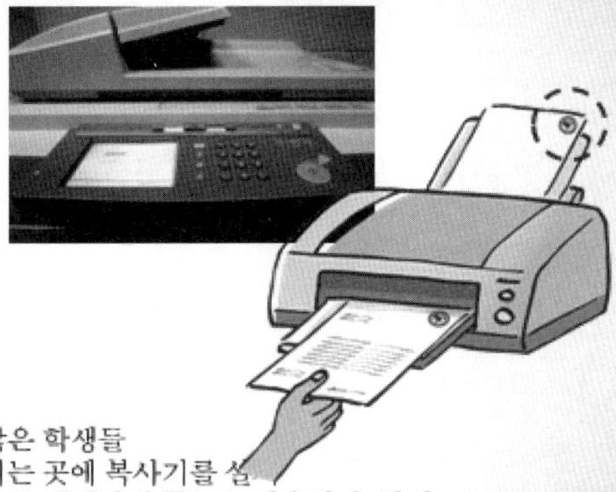

✓이면지 사용량이 많은 학생들
✓학생들이 많이 다니는 곳에 복사기를 설
✓복사지 이면에 광고를 게재하여 무료로 이용할 수 있게 한다.

감사합니다

4. 소상공인 창업자를 위한 모바일 고객관리 시스템: 플러터

지금까지 창업에 대한 일반적인 내용과 광고홍보 관련 창업을 위한 다양한 주제에 대한 논의를 하였다. 부록의 마지막에서는 소상공인 창업자를 위한 모바일 고객관리 시스템에 대해서 소개하고자 한다.

청년 실업 그리고 조기 퇴직의 여파로 자영업자 수는 매월 10만명 이상씩 증가하고 있다. 그런데 이중 1/4은 적자를 보고 있으며, 절반 이상은 2년 이내 문을 닫는다고 한다. 목도 좋고 자본도 튼튼하고 아이템도 좋지만 자영업으로 성공하기 어려운 이유 중 하나가 고객관리의 실패이다.

소규모 자영업을 하면서 거창한 고객관리가 필요한가라고 의문을 제기하는 사람도 있을 것이다. 그런데 아무리 점포의 규모가 작아도 20%의 단골이 80%의 매출에 기여하는 파레토의 법칙이 적용되고 있다. 즉 B2C 자영업을 하는 소상공인의 경우 고객관리를 통해서 재방문을 유도해서 단골 고객을 확보하는 것이 중장기적으로 사업의 연속성을 보장하는 길이 된다.

재방문을 위해서 가장 쉽게 할 수 있는 것이 쿠폰 발급이나 포인트 적립이다. 커피숍에서 흔히 하는 10회 방문에 1회 무료 제공과 같은 것이 여기에 해당된다. 그런데 적립 도장을 관리해야 하고 고객의 입장에서는 소지의 불편이 뒤 따른다. 대기업의 경우에는 스탬프없이 적립 카드를 만들어서 고객을 관리하기도 하는데 이때에는 더 큰 비용이 발생하고 고객 입장에서 느끼는 소지의 불편은 여전하다.

이러한 불편함을 없애기 위해서 등장한 것이 모바일 고객관리 시스템이다. 투브 플러스(www.toobplus.com)에서 제공하는 플러터(www.flutterup.net)가 후발주자이지만 합리적인 가격과 안정적인 서비스로 각광을 받고 있다. 또 향후 비입력 포인트 적립과 관련된 특허를 보유하고 있어서 현재보다는 미래가 더 촉망하는 기업이라고 할 수 있다.

플러터는 고객과 자영업자 모두에게 이득을 줄 수 있는 서비스이다. 고객에게는 쿠폰이나 포인트 카드를 소지할 필요가 없다. 휴대폰만 지니고 있으면 언제든지 적립과 사용이 가능하다. 특히 플러터는 경쟁사와 달리 스마트폰 뿐만 아니라 피처폰에서도 기능할 수 있다는 장점이 있다. 또 포인트를 선물하거나 통합하여 사용할 수 있다는 점도 고객에게 큰 매력이 아닐 수 없다. 또 적립 시간이 2초 내외로 짧기 때문에 쿠폰이나 적립 카드를 찾아서 도장을 찍는 시간과 큰 차이가 없다.

자영업자 점주에게는 가장 획기적이고 효율적인 고객관리 시스템이다. 쿠폰 발행의 가장 큰 문제점은 쿠폰을 받은 소비자가 누구인지 알 수 없기에 그들을 대상으로 후속적인 프로모션을 할 수 없다. 또 마그네틱 카드의 경우 소비자들에게 가입 신청서를 작성하게 하여 개인정보 문제와 첫 적립까지의 시간적 장애가 존재한다. 그런데 플러터의 경우에는 매장 안에 설치된 태블릿(아이패드)에 전화번호만 입력하면 바로 적립이 되고 고객의 핸드폰으로 적립 내용이 전달되는 구조이기에 시간 지체가 전혀 없다.

자영업자에게 주는 플러터의 최대 강점은 수집된 고객 정보를 활용할 수 있는 플랫폼인 비즈니스 센터를 제공한다는 점이다. 비즈니스 센터에서는 방문자들을 매출액 기준, 방문 횟수 등을 기준으로 그룹화를 할 수 있으며, 각 그룹 고객에게 별도의 문자 메시지를 보내서 프로모션을 할 수 있다는 점이다. 예를 들어 최근 한달간 오지 않은 고객만에게 재방문을 유도하는 문자를 보내거가 비수기 한달 간 포인트 적립 레이스를 실시해서 최대 적립자에게 별도의 상품을 제공하는 프로모션을 통해서 불황을 극복할 수 있다. 플러터는 연간 3,300건의 무료 문자를 제공하기 때문에 다른 모바일 적립 시스템 회사에 비해서 효율성이 높다고 하겠다.

종이 쿠폰이나 적립 스탬프를 이용할 경우는 우리의 고객이 누구인지 알 수 없다. 또 같은 단골이라 하더라도 방문 횟수에 따라서 등급을 부여하고 적립률을 달리한다면 고객의 충성도를 제고시킬 수 있다. 이러한 고객관리를 소상공인이 자체 시스템을 개발하여 적용하는 것은 무리이다. 따라서 기 개발된 서비스 업체를 활용하는 것이 현명한 방법이며 플러터가 가장 적절한 선택대안이라고 생각한다.